ed:m
아이엘츠
WRITING

ACADEMIC MODULE

ed:m 어학연구소

초판 1쇄 발행 2019년 6월 28일

저자	ed:m 어학연구소, Ian Lee, Peter Jang
	이혜림, 문희찬
펴낸이	박민우
기획팀	송인성, 김선명, 박종인
편집팀	박우진, 김영주, 김정아, 최미라, 전혜련
관리팀	임선희, 정철호, 김성언, 권주련
펴낸곳	(주)도서출판 하우
주소	서울시 중랑구 망우로68길 48
전화	(02)922-7090
팩스	(02)922-7092
홈페이지	http://www.hawoo.co.kr
e-mail	hawoo@hawoo.co.kr
등록번호	제475호

값 22,000원
ISBN 979-11-90154-28-4 13740

Copyright © 2019 by ed:m 어학연구소

All rights reserved.
No part of this publication may be reproduced, stored in a retrieval system,
or transmitted in any form or by any means, electronic, mechanical, photocopying, recording,
or otherwise, without the prior permission of the publisher.

이 책은 저작권법에 따라 보호받는 저작물이므로 무단전재와 무단복제를 금지하며,
이 책 내용의 전부 또는 일부를 이용하려면 반드시 저작권자와 출판권자의 서면 동의를 받아야 합니다.

머리말

유학이나 이민을 준비하시는 많은 분들이 IELTS 시험을 준비하고, 많은 시간과 노력을 투자하고 있습니다. ed:m IELTS Writing은 그런 학습자들이 가장 효율적이고 능률적으로 IELTS 시험준비를 하실 수 있게 구성 제작되었습니다.

일단, IELTS Writing에는 다양한 유형의 Task 1과 Task 2가 출제되고 있습니다. 그 각각의 유형에 맞는 구조와 표현들이 요구되어지는데, ed:m IELTS Writing은 입문자 레벨부터 중급자 레벨까지 쉽게 접근할 수 있게 제작되었고, 다양한 Sample Essays를 통해 Task 1 & Task 2 유형에 대한 이해와 연습을 할 수 있게 구성하였습니다. 학습 후에는 유형별 에세이 필수 표현과 체계적인 구조의 에세이를 작성할 수 있도록 하였습니다.

IELTS Writing Task 1은 여러 종류의 데이터를 분석하고 주요 변화들을 보고할 수 있는 표현들과 어휘들이 요구되어지는데, 상황에 맞게 쓸 수 있는 필수 어휘와 분석 방법을 유형별로 구성하였습니다.

IELTS Writing Task 2는 다양한 주제들이 출제되므로, 최신 기출 문제 중심의 주제별 아이디어 정리가 필수입니다. ed:m IELTS Writing은 최신 경향을 반영한 주제별 아이디어 정리를 구성하였고, 실전에서 쉽게 적용할 수 있게 연습할 수 있도록 하였습니다. 그리고 각 챕터에는 고득점 달성에 필요한 어휘와 표현들을 확인할 수 있습니다.

ed:m IELTS Writing이 여러분의 꿈을 이루기 위한 IELTS 목표 점수 달성에 보다 쉽고 확실한 방법을 제시할 것이라고 확신합니다.

Ian Lee, Peter Jang

목차

- 머리말 _ 3
- IELTS 시험 소개 _ 6
- IELTS Writing 소개 _ 7
- 교재 소개 _ 8
- 레벨별 학습 플랜 _ 9
- IELTS Writing FAQ _ 10
- 영국/미국/호주 대학 진학 안내 _ 12

Task 1

분석의 재발견 _ 18

▶ Part 1 : 변화가 있는 유형
  01. Line Graph _ 24
  02. Table Chart _ 40

▶ Part 2 : 변화가 없는 유형
  03. Pie Chart _ 56
  04. Bar Graph _ 72

▶ Part 3 : 기타 유형
  05. Map _ 90
  06. Process _ 106

Task 2

Essay 기본 구조 및 핵심 표현 _ 122

▶ Part 1 : Types

01. Agree & Disagree I _ 130
02. Agree & Disagree II _ 150
03. Discussion _ 164
04. Advantage/Disadvantage _ 178
05. Problem/Cause & Solution _ 192

▶ Part 2 : Topics

06. Crime _ 208
07. Education _ 224
08. Environment _ 240
09. Health _ 256
10. Globalization _ 272
11. TV, Internet, and Phones _ 288

부록

- Actual Test (2 sets) _ 304
- 정답 및 해석 _ 308

IELTS 시험 소개

IELTS(International English Language Testing System)란?

캠브리지 ESOL과 영국문화원, 호주 IDP가 공동 주체하는 국제공인인증 영어시험으로서 매년 백만 명이 넘는 수험생들이 영연방 국가(영국, 호주, 뉴질랜드 등)로의 이민과 유학을 위해서 응시하는 영어시험입니다.
IELTS는 대학, 대학원 과정 지원 시 필요한 Academic 모듈과 이민 준비 시 필요한 General Training 모듈이 있습니다.

온라인 접수 방법

응시료 | 260,000원 (IELTS for UKVI는 305,000원) – 2019년 4월 기준
  ※ 신용카드, 온라인 결제 가능 접수 완료 후 시험 날짜 및 장소를 확인합니다.
방 법 | 인터넷 접수는 영국문화원 또는 IDP에듀케이션 사이트에 방문(회원가입 필요)
  ※ 연기 및 취소는 지원하신 문화원에서만 가능하고 5주 안에 해야 합니다.
  ※ 시험 당일 준비물은 신분증과 연필(샤프, 연필 가능), 지우개 – 반드시 신분증 지참하여야 합니다.

방문 접수 방법 및 준비물

방문 시 준비물 | 여권 사진 2매, 신분증(원서에 기재한 신분증), 신분증 복사본 1장,
  응시료 카드 결제 가능
  ※ Academic, General Training 모듈을 확인 후 정확한 시험 일정을 확인합니다.
  ※ 선착순 접수이므로 마감 현황을 잘 확인합니다.

IELTS Writing 소개

1. 개요

시험 시간 | 60분

시험 문제 수 | Task 2개 (Task 1 : 150단어, Task 2 : 250단어)

모듈 | 아카데믹 쓰기와 제너럴 트레이닝 쓰기 두 모듈로 나뉘며, 시험 신청시 하나의 모듈을 선택해야 합니다.
- **Academic Module :** 주로 학위 과정 진학을 목적으로 하는 응시자에게 적합한 모듈
- **General Training Module :** 직업과정 연수 및 취업, 이민을 목적으로 하는 응시자에게 적합한 모듈

2. Writing 시험 구성

IELTS의 Writing 시험은 60분 동안 2가지 작문을 완성해야 합니다. Task 1에서는 150단어 이상, Task 2에서는 250단어 이상을 최소한으로 작성해야 하며, 보통 20분과 40분을 각각 배정하여 작성할 것을 권유합니다.

3. Writing 문제 내용

Academic Writing

Task 1은 차트, 표, 그래프 또는 그림에서 찾을 수 있는 자료에 근거하여 데이터를 비교, 분석하고 그러한 데이터가 보여 주는 일련의 과정에 대해 설명해야 합니다.

Task 2에서는 주장 또는 질문에 대한 대답으로 짧은 에세이를 작성해야 합니다. 응시자는 제시된 특정 문제나 논의에 대한 관점을 보이고 논거를 세우고 추상적인 이슈에 대해 토론하는 능력을 평가 받습니다.

General Training Writing

Task 1에서 정보를 요청하거나 상황을 설명하는 내용을 편지 글 형식으로 작성해야 합니다.

Task 2에서는 Academic Module과 동일하게 주장 또는 질문에 대한 대답으로 짧은 에세이를 작성해야 합니다. 응시자는 제시된 특정 문제나 논의에 대한 관점을 보이고 논거를 세우고 추상적인 이슈에 대해 토론하는 능력을 평가 받습니다.

4. 점수 체계

2개의 Task는 각각 평가되며 두 번째 Task의 점수 비중이 첫 번째 문제보다 높습니다. 완성도, 일관성과 결속성, 어휘 능력, 문법 등을 평가하게 됩니다.

교재 소개

교재의 특징

1 | Task별 구성

Writing 시험의 구성과 동일하게 Task 1과 Task 2로 Task 별로 나누어 집중해서 공부할 수 있게 구성되어 있습니다. Task별로 자주 출제되는 문제를 확인하고 문제별로 고득점을 받을 수 있는 단락 구성 방법과 Sample Writing도 같이 공부해 보세요!

2 | 체계적인 5단계 학습

본 교재는 총 5단계로 체계적으로 구성되어 차근차근 스스로 학습하기에 편리하게 구성되어 있습니다.
- **Preview:** 문제 유형 확인
- **Prewriting:** 답변에 활용할 수 있는 표현, 어휘 및 단락 작성 방법 학습
- **Writing:** 가이드에 따라 실제 문제의 Ideation 및 쓰기 훈련
- **Post-Writing:** 실전처럼 스스로 Writing 연습
- **Review:** 복습용 Quiz나 배운 표현 정리

3 | Task별 고득점 단락 쓰기 방법 제공

문제 유형 분석을 바탕으로 Writing 영역에서 고득점을 받을 수 있는 방법을 제공합니다. 또한 필수 어휘, 표현 등을 제시해 조금 더 다양한 방법으로 글을 쓸 수 있게 도와 드립니다.

4 | Self-Check

과연 내 답변은 몇 점일까? IELTS 주관사에서 제시하는 평가 항목에 맞춰 자신의 답변을 채점하고 예상 Overall 점수도 매겨 보세요. 자신의 부족한 항목을 채우려 노력하다 보면 어느새 실력이 향상되어 있을 거예요!

5 | 유학 정보 및 유학 생활 소개

영국, 호주, 미국의 기본적인 학제 정보와 간단한 가이드를 제공합니다. 아울러, ed:m을 통해 전 세계에 곳곳에서 유학하고 있는 유학 선배들의 살아있는 리얼 유학 생활을 소개합니다.

레벨별 학습 플랜

Band 4.0	토픽 내, 중요한 포인트를 놓치더라도, Task 분석을 해보려는 시도를 보여 주어야 합니다. 단순한 문장 구조, 짧은 어휘력 및 스펠링 오류가 보인다 하여도 한 문장, 한 문장 완성도를 높이는데 포커스를 두고 준비해 보세요.
Band 5.0	이 정도의 레벨이라면 전체적인 구조의 흐름에 있어 완벽한 이해도는 떨어지고 사용할 수 있는 어휘가 제한적일 겁니다. 뿐만 아니라, 복잡한 문장 구조 형태에서 자주 오류를 낼 수 있으니, 최소한 주제에 알맞은 어휘 사용을 하려 노력하고 먼저 이야기 흐름의 전체적인 구조를 파악한 후, 글을 써 보세요.
Band 6.0	전체적인 글의 흐름을 명확히 할 수 있고, 접속사 사용도 적절하게 할 수 있다면, 이젠 문장 결속력에 포커스를 두어야 합니다. 점수를 잘 받기 위해 자주 사용되지 않는 어려운 어휘를 쓰다보면 자칫 오류를 낼 수 있으니 정확한 단어, 문법 및 문장 구조를 만들도록 노력해 보세요.
Band 7.0+	이 정도 레벨의 학습자라면 이미 조리 있게 문단의 구조를 잘 구성하고, 접속사 및 문장 간 결속력도 만들 수 있을 겁니다. 풍부한 어휘력을 보여주며 유연성 및 정확도를 보일 수 있지만, 가끔 문법적인 오류를 범할 수도 있으니 조심해야 합니다. 문법 오류가 없는 문장을 만들 수 있도록 노력하면서 복잡한 문장 구조의 글도 작성해 보세요.

IELTS Writing FAQ

Task 1

1. Task 1에서 답변의 분량이 너무 짧거나 너무 길면 감점인가요?

▶ Writing task1은 최소 150단어를 써야 합니다. 시간 내에 단어 수를 맞추는 것 자체가 기술이며, 너무 많이 쓴다고 감점되진 않습니다. 물론 토픽에 연관성 및 분석에 초점이 흐려지면 안 됩니다.

2. 그래프를 보았을 때, 데이터를 어디서 어디까지, 분석을 해야 할까요?

▶ 아이엘츠 문제는 언제나 분석할 수 있는 패턴을 가지고 나옵니다. 일단은 데이터에서 가장 두드러지는 부분 즉, 최고치나 최저치를 중심으로 분석을 시작합니다. 그리고, 데이터를 보면, Grouping(그룹핑) 및 그룹을 지을 수 있는 패턴이 보이는지 봅니다. 정확한 답을 요구하기보다는, 나름 어떤 베이스를 가지고 데이터의 그룹을 지었는지를 명확히 보여 주면 됩니다.

3. Task 1에서 고득점 문법 기준이 무엇인가요?

▶ 박사 논문에 나올 법한 최상위의 문법 수준을 요하지는 않습니다. 일반 학생들이 알고 있는 정도 또는 중 상급 정도라고 보면 됩니다. 쉽게 말하면, 관계 대명사 또는 관계 부사를 잘 사용할 수 있는 정도 또는 단순 문장 두세 개를 한 문장으로 연결할 수 있는 문법 실력 정도이면 충분합니다.

4. 서론은 주어진 문제를 paraphrasing 하는 거라고 들었습니다. 그냥 문제와 똑같이 쓰면 안 되나요?

▶ 문제를 베끼면 감점입니다. 하지만, 감점을 비껴 갈 수 있는 방법은 하나 있습니다. 문제에 나와 있는 단어 및 표현이 3단어 이상 똑같으면 안 되며, 2단어까지는 가능합니다. 모방의 느낌은 없도록 하되, 2단어를 따라 써도 그 다음 다른 단어 또는 다른 품사 형태로 쓰면 됩니다. 마지막으로, paraphrasing은 아이엘츠 전체적인 시험에서 매우 중요한 부분을 차지하므로 많은 연습을 통해 원하는 점수를 받으시길 바랍니다.

02 미국
커뮤니티 컬리지를 Community College 통한 대학 진학 프로그램

커뮤니티 컬리지란?
저렴한 학비, 4년제 대학으로의 편입 기회

미국에서 100여 년의 역사를 가지고 각 주의 제정으로 운영되는 2년제 대학교입니다. 커뮤니티 컬리지의 설립 목적은 미국인들이 고등학교 졸업 후, 근처 가까운 대학교에서 저렴한 학비로 공부하고, 학사학위를 취득하고자 하는 학생들에게는 2년 동안 수료 후, 4년제 대학으로 편입 기회를 주고자 하는 것입니다. 그러나 요즘은 국제 학생들이 미국의 비싼 학비를 절감하려는 목적과 고등학교 성적이 좋지 않은 국제학생들이 명문 주립대 편입을 목표로 하기 위한 첫 번째 단계로 많이 선택합니다. 영어로 Community College, 약자로 CC라고 합니다.

커뮤니티 컬리지 현황
- 미국에 등록된 커뮤니티 컬리지 수: 1,177개교
- 약 10만여 명의 유학생들이 컬리지에 재학 중: 미국 총 유학생 수의 39% 해당
- 재학생 수: 약 1,170만 명
- 미국인 재학생: 약 52%
- 아시아계 재학생: 약 45%

커뮤니티 컬리지의 장점
- 4년제 대학에서 이수할 수 있는 대부분의 교양과목을 컬리지에서 이수 후, 4년제 대학으로 편입 가능 (편입 이후에는 전공 과목 이수)
- 4년제 편입 시, SAT 점수 요구 없음 (편입 시, 컬리지 내신성적과 토플 점수 요구)
- 토플 성적이 없는 경우 부설 어학연수 조건으로 입학 가능 (가장 높은 레벨 이수 시, 토플 시험 면제가 대다수)
- 4년제 대학과 비교할 때 학비가 저렴 (보통 주립 및 공립 4년제 대학 학비의 50%, 4년제 대학의 학비의 10~20% 수준, 국내 명문대 1년 등록금의 60% 수준)
- 대부분 봄/여름/가을 학기 어느 때나 입학 가능
- 4년제 대학에 비해 까다롭지 않은 입학 요건
- 같은 주에 위치한 4년제 대학 편입 지원 시, 편입학 유리

03 미국 패스웨이
Pathway를 통한 대학 진학 프로그램

패스웨이란(University Pathway Program)?
미국 4년제 대학에서 제공하는 해외학생(International Student)을 위한 대학 편입 과정으로 미국 대학 진학을 목표로 하지만 내신성적, 영어 성적이 낮아 입학이 어려운 경우, 패스웨이 프로그램을 통해 4년제 대학 2학년으로 진학할 수 있습니다.

패스웨이를 통한 대학 진학 프로세스
토플, IELTS와 같은 영어 성적이 있는지, 학부에서 수업을 받을 정도의 영어 실력이 있는지 여부에 따라 패스웨이 프로그램 이전에, 아카데믹 영어프로그램을 이수하는 경우도 있습니다. 패스웨이 프로그램을 성공적으로 이수하게 되면, 4년제 2학년(옵션 다양)으로 진학이 가능합니다.

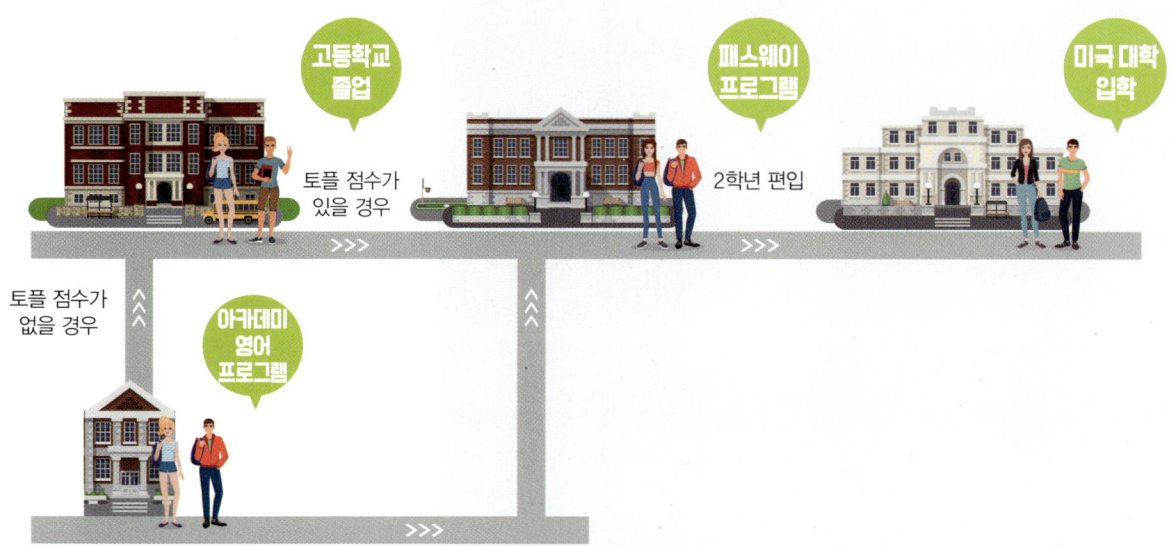

패스웨이의 장점
- 낮은 내신과 영어 성적으로도 미국 대학 진학 가능
- 영어 성적이 없을 경우, 아카데믹 영어과정 및 학교 영어 테스트를 통해 입학 가능
- 성공적인 패스웨이 과정 이수 후, 해당 파트너 대학 2학년으로 입학

분류	내 용
지원 자격	만 17세 이상 고졸자 및 동등자격 소지자
과정 시작	9월, 1월, 5월
지원 조건	토플 iBT 45~69 이상 또는 동등한 영어 실력(학교마다 다름) ※영어 성적이 없을 경우, 자체 테스트도 가능
지원 서류	• 입학지원서 • 고등학교 성적증명서 • 고등학교 졸업증명서 • 학업계획서 • 추천서

04 호주 대입제도

- 호주와 한국 학제 차이로 고등학교 졸업 후 바로 호주 대학 입학 불가능하다. 고3 졸업 후 반드시 파운데이션 과정 혹은 디플로마 과정 이수를 해야 학사학위 진학이 가능하다.
- G8과 같은 상위 랭킹의 학교 진학을 희망할 경우 '1년 파운데이션' + '3년 학위과정'을 이수한다. (한국과 동일한 시간 소요)

Foundation Course(대학예비과정-파운데이션)란?

- 유학생 대상 졸업 후 Certificate IV와 동일 자격증 수여
- 학문 중심, 영어 능력 향상, 호주 문화 이해 초점, 12학년 수준 기준, 1년 과정, 소규모
- 대학 교육에서 유학생 선호 과목에 중점
- G8의 경우, 각 연계 교육기관에서만 파운데이션 인정 경우도 있음 (12학년 이수와 차이)

예) Monash University-Monash college 이수 인정 → 패키지 (타 파운데이션 이수할 경우, 심사기간이 길어지거나 추가 요청 과목이 있을 수도 있음)
학생 지원 성적과 영어 실력에 따라 Express or Accelerated program (기간이 1년보다 짧음) / Extended program (1년보다 약간 긴 과정)

Diploma(준학사 과정)란?

- 직업 기술 교육에 속했으나 유학생들을 위한 편입 방편으로 이용
- 비즈니스나 IT 등 인기 학과에 제한적 (파운데이션보다 선택 학과 폭이 좁음)
- 이수 후 연계 대학 2학년 편입 가능 (학점 모두 인정)

예) Deakin College → Deakin University /
Griffith College → Griffith University

- 연계 대학 대학 1년 수업과 비슷하나 소규모, 집중적, 학습 Skill, 영어 실력 향상 초점
- G8은 디플로마 인정을 안 하는 경우가 있기에 대학 설정 이후 파운데이션 혹은 디플로마 결정

05 뉴질랜드 대입제도

NCEA(National Certificate of Educational Achievement)란?

2002년부터 뉴질랜드 고등학교 과정에 도입된 대학입시제도이다.
NCEA에서는 한 과목 내에서 여러 가지 평가 항목을 세분화하여 이에 따른 학점을 부여함으로써 학생들의 지식과 능력을 보다 정확히 반영할 수 있다.

NCEA는 뉴질랜드의 대학은 물론 호주, 영국을 비롯한 다른 나라의 대학에 진학하기 위한 고교졸업증명 및 성적증명의 기초 자료로 활용되게 된다.

TASK 1

INTRODUCTION

분석의 재발견

IELTS는 문법을 평가하는 시험이 아닌 거 알지? 문법이 아무리 완벽하다 한들 올바른 분석이 뒷받침되지 않는다면, 득점을 기대하기 어려워. 지금부터 제대로 된 분석의 기술을 알려줄 테니 잘 따라와 봐!

분석의 재발견

🌐 1. 문제 유형 분석

Pie, Bar, Table, Line과 같은 그래프는 겉모습만 다를 뿐, 알고 보면 같은 내용을 담고 있어. 그리고 모든 차트나 그래프는 시간에 따른 수치에 "변화"가 있느냐 없느냐에 따라 글을 쓰기 위한 분석의 방향이 정해져. Task 1 시험에서 최초 5분 동안 먼저 그래프를 '분석'을 한다면, 글 전체를 매끄럽게 구성할 수 있지. 아직은 무슨 말인지 잘 모르겠지만 지금부터 알려주는 4-Step 전략을 반복 연습하다 보면, 어떤 문제든 분석해 낼 수 있어. 자, 준비됐지?

(1) 변화가 있는 형태의 차트

Pie, Bar, Table, Line과 같은 그래프는 숫자를 표현하는 도구일 뿐이야. 즉, 겉모습에 불과하다는 거지! 앞으로는 Task 1을 작성할 땐, "변화가 있는 차트"와 "변화가 없는 차트"로 구분하도록 하자! 차트나 그래프를 처음에 접근할 때는 늘 "시간의 흐름"이 있는지 없는지를 가장 먼저 체크하는거야!

The data below compares the popularity of music over three years: 1999, 2000 and 2001.
하단 데이터는 1999년, 2000년, 2001년 3년 사이 음악의 인기도를 비교한다.
Summarise the information by selecting and reporting the main features, and make comparisons where relevant.
주요 특징들을 선택하고 기록하는 방법으로 정보를 요약하고, 관련이 있는 경우 비교하시오.

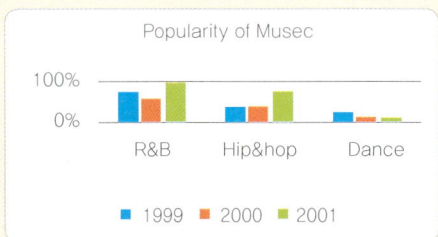
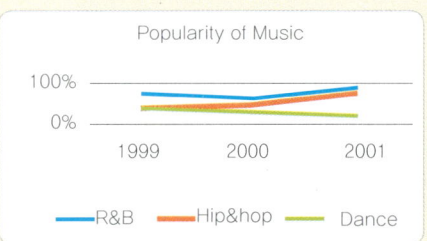

	R&B	Hip-hop	Dance
1999	75%	32%	25%
2000	66%	41%	12%
2001	95%	77%	5%

위 차트들을 보면, 모두 동일하게 1999년부터 2001년까지 "시간의 흐름"이 있음을 알 수 있지? 서로 다른 겉모습을 갖고 있지만, "똑같이" 시간의 흐름이 있는 변화가 있는 형태로 분류된다는 것을 알 수 있어! 모두 동일한 data로 "겉모습만 다른" 차트를 가공한 것이야. 표면적으로는 달라 보이지만, 같은 분석이 나올 수밖에 없다는 것이지!

(2) 변화가 없는 형태의 차트

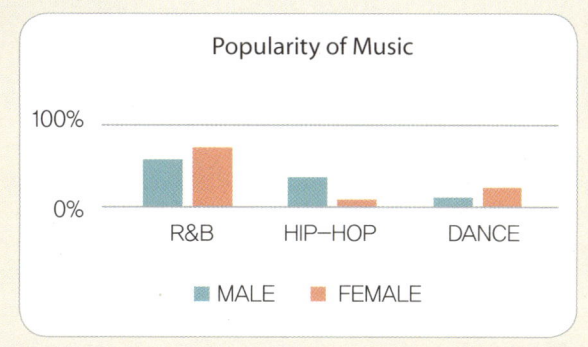

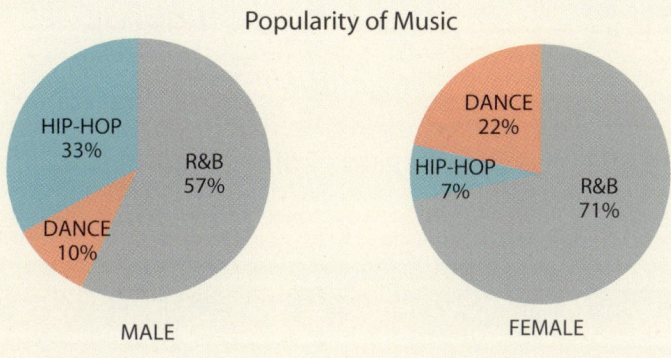

	R&B	Hip-hop	Dance
Male	57%	33%	10%
Female	71%	7%	22%

그럼 위 차트는 어떨까? 차트들을 보면, 그 어떤 곳에서도 "시간의 흐름"을 관찰할 수 없지? 서로 다른 겉모습을 갖고 있지만, "똑같이" 시간의 흐름이 없는 변화가 없는 형태로 분류된다는 것을 알 수 있어!

 정리해 보자!

우리가 알고 있는 모든 형태의 차트(Bar, Line, Table, Pie 등)는 단지 겉모습에 불과하다는 사실을 잊지마! 동일한 Data로 다양한 겉모습을 갖출 수 있다는 것이야. 앞으로는 모든 차트나 그래프를 볼 때, 맨 처음으로 할 일은 차트에 "시간의 흐름"이 있는지 없는지를 먼저 확인해 봐. 그 여부에 따라 분석 방향을 잡아가면 Task 1도 전혀 어렵지 않아.

2. 전략 세우기

Essay writing 할 때 Brainstorming을 하고 Structure를 구성한 후에 글을 쓰듯이, TASK 1에서도 "전반적인 분석"을 먼저 하고 Structure를 구성하는 것이 좋아. 시험장에서 문제를 받고 5분 이내에 아래에 알려주는 4S 전략을 바탕으로 전반적인 분석을 하는 것이 중요해.

4S (4 STEPS) 전략

- **STEP 1** Scanning (그래프/차트 훑어보기)
- **STEP 2** Sorting (주어진 수치 정렬하기)
- **STEP 3** Segmenting (정렬된 수치 그룹별로 묶기)
- **STEP 4** Structuring (묶여진 정보로 구조 잡기)

TASK 1에서의 STRUCTURE란?

Task 1의 Writing은 여느 글과 비슷하게 서론(Introduction)이 있지만, 다른 글들과 다르게 서론에서 전반적인 추세(Overall Trend)를 나타내는 단락을 써줘야 한다는 특징이 있어. 본론(Body)은 최소 2개에서 많게는 3개까지 구성할 수 있어. 그리고 여기에서 중요한 것은 Task 1의 글에서는 결론(Conclusion) 단락은 없다는 거야. 왜냐하면 도입 부분의 Overall Trend 단락이 그 역할을 대신하기 때문이지. 따라서 아래의 구조처럼 Body 2에서 글은 끝나게 된다는 점, 잊지마!

Introduction
차트의 주제 : 제목과 같은 일반적인 내용 언급

Overall Trend
전반적인 추세 : 차트에 나타나 있는 전반적인 추세 분석

Body 1
구체적인 내용 1

Body 2
구체적인 내용 2

4S 전략에 따라 다음 차트를 분석해 보고 글의 Structure를 구성해 보자.

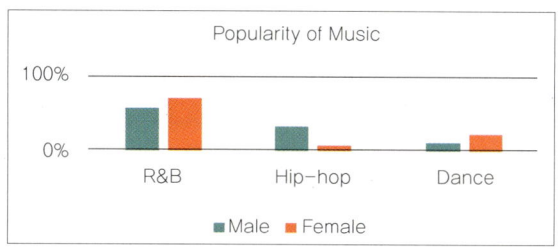

STEP 1 Scanning (그래프/차트 훑어보기)

시간의 흐름이 전혀 관찰되지 않으므로, 이 그래프는 "변화가 없는 형태"야.
즉, 주어진 항목들을 다양하게 "비교"하는 방향으로 분석을 이끌어야 해.

STEP 2 Sorting (주어진 수치 정렬하기)

	Male		Female
R&B	57%	<	71%
Hip-hop	33%	>	7%
Dance	10%	<	22%

STEP 3 Segmenting (정렬된 수치 그룹별로 묶기)

앞서 분석된 Trend를 보면, Female쪽 비율이 높은 2종목(R&B & Dance)과 Male쪽 비율이 높은 1종목(Hip-hop)으로 나뉘어지는 것을 알 수 있지? Segmenting을 할 때는 끼리끼리 묶는 것(Grouping)이 일반적이야.
그 다음에 데이터를 걸러내는 작업(Filtering)을 해야 하는데 주어진 아이템이 너무 많을 경우에는 덜 두드러진 아이템을 걸러낼 필요가 있어.
위 차트에서는 3종목밖에 없으므로 걸러낼 필요는 없겠지?

STEP 4 Structuring (묶여진 정보로 구조 잡기)

그래서 Task 1의 구조(Structure)는 다음과 같이 구성될 수 있어.

Introduction
남녀 비율상 선호하는 음악이 어떻게 다른가

Overall Trend
여성들이 대체적으로 남성들보다 음악을 더 좋아한다

Body 1
여성쪽 비율이 높은 2종목 묶어서 분석(R&B / Dance)

Body 2
남성쪽 비율이 높은 나머지 1종목 따로 분석(Hip-hop)

ⓘ 완성된 모델 에세이 확인은 p.308

예시 2

4 STEP 전략에 따라 다음 차트를 분석해보고 글의 Structure를 구성해 보자.

The data below compares the popularity of music over three years: 1999, 2000 and 2001.
하단 데이터는 1999년, 2000년, 2001년 3년 사이 음악의 인기도를 비교한다.

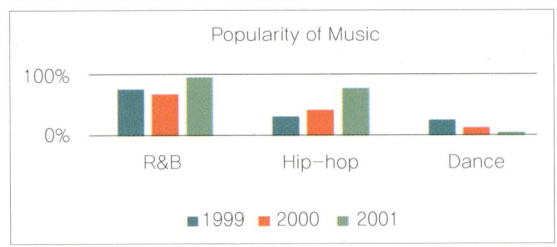

STEP 1 Scanning (그래프/차트 훑어보기)

이 그래프에서는 시간의 흐름이 보이지? 그래서 이 그래프는 "변화가 있는 형태"야.
주어진 아이템들을 2가지 기준(변화 & 비교)으로 수치를 정렬해 보자.

STEP 2 Sorting (주어진 수치 정렬하기)

	변화 (증/감 체크하기)	비교 (순위 매기기)
R&B	증가	항상 1등
Hip-hop	증가	항상 2등
Dance	감소	항상 3등

STEP 3 Segmenting (정렬된 수치 그룹별로 묶기)

수치(Trend)를 보면, 증가를 나타내는 2종목(R&B & Hip-hop)과 감소를 나타내는 1종목(Dance)으로 나뉘어지는 게 보이지? 여기도 마찬가지로 Segmenting을 할 때는 끼리끼리 묶는 것(Grouping)이 일반적이야.
그 다음에 데이터를 걸러내는 작업(Filtering)도 주어진 아이템이 너무 많을 경우에는 덜 두드러진 아이템을 걸러낼 필요가 있어.
위 차트에서도 3종목밖에 없기 때문에 걸러낼 필요는 없겠지?

STEP 4 Structuring (묶여진 정보로 구조 잡기)

따라서, Structure는 다음과 같이 구성될 수 있어.

Introduction
시간의 흐름에 따라 선호하는 음악의 종류가 어떻게 다른가
Overall Trend
시간의 흐름에 따라 변화는 있지만 R&B가 가장 인기가 많음
Body 1
증가하는 2종목 묶어서 분석(R&B / Hip-hop)
Body 2
감소하는 1종목 따로 분석(Dance)

완성된 모델 에세이 확인은 p.308

 자, 이제 분석하는 법을 배웠으니 그래프 유형에 따라 직접 분석해 보자!

CHAPTER 1

LINE

TASK 1

먼저 '변화가 있는 유형'에서 Line그래프를 살펴보도록 하자. 주어진 수치들을 선으로 연결하여 증/감을 나타내는 Line그래프가 '변화'를 표현하기에는 가장 효과적이라 Line그래프는 변화를 분석하는 형태로 주로 출제돼.

LINE (변화가 있는 유형)

PREVIEW

그래프를 처음 마주하고 식별할 때 주의해야 할 점들이 무엇인지 알아보도록 하자. 가로축 / 세로축에서 주목해야 할 요소들은 무엇이 있을까?

WRITING TASK 1
You should spend about 20 minutes on this task.
해당 과제를 약 20분에 걸쳐 완성하시오.

> The graph below shows the average methane emissions per person in Beijing, New York, Seoul and London between 1970 and 2010.
>
> Summarize the information by selecting and reporting the main features and make comparisons where relevant.
>
> 하단 그래프는 1970년과 2010년 사이 베이징, 뉴욕, 서울, 런던의 1인당 평균 메탄 배출량을 보여 준다. 주요 특징들을 선택하고 기록하는 방법으로 내 정보를 요약하고, 관련성이 있는 경우 비교하시오.

Write at least 150 words.
최소 150자 내로 답하시오.

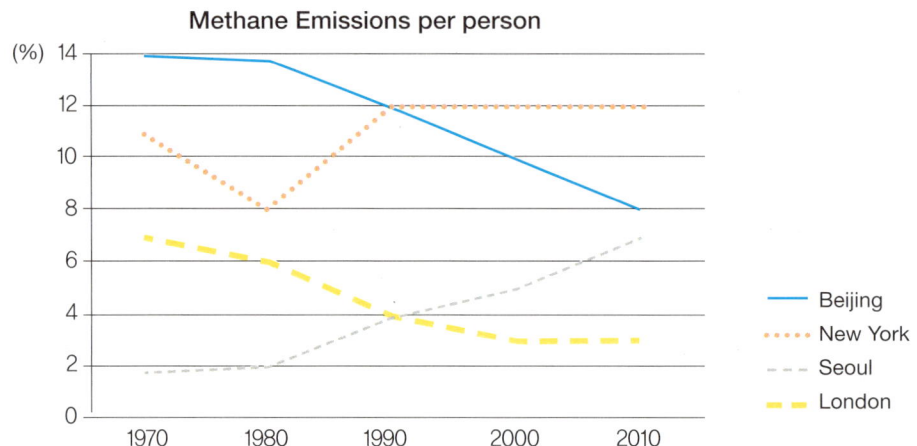

- **'시간'이 나오는 축(axis)**
  보통 '시간'은 가로축에 나오는 경우가 일반적이지만, 세로축으로도 나올 수 있다는 점을 간과해선 안돼. '시간'을 보면 '시제'를 식별할 수 있다는 점이 매우 중요하지!

- **'시간'이 나오는 반대축**
  '시간'이 나오는 반대축, 즉, 위의 차트에서는 세로축인데. 우리는 어떤 종류의 수치(figure)가 쓰여졌는지 바로 식별할 수 있어. Methane emissions가 나와 있는데, 불가산의 개념 amount가 쓰여졌고, 측정단위로는 %가 쓰였다는 것을 확인할 수 있지? 반드시 셀 수 있는 개념인지를 확인하고, 단위도 놓치면 안돼!

- **동사의 시제**
  왼쪽 차트에서 '시간'이 나온 축, 즉, 가로축을 보면 1970-2010이 바로 관찰되지? 이 경우에는 우리가 분석상에서 써야 할 시제는 2가지로 생각할 수 있어. 바로, '단순과거'와 '과거완료'야. 다만, 완료시제는 '계속적인 의미'를 부여할 때만 제한적으로 써야 한다는 것을 명심해야 해! 따라서 단순 과거로 일단은 접근하도록 하자. '시간' 자체가 아예 언급이 안되는 차트가 있는데, 그런 경우에는 동사의 시제는 '단순 현재'로 통일시키면 돼!

PREWRITING

Introduction에서 배웠던 "4S 전략", 기억하지? 전략에 따라 '전반적인 분석'을 먼저 해보자. 그러고 난 후에, 글의 구조(Structure)를 만들어 보자.

1 4S 전략으로 차트 분석하기

The graph below shows the average methane emissions per person in Beijing, New York, Seoul and London between 1970 and 2010.

하단 그래프는 1970년에서 2010년 사이 베이징, 뉴욕, 서울, 런던의 1인당 평균 메탄가스 배출량을 보여 준다.

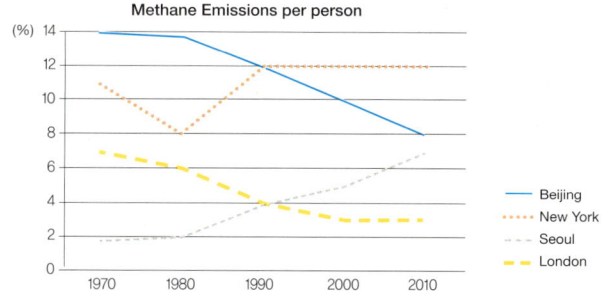

STEP 1 Scanning (그래프/차트 훑어보기)

연도가 나와 있는 걸 보니 '변화가 있는 형태'의 차트야. 주어진 아이템들이 각각 어떻게 "변화"했는지, 그리고, 그것들을 어떻게 "비교" 분석할 것인지를 분석의 방향으로 삼아야 해.

STEP 2 Sorting (주어진 수치 정렬하기)

	변화(증/감 체크하기)	비교(순위 매기기)
Beijing	감소	1등 → 2등
New York	(비슷하게) 유지	2등 → 1등
London	감소	3등 → 4등
Seoul	증가	4등 → 3등

STEP 3 Segmenting (정렬된 수치 그룹별로 묶기)

앞서 분석된 수치(Trend)를 보면, 순위가 바뀌는 두 도시(Beijing과 New York)와 또 다른 두 도시(London과 Seoul)로 나뉘어짐을 알 수 있어. 이 차트에서는 특별히 filtering 할 아이템, 즉 걸러낼 항목은 없어 보이지?

STEP 4 Structuring (묶여진 정보로 구조 잡기)

따라서, 해당 task는 다음과 같이 구성할 수 있어.

> **Introduction**
> 평균 메탄가스 배출량을 토대로 주어진 문제를 다른 말로 바꿔 언급

> **Overall Trend**
> 전체적으로 매우 대단한 변화들이 보인다.

> **Body 1**
> 1, 2위 도시 묶어서 분석(Beijing & New York)

> **Body 2**
> 나머지 2국가 묶어서 분석(London & Seoul)

2 표현 익히기

증/감의 분석을 영작할 때, 많이 쓰이는 표현들을 익혀보자. 증감의 동사를 쓸 때는, 항상 "능동태"로 써야 한다는 것도 꼭 기억하자. 그리고 항상 강조하는 것이지만, 동사를 쓸 때는 늘 '시제'에 주의해서 써야 해. 최대한 다양한 단어들을 숙지해서, 동일한 단어의 반복을 피하자!

1. 증가를 나타내는 동사
  (1) 증가하다 : increase, rise*, go up, climb, escalate, jump, leap, grow, ascend
  (2) 급증하다/솟구치다 : soar, surge, skyrocket, rocket

rise와 자주 헷갈리는 단어로 raise가 있어. raise는 '상승시키다'의 의미로, 수치의 상승에는 못 쓰니까 주의하자.

2. 감소를 나타내는 동사
  (1) 감소하다 : decrease, fall, go down, drop, decline, dip*, dive, descend, slump
  (2) 추락하다(곤두박질 치다) : plunge, plummet, tumble, nosedive

* dip은 일시적인 감소의 의미를 나타낼 때만 제한적으로 쓰자.

3. 유지를 나타내는 표현
  (1) remain/stay + 형용사: remain stable, remain static, remain unchanged
  (2) 그 외 동사들 : stabilize, level off, level out

4. 변동을 나타내는 표현
  (1) 요동치다(동사) : fluctuate, oscillate
  (2) 변덕스러운(형용사) : fitful, erratic, volatile

5. 최고점(정점)을 찍을 때
  (1) reach/hit + 명사 : reach a peak, reach a top, hit the highest point
  (2) 그 외 동사들 : peak, top (동사로도 사용 가능)

6. 최저점(바닥)을 칠 때
  (1) reach/hit + 명사 : reach a bottom, hit a bottom, hit the lowest point
  (2) 그 외 동사 : bottom out

증/감의 여러 표현들을 배워 보았는데, 얼마큼 증가(감소)했는지의 '정도'를 나타내기 위해서는 다음의 다양한 수식어들을 숙지할 필요가 있어!

7. 증감의 정도를 나타내는 수식어 (형용사 & 부사)

	의미	형용사	부사
1	극적인 (극적으로)	dramatic	dramatically
2	폭발적인 (폭발적으로)	explosive	explosively
3	기하급수적인 (기하급수적으로)	exponential	exponentially
4	상당한 (상당하게)	considerable	considerably
5	두드러진 (두드러지게)	remarkable	remarkably
6	상당한 (상당하게)	substantial	substantially
7	뚜렷한 (뚜렷하게)	marked	markedly
8	근소한 (근소하게)	slight	slightly
9	최소의 (최소한도로)	minimal	minimally
10	아주 적은 (아주 적게)	fractional	fractionally
11	미미한 (미미하게)	trivial	trivially
12	완만한 (완만하게)	gentle	gently
13	점진적인 (점진적으로)	gradual	gradually
14	꾸준한 (꾸준하게)	steady	steadily
15	느린 (느리게)	slow	slowly
16	갑작스러운 (갑작스럽게)	sudden	suddenly
17	급격한 (급격하게)	drastic	drastically

3 패턴 익히기

앞에서 배운 단어들을 바탕으로 주어진 차트의 '수치 변화'를 직접 문장으로 작성해 볼까? 증감의 문장 패턴은 크게 4가지가 있는데 이것들을 바탕으로 다양한 문장을 만들어 보자. 일단 서로 다른 문형 4가지를 익혀서 다양하게 활용하여 쓴다면, 글이 더욱 풍성해 질 거야.

1 증/감의 동사를 활용하는 기본 패턴
어떤 종류의 수치가(주어) + 증가(감소)하였다(동사) + 얼마큼(부사)

> ex) The figure **decreased** dramatically.
> 그 수치는 극적으로 **감소했다**.

2 "발생하다" 동사를 활용하는 패턴
어떤 종류의 수치에 있어서 + 얼마큼의(형용사) + 증가(감소)가(명사) + 발생하였다.

> ex) A dramatic decrease **took place** in the figure.
> 숫자 데이터에서 극적인 감소가 **발생했다**.

3 "겪다" 동사를 활용하는 패턴
어떤 종류의 아이템이 + 얼마큼의(형용사) + 증가(감소)를(명사) + 겪었다.

> ex) The UK **saw** a dramatic decrease in the methane emissions.
> 영국은 메탄가스 배출량에 있어서 대단한 감소를 **겪었다**.

4 "There is(are)~" 활용하는 패턴
얼마큼의(형용사) + 증가(감소)가 + 있다 + 어떤 종류의 수치에 있어서.

> ex) **There was** a dramatic decrease in the methane emissions in the UK.
> 영국에서는 메탄가스 배출량에 있어서 대단한 감소가 **있었다**.

WRITING

자, 이제 준비를 마쳤으니, 본격적으로 분석을 완성해 볼까? 앞에서 정리했던 Structure 기억나지? 이 구조를 바탕으로 직접 글을 써 보자.

The graph below shows the average methane emissions per person in Beijing, New York, Seoul and London between 1970 and 2010.

Summarize the information by selecting and reporting the main features and make comparisons where relevant.

해석 하단 그래프는 1970년에서 2010년 사이 베이징, 뉴욕, 서울, 런던의 1인당 평균 메탄가스 배출량을 보여 준다. 주요 특징들을 선택하고 기록하는 방법으로 정보를 요약하고, 관련이 있는 경우 비교하시오.

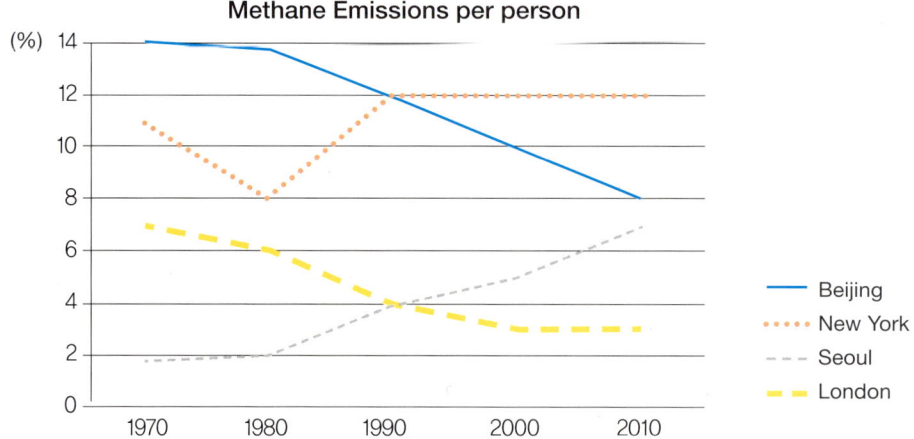

Introduction
'The average methane emissions'을 토대로 주어진 문제를 다른 말로 바꿔 언급

Overall Trend
'Dramatic changes가 보인다'를 중점적으로 표현

Body 1
1, 2위 도시 묶어서 분석(Beijing & New York)

Body 2
나머지 도시 묶어서 분석(Seoul & London)

STEP 1 | Introduction

Intro에서는 그래프를 전반적으로 설명하는 문장을 20자 정도로 써 보는 게 좋아. 너무 길게 쓰려 하지 말고, 해당 차트(그래프)가 무엇을 나타내는지를 간단하고 명료하게 써 보자! 서론을 너무 잘 쓰려고 하기보다는 빨리 쓴다는 생각으로 쓰는 게 좋아. 서론은 2분 안에 완성하도록 해! 서론을 기가 막히게 잘 쓴다고 점수가 잘 나오는 건 아니잖아? 소탐대실 하지 말고, 모든 에너지와 시간은 OVERALL 쓰기와 BODY 쓰기에 집중하도록 해!

(1) INTRO를 쓸 때 알아두면 좋은 표현들

The line graph given reveals the data on ~
주어진 선 그래프는 ~에 대한 데이터를 보여 준다.

The given graph is a line graph unfolding the change in ~
주어진 그래프는 ~의 변화를 나타내 주는 선 그래프이다.

The provided line graph illustrates the information on ~
제공된 선 그래프는 ~에 대한 정보를 나타내 준다.

(2) Your Writing

_____
_____
_____

(3) Sample Writing

> The line graph given reveals the average methane emissions in four different cities over a 4-decade from 1970 to 2010.
>
> 주어진 선 그래프는 4개의 다른 도시에서 1970년부터 2010년까지 40년에 걸쳐 발생한 메탄가스 평균 배출량을 보여 준다.

STEP 2 | Overall Trend

Overall 단락에서는 전반적인 분석을 하는 곳이야. 분석의 큰 그림을 그려 주는 곳이지. 너무 디테일하게 분석하려 하지 말고, 거시적인 분석을 해야해야 해! 30자 안팎의 간명한 분석을 가공해 보도록 하자! Overall 단락에서는 큰 맥락의 분석을 하는 곳이기 때문에, 구체적인 figure(수치)는 언급해서는 안돼! 미주알고주알, 구구절절, 모든 요소를 다 설명하려 들지 말고, 뭔가 모자란 듯한 뭉뚱그린 분석을 한다고 생각하는 게 좋아. '더 이상의 디테일한 분석은 BODY에서 해주겠어!'의 마음가짐이지!

(1) Overall에 쓰기 좋은 표현

By and large, it is obvious that ~
대개/전반적으로, ~은/는 확실하다.

As a whole, the general trend seems ~
전체적으로, 일반적인 추세는 ~인 듯 하다.

All in all, it can be generally noticed that ~
대체적으로/일반적으로, ~하다는 것을 알 수 있다.

(2) Your Writing

_____
_____
_____

(3) Sample Writing

> **Overall,** all four given cities saw significant changes in the methane emissions throughout the years.
>
> 전반적으로, 주어진 4개의 도시들은 해가 바뀜에 따라 메탄가스 배출량에 있어 상당한 변화가 있었다.

STEP 3   Body

자! BODY에서는 이제 본격적인 분석을 시작할 텐데, 다음에서 내가 말하는 세 가지 규칙들을 지켜줬으면 해:

첫 번째, 분석은 넓게 시작해서 점점 디테일하게 발전시키자!
항상 첫 문장은 general한 분석으로 시작하도록 해! 즉, 첫 문장부터 수치가 곁들여진 자세한 분석이 나와서는 안 된다는 거야!

두 번째, 모든 요소(수치)를 다 나열하려고 하지 말자!
불필요한 숫자까지 전부 언급하려 하지 말자! 일반적으로는 양극에 위치한 값(최고값, 최저값, 최초값, 마지막값)이 중요한 수치로 생각돼.

세 번째, 단순한 수치 나열을 통한 지루한 분석보다는, 재미있게 잘 가공된 분석을 하자!
글자수를 채우기 위한 단순 수치 나열은 절대 득점할 수 없어! 특히, 단순 순위 나열 (1등을 했다, 2등을 했다)하는 분석이 가장 수준 낮은 분석이라는 것을 명심해!

BODY 1

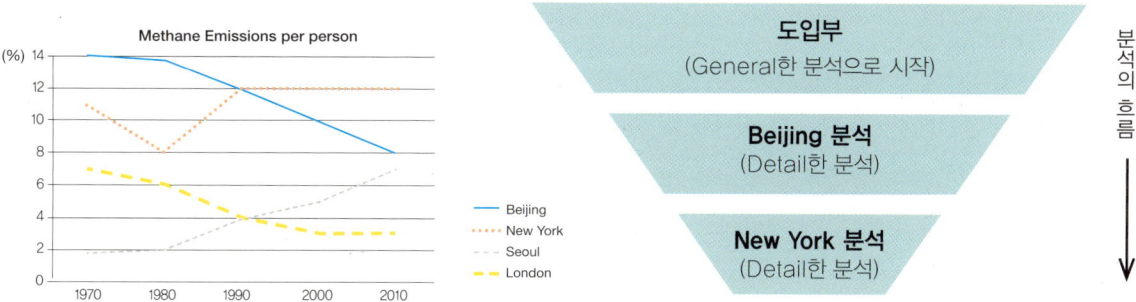

(1) Body에 쓰기 좋은 표현 1

  '겪다'라는 의미의 다양한 동사들: witness / undergo / go through / see

  모두 숙지하여 동일한 단어 반복을 피하도록 해!

(2) Your Writing 1

_____
_____
_____
_____
_____

(3) Sample Writing 1

> Initially, methane emissions in Beijing accounted for about 14%, making it the highest among the other cities. The rate remained unchanged for the next decade before going through a constant fall until the end of the period. The final rate stood at about 8%. For New York city, the initial methane emission rate per person was about 3% less than that of Beijing. There was a significant fall to 8% in 1980 before regaining the figure at the beginning. Although it levelled off during the remaining period, it marked the highest figure at the end.
>
> 해석 초기에는, 베이징이 메탄 배출량을 약 14%대를 보이며 다른 도시들보다 가장 높게 나왔다. 이 수치는 그 후 10년 동안은 변동이 없다가, 기간이 끝나는 지점까지 지속적으로 감소한다. 최종 수치는 약 8%대에 머물게 되었다. 뉴욕 같은 경우, 초기 메탄 배출량 (1인당)이 베이징에 비해 약 3% 정도 낮았다. 1980년도에는 8%까지 크게 떨어졌다가 이후 다시 초기의 수치로 되돌아갔다. 비록 남은 기간 동안 그 수준을 유지했지만, 마지막엔 가장 높은 수치로 마치게 된다.

BODY 2

(1) Body에 쓰기 좋은 표현 2

'증가하다' 등의 의미를 가진 다양한 동사들: increase / ascend / increase further

  '수치 변화'에 대한 분석은 반드시 할 필요가 있어! 위의 동사들을 모두 숙지하자!

(2) Your Writing 2

_____
_____
_____
_____
_____
_____

(3) Sample Writing 2

> As far as the other cities are concerned, people in London emitted about 7% of methane at the beginning before a dramatic fall by about 5% in 1990. It should also be noted that the ratio did not change much over time, marking the lowest ending figure of all cities. In the meantime, Seoul had a modest figure at about 2% in 1970. The figure ascended gradually for the next three decades to about 5% before a further increase to about 7%.
>
> 해석 다른 도시들 같은 경우, 런던에 사는 사람들은 약 7%대의 메탄을 초기에 배출하다가 1990년도에는 급격히 감소하여 약 5%대까지 떨어졌다. 또한 특이한 점은 그 비율이 시간이 지나도 크게 변하지 않아서 모든 도시들보다 가장 낮은 수치로 마친다는 것이다. 반면, 서울은 1970년도에 약 2%로 미미한 수치를 보여 주었다. 이 수치는 그 후 30년동안 점차 증가하여 5%대에 달하다가 더 증가해 약 7%대에 이르게 되었다.

완성된 모델 에세이 확인은 p.308

POST-WRITING

어때? 4S 전략을 사용하니 차트/그래프를 분석해서 글을 구성하는게 쉬워졌지? 주어진 시간 안에 매끄러운 글을 완성하기 위해서는 자꾸 연습해 보는 것이 좋아. 자, 그럼 지금까지 배운 내용을 바탕으로 직접 글을 작성해 보자.

WRITING TASK 1

You should spend about 20 minutes on this task.

> **The line chart below shows the percentage of email registrations in 3 countries over a five-year period.**
>
> **Summarize the information by choosing and identifying the main features and make comparisons where relevant.**

Write at least 150 words.

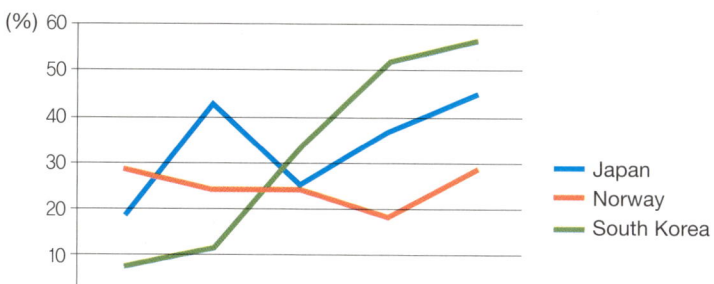

Levels of e-mail Registrations in 3 Countries from 1994-1998

4S 전략으로 차트 분석하기

Introduction:

Overall Trend:

Body 1:

Body 2:

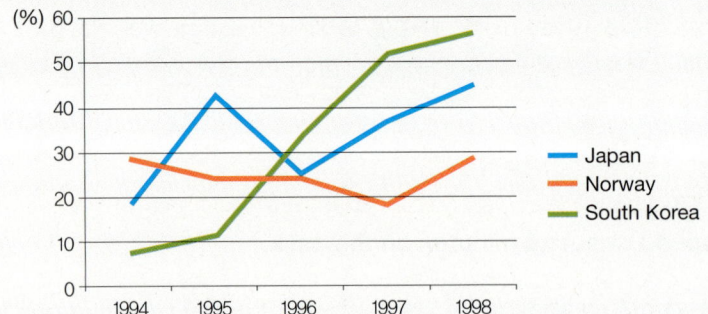

Your Writing

REVIEW

오늘 공부 어땠어? 오늘 배운 내용을 복습하는 의미에서 간단한 퀴즈를 풀어보자!

Vocabulary
다음 빈칸에 들어가기에 알맞은 단어를 찾아 쓰세요.

> descents   reveals   leapfrogged   decreases   went through

❶ The provided line graph _____ the average methane emissions in European countries.
주어진 라인 그래프는 유럽 나라들의 평균 메탄가스 배출량을 보여 준다.

❷ All in all, European countries in the data _____ drastic changes in the amount of average methane emissions.
전반적으로, 데이터에 있는 유럽 국가들은 평균 메탄가스 배출량에 있어서 극적인 변화들을 겪었다.

Scrambled Sentences
다음 단어들을 조합해 완전한 문장을 만드시오.

❶ in the methane emissions / the UK / despite a marked drop, / was the biggest contributor
뚜렷한 감소에도 불구하고, 영국은 메탄가스 배출량에 있어 가장 큰 기여 국가였다.

_____

❷ was the least influential one / although there was / Spain / a significant decline, / compared to other countries
뚜렷한 감소가 있었음에도 불구하고, 스페인은 타국가 대비 가장 영향력이 적은 국가였다.

_____

SELF-CHECK
본인의 답변을 Good Example과 비교해서 영역별로 자신의 점수를 체크해 보자.

과제 수행	문법	어휘	일관성
• 주어진 과제에 대한 답을 했는가? • 주어진 시간안에 작성했는가? • 정해진 단어수에 맞게 작성했는가? • 주제를 벗어나지 않은 문장만을 작성했는가?	• 주어 동사를 포함한 완전한 문장을 작성했는가? • 접속사, 관계대명사 등 다양한 문장을 작성했는가? • 올바른 시제/수일치를 사용했는가? • 알맞은 문장부호를 사용했는가?	• 한 단어를 반복 사용하지 않고 동의어를 사용했는가? • 다양한 어휘를 사용했는가? • 주제에 어울리는 정확한 어휘를 사용했는가? • PARAPHRASING한 문장을 사용했는가?	• 다양한 연결어를 사용하여 자연스럽게 작성했는가? • 글의 구조가 명확히 드러나도록 작성했는가? • 각 단락의 첫 문장에 핵심문장을 적었는가? • 본론의 내용이 서론과 긴밀하게 연결되는가?
1 2 3 4 5	1 2 3 4 5	1 2 3 4 5	1 2 3 4 5

1~5	6~10	11~15	16~20	OVERALL GRADE
LIMITED	MODEST	COMPETENT	GOOD	

ed:m 유학스토리

전 세계 ed:m 통신원들을 통해 **유학생활** 미리 보기

유학생의 삶의 질을 높여 주는 잇템들!

안녕하세요! 맨체스터 ed:m 통신원 황승주입니다. 영국의 비싼 물가 속에서 허덕이는 많은 청춘들! 조금이라도 돈을 더 아껴서 문화생활 및 여행에 투자를 해야 하는데 매번 만만치 않은 영국의 물가가 그 발목을 잡죠? 그래서 오늘은 영국에서 용돈도 아낄 수 있고 유학생의 삶의 질을 확 올려 줄 수 있는 아이템들을 소개하려 합니다.

1. MONZO

많은 분들이 은행에 가서 계좌 개설에 도전을 하지만 저를 포함해서 다들 쓴 웃음을 지으며 은행을 나와 본 경험이 있으실 겁니다. 그런데 그런 은행계좌를 신분 확인만으로 간단하게 개설 할 수 있다는 사실, 알고 계신가요? 우리나라에도 카**뱅크처럼 온라인에만 존재하는 은행이 있듯이 영국에도 카카오뱅크와 비슷한 MONZO라는 은행이 있습니다. 무늬만 은행이 아닌 왕실에서 정식 허가까지 내준 '진짜' 은행입니다. 계좌 개설은 어플을 다운 받고 지시하는 대로 진행하면, 등록한 주소로 Debit Card를 보내 줍니다. 너무 간단해서 황당할 정도로 쉽게 계좌가 열립니다. 해외 송금으로 MONZO 계좌에 약간의 수수료를 지불하고 용돈을 보내 두면 영업일 기준으로 2~3일 사이에 계좌에 돈이 들어옵니다. Contactless 결제도 가능하고 아이폰 쓰시는 분들은 애플페이에 등록도 가능하여 가뜩이나 동전이 많은 영국의 돈을 주렁주렁 들고 다닐 일이 줄어듭니다. 또한 어플에서 결제시 바로바로 어디에 돈을 사용했는지 알림을 보내 주어 따로 가계부를 작성하지 않아도 돈의 흐름을 알 수 있죠. 물론 현금을 ATM을 통해서 입금시킬 수 없다는 단점이 있지만 온라인을 통해서 미리미리 돈을 송금해 둔다면 이 카드만큼 사용하기 편한 카드는 없을 겁니다.

2. 레일카드 + 코치카드

자가용이 없는 저는 주로 기차와 버스(코치)를 이용합니다. 기차와 버스는 빠르긴 하지만 늦게 예약을 하려고 하면 운임료가 꽤나 비싸지기 때문에 레일카드와 코치카드를 꼭 발급받는 게 좋은데요. 카드는 각각 National Rail과 National Express 홈페이지에서 비용을 지불하고 만들 수 있습니다. (아쉽게도 레일카드는 만 25세, 코치카드는 만 26세까지만 발급 가능하니 이 점도 참고하세요!) 이 카드들을 이용하면 1년 동안 운임의 30%를 할인 받을 수 있게 됩니다. 코치카드는 무조건 실물 카드로 배송을 받아야 하지만, 레일카드는 실물 카드 혹은 모바일 카드로도 발급이 가능하답니다. (다만 실물 카드로 받을 시 모바일 카드는 발급 불가. 반대의 경우도 마찬가지.)

3. 무료 신문

맨체스터에 오신 분들은 아침에 신문을 권하는 사람들을 보았을 겁니다. 저도 처음에는 이 신문이 무료 신문인지 모르고 거부했었는데 무료인 줄 알고서는 신문을 받아 읽어 보고 있습니다. 맨체스터 무료 신문은 두 종류로 Metro와 Manchester Evening News가 있습니다. Metro는 매일 나오는 일간지이며, Manchester Evening News는 목요일마다 배부합니다. 학원의 선생님들도 이 신문들을 무료로 받아서 영어 공부를 하는 데 이용하기를 추천합니다. 특히 Manchester Evening News는 지역 신문으로 맨체스터에 한 주간 무슨 일이 있었나 알아보기 좋습니다. (어플도 있어요!)

이처럼 머나먼 타지에서의 유학생활에서 몇 가지 아이템들을 잘 이용하면 용돈도 아껴 풍족해지고 삶의 질을 올려 여유를 가져 볼 수도 있답니다. 여러분들도 제가 추천하는 아이템을 이용하여 영국에서의 유학생활, 한층 레벨업을 시켜보는 게 어떨까요?

CHAPTER 2

TABLE

TASK 1

> 이번에는 '변화가 있는 유형'에서 Table 차트를 살펴볼 거야. Table 차트 또한 사실상 "변화가 있는 유형"이라는 같은 맥락으로 접근을 한다면, 앞선 챕터에서 다뤘던 Line그래프와 크게 다르지 않다는 것을 명심하자!

02 TABLE(변화가 있는 유형)

PREVIEW

그래프를 처음 마주하고 식별할 때 주의해야 할 점들이 무엇인지 알아보도록 하자.
행(row)과 열(column)에서 주목해야 할 요소들은 무엇이 있을까?

WRITING TASK 1
You should spend about 20 minutes on this task.
해당 과제를 약 20분에 걸쳐 완성하시오.

> The table below gives information about the number of commuters using different modes of transport in Seoul in the years between 2005 and 2015.
>
> Summarize the information by selecting and reporting the main features and make comparisons where relevant.
>
> 하단 테이블은 2005년과 2015년 사이 서울에서 다른 교통수단을 이용한 통근자 수에 대한 정보를 보여 주고 있다.
> 주요 특징들을 선택하고 기록하는 방법으로 정보를 요약하고, 관련이 있는 경우 비교하시오.

Write at least 150 words.
최소 150자 내로 답하시오.

The number of commuters using different modes of transports in Seoul in 2005 and 2015

	2005	2015
Subway	13,199	14,806
Taxi	429	274
Train	1,254	2,124
Car	13,289	26,366
Local bus	10,130	10,420
Others	450	585

- **'시간'이 나오는 열(column)**

  일반적으로 테이블 차트에서는 열(column)에 시간이 나오는데, 2005년과 2015년을 찾을 수 있지? 동사의 시제가 '과거' 시제임을 알 수 있어.

- **'아이템'이 나오는 행(row)**

  반면에, 여러 아이템들이 행(row)에 나와 있음을 볼 수 있는데, 위의 차트에서는 5개의 교통수단과 others가 관찰되고 있어.

  주의사항!!

  Others 항목은 '하나의 아이템'이 아니라, 기타 등등의 아이템을 지칭하므로, 별개의 개념으로 분석해야 해! 따라서 다른 아이템들과 동일 선상에 놓고 분석해서는 안 된다는 것을 명심하자!

PREWRITING

우선, Introduction에서 배웠던 "4S 전략"에 따라, '전반적인 분석'을 선행하도록 하고, Structure를 구축해 보도록 하자.

 4S 전략으로 차트 분석하기

The table below gives information about the number of commuters using different modes of transport in Seoul in the years between 2005 and 2015.

하단 테이블은 2005년과 2015년 사이 서울에서 다른 교통수단을 이용한 통근자 수에 대한 정보를 보여 주고 있다.

The number of commuters using different modes of transports in Seoul in 2005 and 2015

	2005	2015
Subway	13,199	14,806
Taxi	429	274
Train	1,254	2,124
Car	13,289	26,366
Local bus	10,130	10,420
Others	450	585

STEP 1 Scanning (그래프/차트 훑어보기)

연도가 나와 있는 걸 보니 '변화가 있는 형태'의 차트야. 주어진 아이템들이 각각 어떻게 "변화"했는지, 그리고, 그것들을 어떻게 "비교" 분석할 것인지를 분석의 방향으로 삼아야 해.

STEP 2 Sorting (주어진 수치 정렬하기)

	변화(증/감 체크하기)
Subway	증가
Taxi	감소
Train	증가
Car	증가
Local bus	증가
Others	증가

비교(순위 매기기)

순위	2005	2015
1	Car	Car
2	Subway	Subway
3	Local bus	Local bus
4	Train	Train
5	Others	Others
6	Taxi	Taxi

Others는 '단일 아이템'이 아니므로, 다른 아이템들과 동일선상에서 비교해서는 안돼! 여기서는 제외하고 별도로 다루도록 하자!

STEP 3 Segmenting (정렬된 수치 그룹별로 묶기)

앞서 분석된 Trend를 보면, 증가를 나타내는 수단 중 상대적으로 큰 수를 나타내는 3개의 수단(Car, Subway, Local bus)으로 나뉘어짐을 알 수 있어. 그리고 나머지 교통수단은 상대적으로 작은 수치를 보여 주니 그들끼리 묶어보자. 이 차트에서는 주어진 아이템의 개수가 많으므로, 유사한 트렌드를 가진 아이템은 최대한 묶어서 언급하거나 혹은 존재감이 떨어지는 아이템은 과감히 skip 하도록 하자!

STEP 4 Structuring (묶여진 정보로 구조 잡기)

따라서, Structure는 다음과 같이 구성할 수 있어.

Introduction
"서울에서 다른 교통수단을 이용한 통근자 수에 대한 정보"를 중심으로 문제를 다른 말로 바꿔 언급

Overall Trend
전반적인 변화는 증가했음을 알 수 있다.

Body 1
상대적으로 큰 수를 나타내는 3개의 수단(Car, Subway, Local bus)

Body 2
상대적으로 작은 수치를 보여 주는 교통수단(Train, Taxi, Other)

표현 익히기

이번 챕터에서는 '배수사'에 대해 배워 보자. '배수사'는 비교분석에서 유용하게 쓰일 수 있지만, 또한 상승의 '변화'를 분석할 때 유용하게 활용될 수 있어. 배수 표현을 정리해 보고, 응용해 낼 수 있도록 하자.

1. 배수사

2배	twice	twofold	double
3배	thrice	threefold	Triple
4배	four times	fourfold	quadruple
5배	five times	fivefold	quintuple
6배	six times	sixfold	sextuple
7배	seven times	sevenfold	septuple

 배수사는 반드시 '상승'에만 쓰도록 하자. 즉, '2배가 감소하였다'와 같은 분석은 잘못된 문장이야!

ex) The percentage declined twofold. (X)

2. 그 외 '변화'에 있어서 유용한 표현들

반으로 줄다: halve
ex) The smoking rate **halved** for the last 10 years.
흡연율은 지난 10년동안 **반으로 줄었다**.

엎치락뒤치락 하다: switch back and forth
ex) The popularity of baseball and football **switched back and forth** in 2000.
2000년도에 야구와 축구의 인기는 **엎치락뒤치락** 하였다.

서서히 줄다: peter out
ex) The fertility rate has **petered out** over the past few decades.
출생률은 지난 수십년간 **서서히 줄어들었다**.

주춤거리다: falter
ex) The visits jumped considerably, although they **falter**ed briefly in 1999.
1999년에 잠시 **주춤거렸음**에도 불구하고, 방문이 전체적으로 상당히 뛰었다.

 위의 표현들은 의외로 쓰임새가 많을 거야. 숙지해서 응용할 수 있도록 하자.

3 패턴 익히기

앞에서 배운 표현들을 바탕으로 주어진 차트의 '변화 분석'을 배수사를 활용해서 작성해 볼까? 품사에 주의하면서 영작해야 한다는 것을 명심하자!

1 동사 + 배수사(부사)

어떤 종류의 수치가 (주어) + 증가(감소)하였다(동사) + 얼마큼(부사)

> ex) The smoking rate **increased by more than twice** as much in 2010.
> 2010년에 흡연율이 2배 이상 상승하였다.

2 배수사(형용사) + 명사

> ex) There was **a twofold increase** in the rate of smoking in 2010.
> 2010년에 흡연율에 있어서 2배의 상승이 있었다.

3 배수사(동사)

> ex) The smoking rate **more than doubled** in 2010.
> 2010년에 흡연율이 2배 이상 뛰었다.

WRITING

자, 이제 준비를 마쳤으니, 본격적으로 분석을 완성해 볼까?

앞서 분석하고, 구축했던 Structure를 다시 살펴보자. 총 4개의 단락으로 구성되었지?

The table below gives information about the number of commuters using different modes of transport in Seoul in the years between 2005 and 2015.

Summarize the information by selecting and reporting the main features and make comparisons where relevant.

 하단 테이블은 1985년과 2000년 사이 서울에서 다른 교통수단을 이용한 통근자수에 대한 정보를 보여 주고 있다. 주요 특징들을 선택하고 기록하는 방법으로 정보를 요약하고, 관련이 있는 경우 비교하시오.

The number of commuters using different modes of transports in Seoul in 2005 and 2015

	2005	2015
Subway	13,199	14,806
Taxi	429	274
Train	1,254	2,124
Car	13,289	26,366
Local bus	10,130	10,420
Others	450	585

Introduction
"서울에서 다른 교통수단을 이용한 통근자 수에 대한 정보"를 중심으로 문제를 다른 말로 바꿔 언급

Overall Trend
전반적인 변화는 증가했음을 알 수 있다.

Body 1
상대적으로 큰 수를 나타내는 3개의 수단(Car, Subway, Local bus)

Body 2
상대적으로 작은 수치를 보여 주는 교통수단(Train, Taxi, Other)

STEP 1　Introduction

Intro에서는 그래프를 전반적으로 설명하는 문장을 20자 정도로 써 보는 게 좋아. 너무 길게 쓰려 하지 말고, 해당 차트(그래프)가 무엇을 나타내는지를 간단하고 명료하게 써 보자! 서론을 너무 잘 쓰려 하지 말고, 빨리 쓴다는 생각으로 쓰는 게 좋아. 서론은 2분 안에 완성하도록 해!

(1) INTRO를 쓸 때 알아두면 좋은 표현들

The table chart **represents** the data on ~
주어진 테이블 차트는 ~에 대한 데이터를 **보여 준다**.

Given is a table chart **indicating** the change in ~
주어진 것은 ~의 변화를 **나타내 주는** 테이블 차트이다.

The provided table chart **plots** the information on ~
제공된 선 차트는 ~에 대한 정보를 **나타내 준다**.

(2) Your Writing

_____

_____

_____

(3) Sample Writing

> **The table chart represents the data on** the number of commuters who used different types of transport in Seoul in 2005 and 2015.
>
> 해석　이 테이블표는 2005년과 2015년 사이 서울에서 다른 교통수단을 이용한 통근자수**에 대한 데이터를** 나타낸다.

STEP 2　Overall Trend

Overall 단락에서는 전반적인 분석을 하는 곳이야. 분석의 큰 그림을 그려 주는 곳이지. 너무 디테일하게 분석하려 하지 말고, 거시적인 분석을 해야 해! 30자 안팎의 간명한 분석을 가공해 보도록 하자! Overall 단락에서는 큰 맥락의 분석을 하는 곳이기 때문에 구체적인 figure(수치)는 언급해서는 안돼! 선이 굵은 큰 그림을 그려 보자!

BODY 2

The number of commuters using different modes of transports in Seoul in 2005 and 2015

	2005	2015
Subway	13,199	14,806
Taxi	429	274
Train	1,254	2,124
Car	13,289	26,366
Local bus	10,130	10,420
Others	450	585

도입부 (General한 분석으로 시작)

Train 분석 (Detail한 분석)

Taxi & Other 분석 (Detail한 분석)

분석의 흐름 →

(1) Body에 쓰기 좋은 표현 2
- ~로 넘어가 보면: Turning to ~
- ~에 관해서는: As to ~ (As for ~)
- ~를 고려해 보았을 때: Considering (Concerning) ~
- ~의 경우에는: in terms of ~
- ~에 관한 한: As far as ~ is(are) concerned,

Taxi의 감소폭이 가장 크니 이를 집중해서 분석하고 나머지 아이템들은 간단하게 언급하자.

(2) Your Writing 2

_____
_____
_____
_____
_____

(3) Sample Writing 2

> Turning to train and taxi, these means witnessed an opposite pattern in general. In particular, it was taxi that lost popularity; the number of people who commuted by taxi dropped from 429 to 274 commuters on average across the years. It is of note that the number of commuters who used trains was threefold of what it was for taxi in 2005 and the figure almost doubled later. The remaining category called 'other' means was used by about 450 commuters in 2005 and the figure had a gradual increase by about 130 in 2015.
>
> **해석** 기차와 택시의 같은 경우, 이 수단들은 일반적으로 정 반대의 패턴을 보여주었다. 특히 택시는 인기를 잃었다; 택시를 이용해 출근하는 사람들의 수는 기간 동안 평균 429명에서 274명으로 떨어졌다. 특이한 점은 기차를 이용하는 통근자의 수가 2005년도에 택시 이용자의 세 배였는데 그 후에 그 수치가 거의 두 배가 되었다는 것이다. "others"라고 불리는 남은 카테고리는 2005년도에 약 450명의 통근자가 이용하였고 그 수는 점차 늘어 2015년도까지 약 130명이나 증가하였다.

완성된 모델 에세이 확인은 p.310

POST-WRITING

꼭 필요한 아이템이 무엇인지 선별하여 강조하고, 필요없는 아이템은 과감히 삭제하여 분석적으로도 의미있는 내용으로 글을 써 보도록 하자!

WRITING TASK 1

You should spend about 20 minutes on this task.

> The table below gives information about changes in the distance travelled by train in South Korea in the years 2000 and 2010.
>
> Summarize the information by selecting and reporting the main features and make comparisons where relevant.

Write at least 150 words.

The Distance Travelled by Train in Seoul in 2000 and 2010

	2000	2010
SUBWAY	5,900	6,859
KTX	1,956	3,897
SRT	509	1,498
OTHERS	79	89

4S 전략으로 차트 분석하기

Introduction:

Overall Trend:

Body 1:

Body 2:

The Distance Travelled by Train in Seoul in 2000 and 2010

	2000	2010
SUBWAY	5,900	6,859
KTX	1,956	3,897
SRT	509	1,498
OTHERS	79	89

Your Writing

REVIEW

오늘 공부 어땠어? 오늘 배운 내용을 복습하는 의미에서 간단한 퀴즈를 풀어보자!

Vocabulary
다음 빈칸에 들어가기에 알맞은 단어를 찾아 쓰세요.

> double   popularity   quadruple   twofold   threefold   enjoy   feel

❶ Taxi saw more than a _____ increase in the figure.
택시는 수치상으로 두 배 이상의 증가를 경험하였다.

❷ Car _____ the most _____ by English people over the years.
자동차는 여러 해를 걸쳐 영국 사람들의 의해 가장 높은 인기를 누렸다.

Scrambled Sentences
다음 단어들을 조합해 완전한 문장을 만드시오.

❶ are 10% and 20% / the market shares /respectively/ for company A and B
Company A와 B사의 마켓 점유율은 각각 10% 그리고 20%이다.

❷ were more than / in 2000 / the unemployment rates / respectively/ in countries A and B / 5% and 7%
나라 A 와 B의 비고용률은 2000년에 각각 5%와 7% 이상이었다.

SELF-CHECK
본인의 답변을 Good Example과 비교해서 영역별로 자신의 점수를 체크해 보자.

과제 수행	문법	어휘	일관성
•주어진 과제에 대한 답을 했는가? •주어진 시간안에 작성했는가? •정해진 단어수에 맞게 작성했는가? •주제를 벗어나지 않은 문장만을 작성했는가?	•주어 동사를 포함한 완전한 문장을 작성했는가? •접속사, 관계대명사 등 다양한 문장을 작성했는가? •올바른 시제/수일치를 사용했는가? •알맞은 문장부호를 사용했는가?	•한 단어를 반복 사용하지 않고 동의어를 사용했는가? •다양한 어휘를 사용했는가? •주제에 어울리는 정확한 어휘를 사용했는가? •PARAPHRASING한 문장을 사용했는가?	•다양한 연결어를 사용하여 자연스럽게 작성했는가? •글의 구조가 명확히 드러나도록 작성했는가? •각 단락의 첫 문장에 핵심문장을 적었는가? •본론의 내용이 서론과 긴밀하게 연결되는가?
1 2 3 4 5	1 2 3 4 5	1 2 3 4 5	1 2 3 4 5

1~5	6~10	11~15	16~20	OVERALL GRADE
LIMITED	MODEST	COMPETENT	GOOD	

ed:m 유학스토리

전 세계 ed:m 통신원들을 통해 유학생활 미리 보기

DMV에서 미국 면허 따기

안녕하세요? 미국 로스 엔젤레스 ed:m 통신원 김서희입니다. 오늘은 미국에서 면허 따는 방법에 대해 알려 드리려 합니다. 저는 다음달에 2주간 학교에서 방학을 주기 때문에 로드트립을 계획하고 있어서 미국 면허를 이번 달에 꼭 따야 했어요. 미국에 오기 전에 국제면허 신청하고 오시는 분들도 꽤 있으시던데 사실 현지에서 다시 시험을 치셔야 하는 건 똑같답니다. 왜냐하면 법이랑 신호랑 모든 게 다 달라서 시험을 똑같이 다시 친다고 하더라구요! 번거롭게 안하고 그냥 미국에서 면허가 필요하신 분은 여기서 따시는 게 나을지도 모르겠어요. 물론 주마다 다 다르긴 하지만 여기 캘리포니아의 경우에는 똑같이 시험치셔야 한답니다! 여담으로 한국에서 차도 있는 제 친구는 한국에서 운전도 잘하는데 미국 면허 시험쳤다가 떨어졌어요. 너무 운전을 잘해도 미국에서 떨어뜨린다는 소리를 들었는데 자기 운전 실력을 믿고 막 가는 사람은 그냥 떨어뜨린다고 하더라구요. 신중하고 기본에 충실한 모습을 보여 줘야 한다는 뜻이겠죠?

미국에서 라이선스를 취득하시는 분은 여기 DMV로 오셔서 등록부터 하셔야 합니다. 단 닫는 시간은 5:00PM, 그리고 토/일은 운영하지 않아요. 저는 할리우드에 있는 센터에 갔는데 사람이 꽤 많아서 조금 기다렸어요. 등록비가 캐시로는 27불 DEBIT카드로는 33불 하더라구요. 저는 현금을 안 가져 가서 33불 지불했는데 미리미리 오시기 전에 캐시를 찾아두시는 게 이득이겠죠! 어떻게 한국 돈으로 거의 7천 원가량이 차이가 날 수 있죠. (슬퍼요.)

면허 따기 전에 필수 정보사항들을 서류에 작성하실 텐데요. 한국과 비슷하게 번호표 순서가 되면 창구로 가서 행정 진행을 하시면 됩니다. 여기서 면허증에 들어갈 사진을 즉!석!에서 찍게 되는데요, 이건 열이면 열 이상하게 나오니까 너무 상심하실 필요는 없을 것 같아요… (예쁘게 좀 꾸미고 갈 걸…) 저렇게 종이를 받고 원하는 어느 날짜에나 가서 필기시험을 볼 수 있어요. 이렇게 한국어 책자를 공짜로 받을 수 있고 필기시험도 한국어로 볼 수 있답니다! 책자만 한 번 보면 굉장히 쉽다고 하더라구요. 하지만 한국 법과 많이 다르니 꼭 보고 가세요.

저는 2일 뒤에 바로 필기를 볼 예정이에요. 그 다음엔 두근두근 실기가 있어요. 꼭 합격해서 라이선스 취득하고 싶네요. 면허 시험장도 DMV를 검색하셔서 가장 가까운 데로 가시면 되겠습니다. 한 가지 더 말씀드리자면, 제가 있는 할리우드 같은 붐비는 곳은 워낙 차가 많아서 면허 시험 보기 굉장히 힘들고 실패도 많이 하는 곳이에요. 그래서 보통 시골에서 많이들 실기 시험을 치신답니다. 참고하시고 라이선스에 한번 도전해보시길 추천 드려요! 이상 DMV소개 글이었습니다!

CHAPTER 3

PIE

TASK 1

이번에는 '변화가 없는 유형'에서 Pie차트를 살펴보도록 할게. 앞선 2개의 챕터에서는 '변화'를 다루었지만, 이번 차트에서는 '비교'를 중점적으로 다루게 될 거야!

PIE(변화가 없는 유형)

PREVIEW

차트를 처음 마주하고 식별할 때 주의해야 할 점들이 무엇인지 알아보도록 하자. 우선 '비교 대상'들을 식별해 보자. 성질이 같은 것끼리만 비교할 수 있음을 명심하자!

WRITING TASK 1
You should spend about 20 minutes on this task.
해당 과제를 약 20분에 걸쳐 완성하시오.

> The charts below show the percentage of SNS* used among different channels in three areas of the world.
>
> Summarize the information by selecting and reporting the main features and make comparisons where relevant.
> 아래의 차트는 세계 3개 지역에서 다른 여러 가지 채널의 SNS 사용률을 보여 주고 있다.
> 주요 특징들을 선택하고 기록하는 방법으로 정보를 요약하고, 관련이 있는 경우 비교하시오.

*SNS: Social Networking Service

Write at least 150 words.
최소 150자 내로 답하시오.

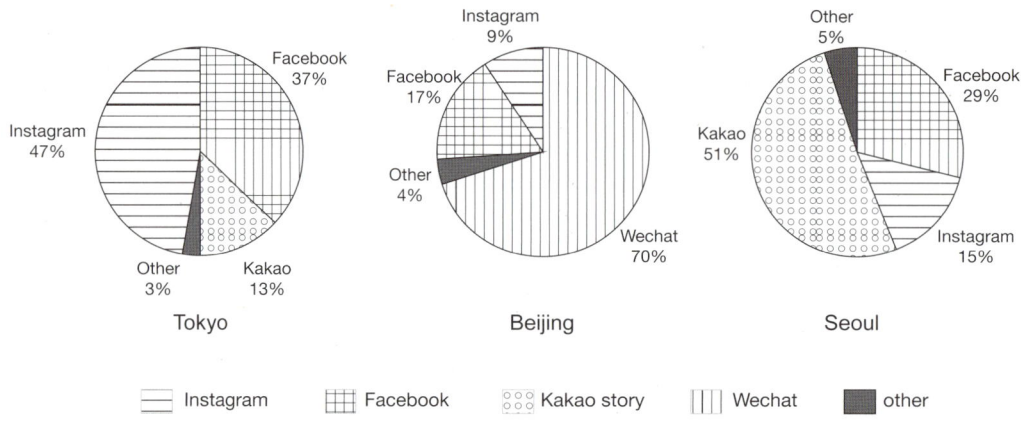

Percentage of SNS used among different Channels in three areas of the world

위 그래프는 '변화가 없는 문제'야. 백분율(%)을 다루고 있고, 몇 가지 종류의 카테고리를 비교하는 Pie Chart이지. 3개의 '도시'와 5개의 '영역'이 보이고 있는데, 도시는 도시끼리 서로 트렌드를 분석하도록 하고, 각 도시에서 어떤 SNS 채널을 많이 사용하는지를 파악하도록 하자. 그리고 도시 별로 '순위'를 매겨 전반적인 '트렌드'도 함께 파악해 보자!

PREWRITING

Introduction에서 배웠던 "4S 전략", 기억하지? 전략에 따라 '전반적인 분석'을 먼저 해보자. 그리고 난 후에, 글의 구조(Structure)를 만들어 보자.

 4S 전략으로 차트 분석하기

The charts below show the percentage of SNS used among different channels in three areas of the world.

아래의 차트는 세계 3개 지역에서 다른 여러 가지 채널의 SNS 사용률을 보여 주고 있다.

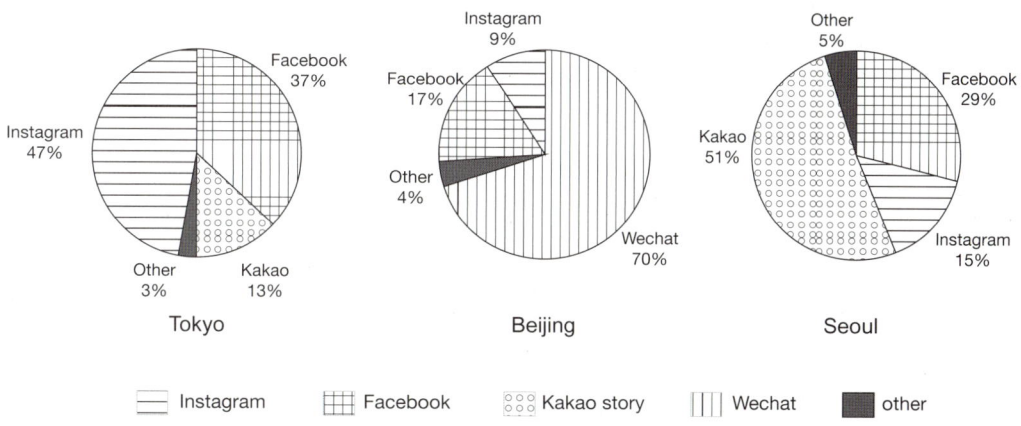

STEP 1 Scanning (그래프/차트 훑어보기)

우리는 이미 이 차트가 '변화가 없는 형태'라는 것을 파악했어. 이젠 차트를 훑어보면서 주어진 아이템들을 각각 어떻게 비교, 분석할 것인지를 분석의 방향을 찾아야 해.

STEP 2 Sorting (주어진 수치 정렬하기)

Tokyo	Beijing	Seoul
I	W	K
F	F	F
K	I	I
other	other	other

수치를 정렬하는 것이 귀찮게 느껴질 수도 있겠지만 반드시 시험장에서도 꼼꼼하게 '표'를 만들어 체크해 주는 것이 중요해! 작은 행동 하나가 실수를 줄이고, 실수 하나가 줄면, 점수가 오르는거 야!

STEP 3 Segmenting (정렬된 수치 그룹별로 묶기)

Tokyo	Beijing	Seoul
I	W	K
F	F	F
K	I	I
other	other	other

자, 이젠 위와 같이 서로 간 비슷한 트렌드를 보이는 아이템들끼리 묶어 보자. 데이터가 포함하는 내용으로 봐서, Tokyo와 Seoul이 하나의 영역이 되고, Beijing은 또 다른 하나의 영역이 되겠지. 각 영역을 각 BODY에 써보도록 하자.

STEP 4 Structuring (묶여진 정보로 구조 잡기)

지금까지 정리한 트렌드를 바탕으로 아래와 같이 Structure를 구성할 수 있어.

Introduction
"어떻게 다른 SNS 채널이 사용되는가를 알아본다"에 대한 언급

Overall Trend
도시별로 가장 두드러지는 SNS 종류가 다르다.

Body 1
비슷한 추세를 가진 2개 도시 묶어서 분석(Seoul, Tokyo)

Body 2
나머지 1개 도시를 분석(Beijing)

2 표현 익히기

백분율(%)이 다뤄진 문제에서는 주어진 %(비율)을 다양한 방식으로 표현해 주는 것이 중요해. 그래서 꼭 알아야 하는 부분 명사들을 정리해 봤어. 아래에 정리해 놓은 표현들을 반드시 외워서 시험장에서 자유자재로 쓸 수 있도록 하자.

1. 부분 명사

비율	분수	부분 명사
80%	four fifths	majority
10%	a tenth	minority
33%	a third	one out of three

+/- 1 이나 2% 차이 정도는 분수 앞에 about(약, 대략) 또는 approximately(대략적으로)라는 단어를 사용해서 "똑같지는 않지만 약간의 차이가 있는(대략적인)"의 의미를 전달할 수 있어. 비율 사용 시, 대상이 셀 수 있으면 the majority로, 셀 수 없으면 most로 사용할 수 있다는 것도 기억해 두자.

'정확한' 수치를 전달하는 것보다 '다양한 방식'으로 수치를 전달하는 것이 훨씬 더 중요하다는 것을 잊지 마!

2. 그 외 유용한 표현들

(1) how something does: 무언가가 어떻게 되어가는 건지

   This photo shows you **how the Internet works**.
   이 사진은 어떻게 인터넷이 실행되는지를 보여 준다.

(2) majority: 대부분

   The **majority** of the young people in Seoul use public transport.
   대부분의 서울 젊은이들은 대중 교통을 이용한다.

(3) while: ~하는 반면,

   Most people in my apartment block do recycle, **while** a few of them do not.
   우리 아파트 단지 내 대부분의 사람들은 재활용을 하는 반면, 몇몇은 하지 않는다.

(4) account for: 설명하다

   The figure **accounts for** an increasing trend in the data.
   그 수치는 데이터에서 증가 트렌드를 설명한다.

위의 표현들은 Task 1에서 의외로 많이 쓰여. 꼭 기억해서 응용할 수 있도록 하자.

3 패턴 익히기

앞에서 배운 표현들을 바탕으로 파이 차트의 패턴을 활용해서 직접 문장을 작성해 볼까? 부분 명사는 수식하고자 하는 명사가 셀 수 있는 대상인지 아닌지에 따라 다르게 사용되니 꼭 먼저 확인해서 영작해야 한다는 것을 명심하자!

1 부분 명사(셀 수 없는 대상)

most of(부분 명사) + 수식하고자 하는 명사(셀 수 없는 대상)

> ex **Most of** the SNS use in Beijing can be accounted for by Wechat.
> 중국에서 대부분의 SNS 사용은 위챗이다.

2 부분 명사 (셀 수 있는 대상)

the majority of (부분 명사) + 수식하고자 하는 명사(셀 수 있는 대상)

> ex Flu injection is available for free in **the majority of** hospitals.
> 플루 주사(독감주사)는 대부분의 병원에서 무료로 맞을 수 있습니다. (이용 가능합니다)

3 비율 표현 (백분율 or 분수)

백분율(N%)은 분수(1/N, 3/N···)로 표현할 수도 있다.

> ex 32% of the total population in the area use Facebook.
> ⇨ **About a third** of the total population in the area use Facebook.
> 이 지역의 총 인구의 약 32%(3분의 1) 정도는 페이스북을 사용한다.

WRITING

자, 이제 준비를 마쳤으니, 본격적으로 분석을 완성해 볼까?

앞서 분석하고, 구축했던 Structure를 다시 살펴보자. 총 4개의 단락으로 구성되었지?

The charts below show the percentage of SNS used among different channels in three areas of the world.

Summarize the information by selecting and reporting the main features and make comparisons where relevant.

> 아래의 차트는 세계 3개 지역에서 다른 여러 가지 채널의 SNS 사용률을 보여 주고 있다. 주요 특징들을 선택하고 기록하는 방법으로 정보를 요약하고, 관련이 있는 경우 비교하시오.

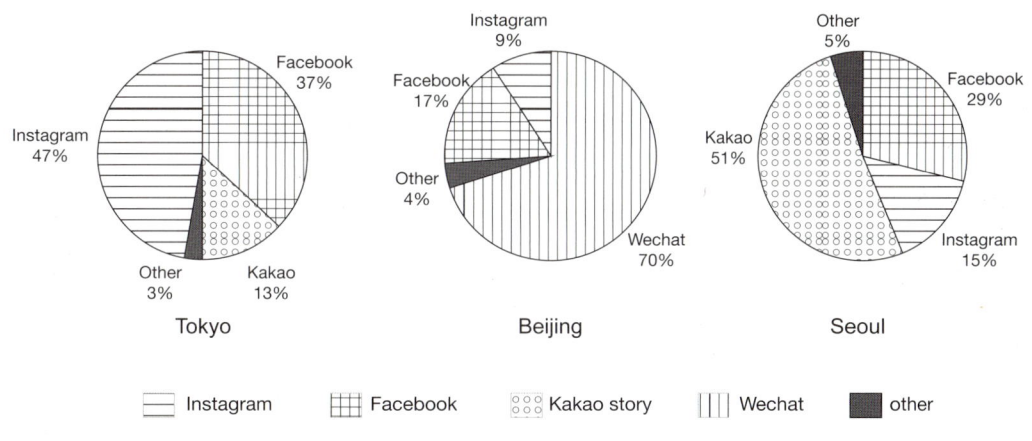

Introduction
"어떻게 다른 SNS 채널이 사용되는가를 알아본다"에 대한 언급

Overall Trend
도시별로 가장 두드러지는 SNS 종류가 다르다.

Body 1
비슷한 추세를 가진 2개 도시 묶어서 분석(Seoul, Tokyo)

Body 2
나머지 1개 도시를 분석(Beijing)

STEP 1 Introduction

Intro에서는 그래프를 전반적으로 설명하는 문장을 20자 정도로 써 보는 것이 좋아. 너무 길게 쓰려 하지 말고, 해당 차트(그래프)가 무엇을 나타내는지를 간단하고 명료하게 써 보자! 서론을 너무 잘 쓸 필요는 없어. 대신 빨리 쓴다는 생각으로 쓰는 게 좋아. 서론은 2분 안에 완성한다는 것을 목표로 아래 표현들을 바탕으로 글의 핵심만 쓰는 연습을 하자.

(1) INTRO를 쓸 때 알아두면 좋은 표현들

The pie chart **compares** the data on ~
주어진 파이 차트는 ~에 대한 데이터를 **비교하고 있다**.

Given is pie chart **depicting** how … was used for ~
이(주어진)것은 어떻게 ~이 사용되었는지를 **설명하는** 파이 차트 이다.

The supplied pie chart **represents** the information on ~
제시된 파이 차트는 ~에 대한 정보를 **대표한다**.

(2) Your Writing

_____
_____
_____

(3) Sample Writing

> The pie charts given **compare** different SNS channels used by people in three selected regions.
>
> 주어진 파이 차트들은 지정된 3개 지역에서 사람들이 이용한 각기 다른 SNS 채널을 **비교하고 있다**.

STEP 2 Overall Trend

Overall 단락에서는 데이터를 전반적으로 분석하는 파트야. 분석의 큰 그림을 그려 주는 곳이지. 너무 디테일하게 분석하려 하지 말고, 전반적(general)인 분석을 해야 해! 30자 안팎의 간단하면서도 명확한 분석을 해보도록 하자! Overall 단락에서는 큰 맥락을 언급하는 파트이기 때문에, 구체적인 figure(수치)는 언급은 Body에서 하고 차트에 대한 general한 내용만 언급하자.

(1) Overall에 쓰기 좋은 표현

As is generally noticed from the chart, ~
이 차트에서 전반적으로 볼 수 있듯이~

It is generally noticed from the data that ~
~데이터로부터 전반적으로 알 수 있듯이~

Overall, it can immediately be observed that ~
전반적으로, ~은 즉각적으로 관찰된다.

(2) Your Writing

_____
_____
_____

(3) Sample Writing

As is generally seen in the charts, the most popular SNS channel varies among the cities.

 차트를 통해 일반적으로 볼 수 있는 점은, 도시마다 가장 인기 있는 SNS 채널이 다양하다는 것이다. (more popular /유명하다 ⇨ 더 많이 이용된다)

 Overall에서는 특정 아이템을 직접적으로 언급하지 않는 게 좋아. 하지만, 여기서는 두드러지는 각 도시들의 특정한 SNS 채널(페이스북, 인스타그램) 등 사용에 대해서 간략하게(인기가 더 높다) 이야기하고 있지. Overall은 한마디로, 그 차트의 "Big Picture"로, 굵직한 면들 몇 가지를 통해 대체적인 트렌드를 보여 주면 돼.

STEP 3 Body

자! BODY에서는 이제 본격적인 분석을 시작할 텐데, 앞 챕터에서도 언급했다시피 다음 몇 가지 규칙들은 꼭 지켜줬으면 해! 다시 한번 리뷰해 보자!

첫 번째, 분석은 넓게 시작해서 점점 디테일하게 발전시키자!
첫 문장은 항상 general한 분석으로! 첫 문장부터 수치가 곁들여진 자세한 분석은 안돼.

두 번째, 모든 요소(수치)를 다 나열하려고 하지 말자!
불필요한 숫자까지 전부 언급하려 하지 말자! 양극에 위치한 값(최고값, 최저값, 최초값, 마지막값)이 중요한 수치야.

세 번째, 단순한 수치 나열을 통한 지루한 분석보다는, 재미있게 잘 가공된 분석을 하자!
글자수를 채우기 위한 단순 수치 나열은 절대 득점할 수 없어! 지금까지 배운 다양한 수치 표현을 바탕으로 재미있는 글을 작성해 보자!

BODY 1

Percentage of SNS used among different Channels in three areas of the world

- Tokyo: Instagram 47%, Facebook 37%, Kakao 13%, Other 3%
- Beijing: Wechat 70%, Facebook 17%, Instagram 9%, Other 4%
- Seoul: Kakao 51%, Facebook 29%, Instagram 15%, Other 5%

Legend: Instagram, Facebook, Kakao story, Wechat, other

분석의 흐름 →
- 도입부 (General한 분석으로 시작)
- Tokyo 분석을 시작으로 (Detail한 분석)
- Seoul의 분석 (Detail한 분석)

(1) Body에 쓰기 좋은 표현 1
- 반대의 트렌드 : an opposite trend
- 수치가 거의 두배이다 : figure is almost twofold

 Body 1에서는 대조해서 분석할 수 있는 Tokyo와 Seoul의 수치를 분석해 보자.

(2) Your Writing 1

_____

(3) Sample Writing 1

To begin with, an opposite trend can be seen among data in Tokyo and Seoul. Nearly half the total SNS users in Tokyo preferred using Instagram, meanwhile about 13% enjoyed Kakao. In contrast, just about one in two people in Seoul used Kakao as their most preferred SNS channel, while about 15% went for Instagram. For Facebook channel in Seoul, the figure was almost twofold of what it was for Instagram. In Japan, however, the rate of Facebook users accounted for slightly more than a third of the total SNS users, which was more than that of Seoul.

해석 먼저, 도쿄와 서울의 데이터를 보면 정반대의 트렌드를 볼 수 있다. 도쿄에서는 전체 SNS 이용자 중 거의 절반에 가까운 수가 인스타그램을 선호했던 반면, 약 13%만이 카카오를 애용했다. 반대로, 서울에서는 거의 두 명중 한 명이 카카오를 가장 선호하는 SNS 채널이라고 했던 반면 약 15%만이 인스타그램을 썼다. 서울의 페이스북 채널 같은 경우에는, 그 수치가 인스타그램의 수치의 거의 두 배에 달했다. 하지만 일본은, 페이스북 사용자의 비율은 전체 SNS 유저의 3분의 1을 약간 넘었는데, 이는 서울보다 더 많은 수준이었다.

BODY 2

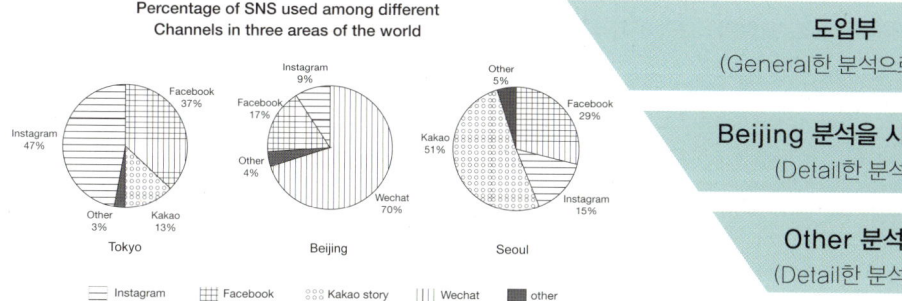

(1) Body에 쓰기 좋은 표현 2

- 무언가의 대하여 얘기하자면: As far as the data of something is concerned,
- ~이 사실이다: ~ is true.
- 남아 있는 카테고리는: the remaining category
- 마지막으로 할 말은: Last thing to talk about is
- 그 수치가 반으로 줄다: the figure halves

 Body 2에서는 독특하게 Wechat을 사용하는 Beijing과 Other 카테고리에 대해서 분석하자. Other에 대해서 간략하게라도 써줘야 감점을 피할 수 있어!

(2) Your Writing 2

(3) Sample Writing 2

> As far as the data of Beijing is concerned, the trend was quite different from the other cities. About seven in ten SNS users in Beijing followed a channel called 'Wechat', which was a Chinese-only channel in the data. Facebook in Beijing was used by 17% of the total users and the figure almost halved for Instagram. The last thing to talk about is the remaining category called 'other' which had the market share ranging between 3 to 5% in the three cities.
>
> 해석 베이징의 데이터와 같은 경우, 트렌드가 다른 도시들과 꽤나 다르다. 베이징시의 SNS유저 중 10명 중 약 7명이 '위챗'이라 불리는 채널을 팔로우 했는데, 이는 데이터 중 오직 중국인들만 사용할 수 있는 채널이었다. 베이징의 페이스북은 전체 유저 중 17%가 사용 하였는데, 이 수치는 인스타그램으로 오면 거의 절반이 된다. 마지막으로 언급할 남은 카테고리는 "other"라고 불리는데, 이 세 도시에서 점유율이 3%에서 5%사이를 보여 주었다.

완성된 모델 에세이 확인은 p.311

POST-WRITING

Pie Chart를 분석하고 글을 작성할 때는 꼭 필요한 아이템이 무엇인지 선별하여 강조하고, 필요없는 아이템은 과감히 삭제해서 간단하면서도 명료한, 그리고 분석적으로도 의미있는 내용으로 글을 써야 해. 지금까지 배운 내용을 토대로 실전처럼 글을 작성해 보자.

WRITING TASK 1

You should spend about 20 minutes on this task.

> The pie graphs below show the Survey of students' after - school classes among boys and girls in a primary school in Seoul.
>
> Summarize the information by selecting and reporting the main features and make comparisons where relevant.

Write at least 150 words.

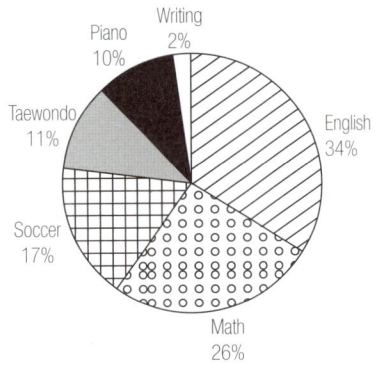
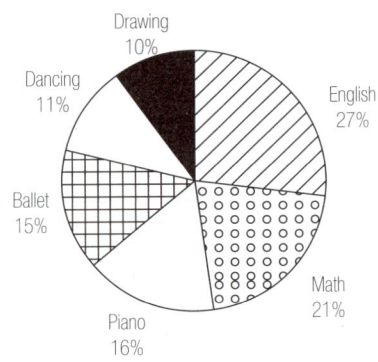

4S 전략으로 차트 분석하기

Introduction:

Overall Trend:

Body 1:

Body 2:

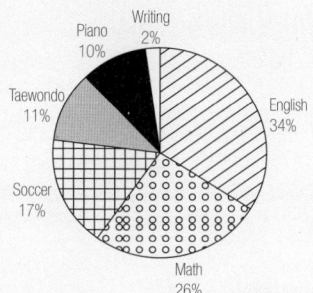
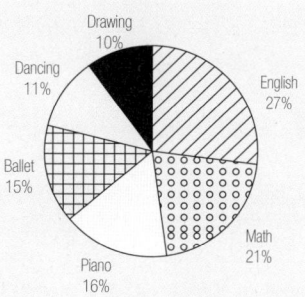

Your Writing

REVIEW

오늘 공부 어땠어? 오늘 배운 내용을 복습하는 의미에서 간단한 퀴즈를 풀어보자!

Vocabulary
다음 빈칸에 들어가기에 알맞은 단어를 찾아 쓰세요.

> three quarters   two thirds   a fifth   one in five   one in hundred

① The percentage of Kakao story users in Seoul is about _____.
서울에서 카카오 스토리 사용자의 비율은 약 20%이다.

② More than _____ of the total SNS users in Seoul favour Facebook.
서울에서는 총 SNS 이용자 중 3분의 2가 넘는 비율이 페이스북을 선호한다.

Scrambled Sentences
다음 단어들을 조합해 완전한 문장을 만드시오.

① produced in Ethiopia / most coffee / by the fair-trade union / is checked
이티오피아에서 생산되는 대부분의 커피는 공정무역위원회의 감독을 받는다.

② English and Korean / the majority of / in my school / the students / can speak
우리 학교에 있는 대부분의 학생들은 영어와 한국어를 할 수 있다.

SELF-CHECK
본인의 답변을 Good Example과 비교해서 영역별로 자신의 점수를 체크해 보자.

과제 수행	문법	어휘	일관성
• 주어진 과제에 대한 답을 했는가? • 주어진 시간안에 작성했는가? • 정해진 단어수에 맞게 작성했는가? • 주제를 벗어나지 않은 문장만을 작성했는가?	• 주어 동사를 포함한 완전한 문장을 작성했는가? • 접속사, 관계대명사 등 다양한 문장을 작성했는가? • 올바른 시제/수일치를 사용했는가? • 알맞은 문장부호를 사용했는가?	• 한 단어를 반복 사용하지 않고 동의어를 사용했는가? • 다양한 어휘를 사용했는가? • 주제에 어울리는 정확한 어휘를 사용했는가? • PARAPHRASING한 문장을 사용했는가?	• 다양한 연결어를 사용하여 자연스럽게 작성했는가? • 글의 구조가 명확히 드러나도록 작성했는가? • 각 단락의 첫 문장에 핵심문장을 적었는가? • 본론의 내용이 서론과 긴밀하게 연결되는가?
1 2 3 4 5	1 2 3 4 5	1 2 3 4 5	1 2 3 4 5

1~5	6~10	11~15	16~20	OVERALL GRADE
LIMITED	MODEST	COMPETENT	GOOD	

ed:m 유학스토리

전 세계 ed:m 통신원들을 통해 유학생활 미리 보기

넌 마법사야, 해리!
HARRY POTTER STUDIO를 소개합니다!

안녕하세요!! BSC Manchester에서 어학연수를 하고 있는 ed:m 통신원 황세준입니다. 영국을 대표하는 많은 것들 중에서 최고의 관광 상품을 뽑으라고 한다면 단연코 해리포터 시리즈일 것입니다. 수많은 관광객들이 해리포터의 숨결을 따라 영국에 찾아오고는 합니다. 그에 따라서 영국의 도시들도 관광객들을 끌어오기 위해서 해리포터와 연관성을 만들어 관광 자료로 홍보를 하고는 합니다. 예를 들어 요크의 Shambles, 옥스퍼드의 Christ Church, 더럼의 Durham Cathedral, 에든버러의 Elephant Cafe 등

등… 영국의 수많은 곳이 해리포터와 관련이 있습니다. 이런 해리포터 팬들의 마음을 헤아려 런던에서 조금 떨어진 곳인 Watford에 촬영에 쓰였던 모든 소품을 모아 놓은 스튜디오가 있습니다.

마법사의 세계로 가기 위해서는 어른 기준 43파운드를 내고(슬프네요. 동심으로 돌아가기 위해 어른의 대가를 치러야 한다니) 미리 예약을 해놓은 뒤 예약 당일 London Euston에서 Watford Junction으로 가는 기차를 타야 합니다. 곧바로 가는 기차는 20분 정도 걸리고 돌아가는 기차는 두 배 이상의 시간이 걸리니 시간을 잘 확인하고 기차에 탑승하셔야 합니다.

Watford Junction 역 앞으로 나오면 많은 사람들이 줄을 서 있는 곳이 있습니다. 해리포터 스튜디오는 역에서 조금 거리가 떨어져 있기 때문에 스튜디오에서 운영하는 셔틀버스를 타야 합니다. 아쉽게도 셔틀버스의 비용은 티켓에 포함되어 있지 않습니다. 왕복 2.5파운드를 내야 하며 현금, 카드 상관없이 결제 가능합니다. (그냥 버스를 타는 것처럼 기사님께 내면 됩니다.) 해리포터 스튜디오는 예약을 받을 때 방문 시간을 정해야 합니다. 이 시간에 맞추어 가는 게 가장 이상적이지만 다행스럽게도? 스튜디오 쪽에서는 이 방문시간에 대해서 너무 타이트하게 생각하지는 않는 것 같습니다. 그래도 시간을 준수해 주시는 게 베스트겠죠?

스튜디오 내부에는 광활한 공간 안에 '이것도 영화에서 나왔다고?' 하고 생각이 들 만한 굉장히 많은 소품들과 세트로 채워져 있습니다. 정말 '아는 만큼 보인다'라는 말이 가장 잘 어울리는 곳으로 소품이 몇 편의 어떤 장면에서 나왔는지 맞춰 보는 재미가 있습니다. (해리포터 매니아 여러분들의 관람을 기다립니다) 그냥 보는 것만 있는 곳은 아닙니다. 다양한 체험 시설들도 사람들의 발길을 사로잡습니다. 마법 지팡이 사용법을 알려 주는 곳, 빗자루를 타는 사진을 찍는 곳 등등 많은 체험거리가 있지만 그중 최고는 금강산도 식후경이라고, 단연 버터맥주 및 버터맥주 아이스크림을 파는 곳일 겁니다. 음, 같이 간 친구들의 평가를 들어보면 버터맥주는 실제 맥주는 아니라서 좀 아쉬웠고 버터맥주 아이스크림이 조금 더 낫다라는 평을 했습니다. 어릴 적 함께 자라왔던 해리포터 시리즈의 주인공들이 장장 10여 년 간 실제로 이 스튜디오를 들락거리며 영화를 찍었다고 합니다. 스튜디오 투어가 끝나면 주인공들과 함께 해리포터 영화를 모두 몰아본 것 같은 기분이 듭니다. 남녀노소 가리지 않고 해리포터를 즐긴 분들이라면 이 곳에 와서 추억을 회상해 볼 수 있다고 생각합니다. 이상 해리포터 스튜디오 소개 글이었습니다!

CHAPTER 4

BAR

TASK 1

이번에는 '변화가 없는 유형'에서 Bar 차트를 살펴보도록 할게. 앞선 챕터와 마찬가지로 '비교'를 중점적으로 다루게 될 거야!

04 BAR (변화가 없는 유형)

PREVIEW

차트를 처음 마주하고 식별할 때 주의해야 할 점들이 무엇인지 알아보도록 하자. 우선 '비교 대상'들을 식별해 보고, 특이한 패턴 및 트렌드를 눈여겨보자.

WRITING TASK 1

You should spend about 20 minutes on this task.

해당 과제를 약 20분에 걸쳐 완성하시오.

> The charts below show why people go abroad and breakdowns of age groups who went abroad to stay longer than three months in 2010.
>
> Summarize the information by selecting and reporting the main features and make comparisons where relevant.
>
> 아래의 차트는 왜 사람들이 외국에 나가는지에 대한 이유와 2010년 3개월 이상 해외에 머무르기 위해 나간 사람들을 연령대별로 보여 주고 있다. 주요 특징들을 선택하고 기록하는 방법으로 정보를 요약하고, 관련이 있는 경우 비교하시오.

Write at least 150 words.

최소 150자 내로 답하시오.

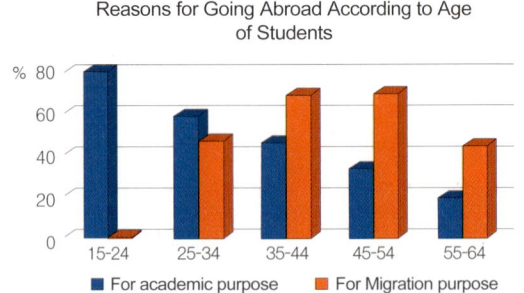

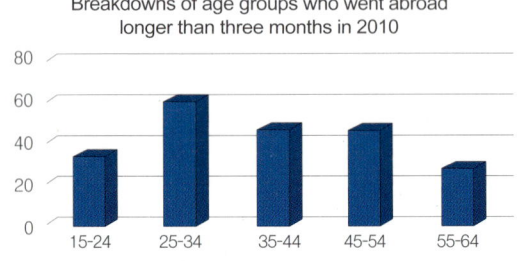

PREWRITING

우선, Introduction에서 배웠던 "4S 전략"에 따라, '전반적인 분석'을 선행하도록 하고, Structure를 구축해 보도록 하자.

 4S 전략으로 차트 분석하기

The charts below show why people go abroad and breakdowns of age groups who went abroad to stay longer than three months in 2010.

아래의 차트는 왜 사람들이 외국에 나가는지에 대한 이유와 2010년에 3개월 이상 해외에 머무르기 위해 나간 사람들을 연령대별로 보여 주고 있다.

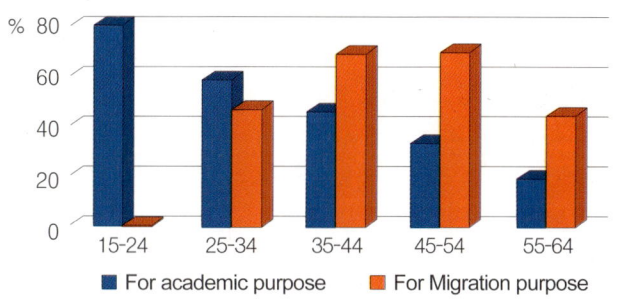

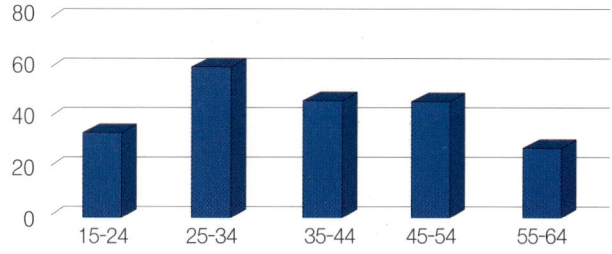

STEP 1   Scanning (그래프/차트 훑어보기)

'변화가 없는 형태'로 우리는 이미 식별을 한 상태야. 나이가 젊으면 젊을수록 학문 목적 'Academic purpose'이 큰 반면, 나이가 들면 들수록 해외로 가는 이유가 이민 목적 'Migration purpose'인 것을 알 수 있어. 그리고 또 한 가지로는, 나이별 해외 체류자들의 비율도 다양한 것을 볼 수 있지.

STEP 2   Sorting (주어진 수치 정렬하기)

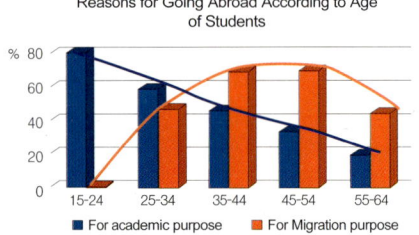
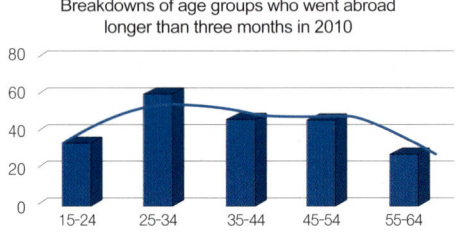

 이 단계에서 가장 쉽게 sorting 하는 방법은 각 바에 꼭지점들을 만들어서 그려 보는 거야. 따라서, 연령대별로 어떤 트렌드가 있는지를 더 확실히 알 수 있지.

STEP 3   Segmenting (정렬된 수치 그룹별로 묶기)

전 단계에서는 나이 그룹별로 일정한 트렌드가 있음을 발견했고, 이번에는 한 단계 더 나아가서 어떤 식으로 설명을 시작할지 생각해야 해. 보통, 가장 큰 수치 또는 작은 수치를 보고, 설명이 가능해. 이 그래프에서는 중년층 나이 그룹을 기준으로 semi-데칼코마니 형태의 트렌드를 확인할 수 있어. 따라서, 젊은 나이 그룹과 나이가 많은 그룹들의 최고 수치 및 최저 수치는 서로 반대 방향의 곡선을 그리며 대조가 되고 있는 것이지. 3개월 이상 해외 체류자의 나이 그룹군들을 보면, 젊은이들이 상대적으로 많고, 특이한 점은 장년층(55-64세)이 가장 적다는 점을 확인할 수 있어.

STEP 4   Structuring (묶여진 정보로 구조 잡기)

따라서, Structure는 다음과 같이 구성할 수 있어.

Introduction
주어진 문제를 다른 말로 바꿔 언급

Overall Trend
전반적인 변화에서 특이한 패턴 확인

Body 1
외국으로 가는 이유를 보여 주는 차트 분석

Body 2
3개월 이상 해외 체류 분석

2 표현 익히기

이번 챕터에서 유난히 눈길을 끄는 것은 나이 그룹 표현 방법이야. 15살에서 24살인 그룹, 65세 이상인 그룹 등 여러 가지 나이 표현들을 자세히 알아보자.

1. 나이 관련 표현

표현	의미
The respondents aged 15-24 chose to study Mathematics.	15세에서 24세의 응답자들은 수학을 공부하기로 선택하였다.
In this age bracket, just few of them preferred to study Science.	이 나이대에서는 과학 공부를 좋아하는 사람은 몇 되지 않았다. (거의 없다)
20% of the respondents in the age group 35-44 enjoyed fast food.	35세부터 44세사이 그룹에서 20%의 응답자들은 패스트푸드를 즐긴다.
For the age group, 40-49 playing golf is the most favourite leisure activity.	40세에서 49세 사이의 그룹에게는 골프 치는 것이 가장 선호되는 여가 활동이다.
The figure halves at the age of 45 or more.	그 수치는 45세 이상의 그룹들에게는 반으로 줄어든다.
More and more people get a second job as they age.	더 많은 사람들이 나이가 들면 들수록 2번째 직업을 구한다.
The figure reached the top among other age groups.	수치는 다른 여러 나이 그룹들 중에서 최고치를 찍었다.
the youngest group / the oldest group	가장 어린 그룹 / 가장 나이가 많은 그룹

나이라는 단 한 가지 주제에 관련된 표현도 이렇게 다양해.
실제 시험에서도 다양하게 표현할 수 있다는 스킬도 보여 주자.

2. 그 외 '수치 비교'에 있어서 유용한 표현들

(1) B가 A에 매우 근접해 있다: A be closely followed by that of B

  ex) The figure of A is closely followed by that of B.
  A의 수치가 B의 그것에 매우 근접해 있다.

(2) A뿐만 아니라, B도: not only A, but also B

  ex) In this age bracket males did not only do more exercise than women, but also reached the top among the other age groups.
  이 나이대 그룹에서는 남성들이 여성들보다 운동을 더 많이 했을 뿐 아니라, 또한 그 수치는 다른 그룹들과 비교하여 최고치에 도달하였다.

(3) ~에 관하여: when it comes to / in terms of

  ex) When it comes to sales, both online customers and offline customers are crucial to our business.
  매출에 관하여 얘기하자면, 온라인 및 오프라인 고객들도 우리 사업에 있어 매우 중요하다.

위의 표현들은 어려워 보일 수 있지만, 적재적소에 사용해 주면 고득점이 가능하니 숙지해 두자.

3 패턴 익히기

이번에는 좀 더 고급 표현을 전수해 주지. 이번 챕터에서 꼭 사용하길 바래.

1 the more, the better (많으면 많을수록 좋다)

> ex The more people we have, the better the event will be.
> 사람이 많으면 많을수록 행사가 좋아질 것이다.

2 with something being (무엇인가 ~이다)

> ex Many students in the data chose to study in the US to study with the rate being at about 40%.
> 데이터에서 많은 학생들이 미국에서 공부하기로 선택하였고, 그 수치는 40%에 달한다.

3 as ~as (~만큼, ~하다)

> ex Online customers are as important as off-line customers.
> 온라인 고객들은 오프라인 고객만큼이나 중요하다.

4 the opposite is true. (그 반대가 사실이다)

> ex The sales of company A show an upward trend and the opposite is true for company B.
> A회사의 매출은 상승세이나, B회사의 매출은 그 반대인 하향세인 것이 사실이다.

5 Although ~, (비록 ~ 일지라도)

> ex Although the popularity of the game seems to fall, the sales are increasing this month.
> 비록 그 게임의 인기도는 감소세일지라도, 이번 달 매출은 증가하고 있다.

WRITING

자, 이제 준비를 마쳤으니, 본격적으로 분석을 완성해 볼까?

 앞서 분석하고, 구축했던 Structure를 다시 살펴보자. 총 4개의 단락으로 구성되었지?

The charts below show why people go abroad and breakdowns of age groups who went abroad to stay longer than three months in 2010.

Summarize the information by selecting and reporting the main features and make comparisons where relevant.

해석 아래의 차트는 왜 사람들이 외국에 나가는지에 대한 이유와 2010년 3개월 이상 해외에 머무르기 위해 나간 사람들을 연령대별로 보여 주고 있다. 주요 특징들을 선택하고 기록하는 방법으로 정보를 요약하고, 관련이 있는 경우 비교하시오.

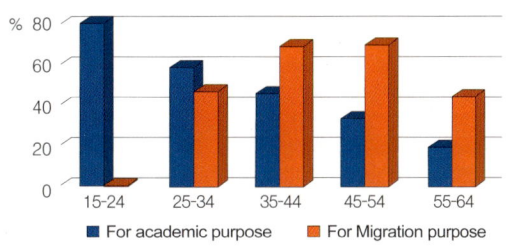

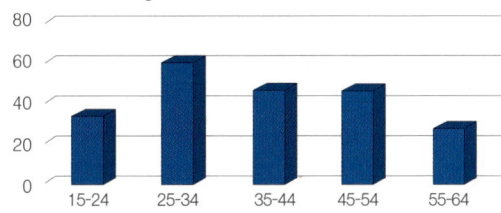

Introduction
주어진 문제를 다른 말로 바꿔 언급

Overall Trend
전반적인 변화에서 특이한 패턴 확인

Body 1
외국으로 가는 이유를 보여 주는 차트 분석

Body 2
3개월 이상 해외 체류 분석

STEP 1 Introduction

Intro에서는 그래프를 전반적으로 설명하는 문장을 20자 정도로 써 보는 게 좋아. 너무 길게 쓰려 하지 말고, 해당 차트(그래프)가 무엇을 나타내는지를 간단하고 명료하게 써 보자! 서론을 너무 잘 쓰려 하지 말고, 빨리 쓴다는 생각으로 쓰는게 좋아. 서론은 2분 안에 완성하도록 해!

(1) INTRO를 쓸 때 알아두면 좋은 표현들

The given chart illustrates how + subject + verb.
주어진 차트는 어떻게 subject가 verb 한지 보여 준다.

The data given shows~.
제공된 데이터는 ~를 보여 준다.

The data provided demonstrates~.
제공된 데이터는 ~를 나타낸다.

The provided chart presents~.
제공된 차트는 ~를 제공한다.

(2) Your Writing

_____
_____
_____

(3) Sample Writing

> The given charts illustrate the reasons why people go overseas among different age groups and percentages of people who stayed abroad for three months or longer in 2010.
>
> 해석 제공된 차트들은 연령별로 해외에 나가는 이유와 2010년도에 3개월 이상 해외 체류했던 사람들의 연령에 따른 비율을 **보여 준다**.

STEP 2 Overall Trend

Overall에서는 'Big Picture' 및 큰 패턴만 얘기하자. No Detail. No figure. No number. 이렇게 자세한 얘기는 본론 파트에서 하기로 하고, 여기서는 굵직한 트렌드에 포커스를 맞추고, Academic 한 목소리로 얘기하면 돼!

(1) Overall에 쓰기 좋은 표현

Overall,
종합적으로,

In general,
전체적으로 보면,

Overall, it is immediately apparent that ~
종합적으로 보면 ~는 분명하다.

As is clearly seen in the data, ~
데이터에서 분명하게 보여지는 것처럼, ~

(2) Your Writing

_____
_____
_____

(3) Sample Writing

> **In general**, the opposite trend can be seen among age groups in terms of reasons for going abroad with an exception and the young adult group in the data showed the highest interests in staying overseas.
>
> **전체적으로 보면**, 해외에 나가는 이유에 대해 연령 그룹에 따라 예외가 있긴 하지만, 정반대의 트렌드를 보여 주는데, 데이터 상 젊은 성인 연령대가 해외에 체류하는 것에 대해 가장 큰 관심을 갖고 있었다.

 Overall에서 Academic 한 목소리라 함은, 바로 가장 나이 어린 그룹들이 해외 체류 부분에서 가장 큰 비율을 차지한다고 설명할 때, 'the highest proportion'이라기보다는 'the highest interests'가 더욱 적절한 표현이지. 다시 말해, 가장 큰 비율이라는 단순함을 가장 큰 흥미도로 바꿔 주면, 뭔가 학문적인 분석이라는 느낌을 주게 되잖아. 물론 본론 부분에서는 더욱 디테일한 표현이 필요하지만 말이야.

STEP 3 Body

자! BODY에서는 이제 본격적인 분석을 시작할 텐데, 다음에서 내가 말하는 몇 가지 규칙들을 지켜줬으면 해! 앞선 챕터에서 지적했던 것과 같이! 다시 한번 리뷰해 보자!

첫 번째, 분석은 넓게 시작해서 점점 디테일하게 발전시키자!
항상 첫 문장은 general한 분석으로 시작하도록 해! 즉, 첫 문장부터 수치가 곁들여진 자세한 분석이 나와서는 안 된다는 거야!

두 번째, 모든 요소(수치)를 다 나열하려고 하지 말자!
불필요한 숫자까지 전부 언급하려 하지 말자! 일반적으로는 양극에 위치한 값(최고값, 최저값, 최초값, 마지막값)이 중요한 수치로 생각돼.

세 번째, 단순한 수치 나열을 통한 지루한 분석보다는, 재미있게 잘 가공된 분석을 하자!
글자수를 채우기 위한 단순 수치 나열은 절대 득점할 수 없어! 특히, 단순 순위 나열(1등을 했다, 2등을 했다)하는 분석이 가장 수준 낮은 분석이라는 것을 명심해.

BODY 1

Reasons for Going Abroad According to Age of Students

	첫 번째 차트 도입부 (중요 기준이 될 부분 표현)
	젊은 나이 그룹에서 가장 큰 비율 (Detail한 분석)
	나이 많은 그룹으로 이동 (Detail한 분석)

분석의 흐름 →

(1) Body에 쓰기 좋은 표현 1

- 10명 중 1명만이: only one in ten
- 완전히 대조적으로: in stark contrast
- 해외로 나가는 것 (공부, 이민 등의 목적으로): overseas journey
- 흥미로운 것은 ~이다: It is interesting to note that ~
- 그 비율은 ~에 머물러 있다: The rate stands at ~
- 살짝 우위를 보여 준다: ~shows a slight dominance

 고득점할 수 있는 크리에이티브한 표현들이니 숙지하자!

(2) Your Writing 1

_____
_____
_____
_____
_____
_____
_____
_____
_____

(3) Sample Writing 1

To begin with, the younger they were, the more popular academic purpose was for them **whereas some variations can be seen** in older groups. In detail, 80% of the students aged 15-24 went overseas to study whereas **no one in the group** saw the opportunity for migration. In stark contrast, just about 45% of the people who were between 55 and 64 years old went **overseas** to migrate with only about 20% in the age bracket going for academic study. **It is interesting to note that** for the age group 35-54, migration purpose was significantly more important when it comes to going abroad. **The rate stood at** about 70%. Moreover, six in ten people in the age group 25-34 said that they went overseas to study. This was the only group that **showed a slight dominance** over the other purpose.

해석 우선, 나이가 젊으면 젊을수록 더욱 더 학업을 목적으로 하였던 반면 반대로 나이 많은 연령대에서는 약간의 다른 부분들을 볼 수 있다. 자세히 들여다 보면, 15-24세의 학생들의 80%가 학업을 목적으로 해외에 나간 반면, 이 나이대의 어느 누구도 이민을 기회를 찾지 않았다. 이와 정반대로, 55-64세 사이의 사람들 중 약 45%가 이민을 위해 해외로 떠났으며, 단지 20%만이 학업을 위해 해외로 나갔다. **흥미로운 점은** 35-54세의 연령그룹에게는, 해외로 나감에 있어서 이민 목적이 훨씬 더 중요했다는 것이었다. 그 비율은 약 70%에 다달았다. 뿐만 아니라, 25세-34세 연령대의 10명 중 6명은 학업을 위해 해외에 나간다고 응답했다. 이는 다른 목적에 비해 미세한 우위를 보여 주었던 유일한 그룹이었다.

본론 1을 시작하면서, 가장 먼저 포커스를 두어야 하는 부분은 바로 General한 도입 부분이지. 여기서는 Bar 그래프이지만, Line 그래프처럼 생각했을 때, 서로 반대가 되는 패턴을 발견할 수 있어(학습전략 1-sorting 참조). 그 다음 분석할 것은 바로 각 나이군에서 특이한 점인데, 일단 가장 어린 나이 그룹 및 나이 많은 그룹에서 대조가 보이는 크고 작은 수치들을 설명하였지. 다른 나이군들은 다 설명할 필요 없이 중년층의 특이한 트렌드만 보여 줬어. 자! 여기서 명심할 건, 특별하지 않은 수치는 skip 해 둬. 두드러지는 비율만 분석하도록 해.

BODY 2

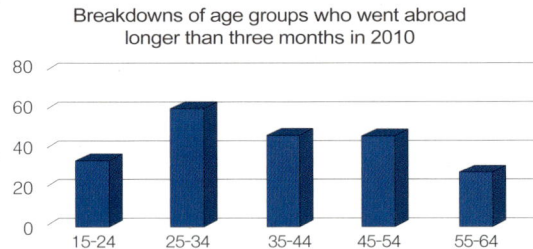

두 번째 차트 도입부
(General한 분석으로 시작)

가장 큰 수치 분석을 시작으로
(Detail한 분석)

추가적으로 특이한 점 분석
(Detail한 분석)

분석의 흐름

(1) Body에 쓰기 좋은 표현 2

- 두 번째 그래프로 이동하면, : Moving on to the second graph,
- 흥미롭게도, : Interestingly,
- 마지막으로 다룰 점은 ~이다: The final point to make here is that ~
- 흥미가 적어 보인다: seem to have less interest
- 앞에 언급되는 상황에 연결 지어서 보면: in that regard,

 차트나 그래프 안에서 화제의 전환, 즉 아이템이 전환될 때는 위의 표현들을 숙지하여 사용해 주도록 하자!

(2) Your Writing 2

___
___
___
___
___
___
___
___
___
___

(3) Sample Writing 2

Moving on to the second graph, the second youngest group aged 25-34 showed the highest proportion (58%) among the other groups that stayed overseas longer than three months in 2010. **Interestingly**, the figure halved for the group aged 55-64 showing the minimum interest in staying abroad longer. **The final point to make here is that** about one in two visitors aged 35-54 enjoyed a long visit abroad although the youngest group aged 15-24 **seemed to have less interest in that regard**.

 두 번째 그래프로 넘어가면, 두 번째로 어린 연령대인 25-34세가 2010년도에 해외에 3개월 이상 체류한 다른 연령대들에 비해 가장 높은 비율인 58%를 보여 주었다. 흥미롭게도, 이 수치는 55세-64세 그룹에서는 반으로 줄어, 장기 해외 체류에 대해 가장 적은 관심을 보여 주게 되었다. 마지막으로 하나 짚고 넘어갈 점은 35-54세의 연령대 방문자 2명 중 1명 꼴로 긴 해외여행을 좋아했다는 점인데 하지만 가장 어린 연령대인 15-24세는 이 부분에 대해서 적은 관심을 보이는 것 같았다.

 이번 단락에서는, 두 번째 그래프에서 분석해 보았어. 본론 1에서와 마찬가지로 필요 없는 것들(특별히 두드러지는 포인트가 없는 수치들)은 과감하게 버리고 나머지를 설명하면 돼. 특히 가장 큰 수치와 작은 수치는 빼먹으면 절대 안 되는 거 알고 있지? 하나 더, 마지막 문장일 때는 마지막 포인트라고 알려 주는 것도 좋아.

완성된 모델 에세이 확인은 **p.312**

POST-WRITING

꼭 필요한 아이템이 무엇인지 선별하여 강조하고, 필요 없는 아이템은 과감히 삭제하여 분석적으로도 의미있는 내용으로 글을 써 보도록 하자!

WRITING TASK 1
You should spend about 20 minutes on this task.

> The charts below show the sales of shoes during the year 2015 for two competing companies in South Korea and the proportion of buyers according to age.
>
> Summarize the information by selecting and reporting the main features and make comparisons where relevant.

Write at least 150 words.

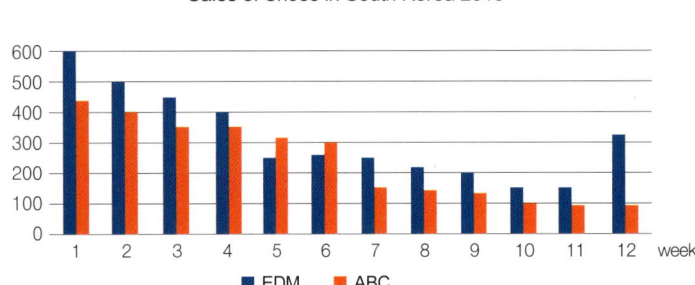

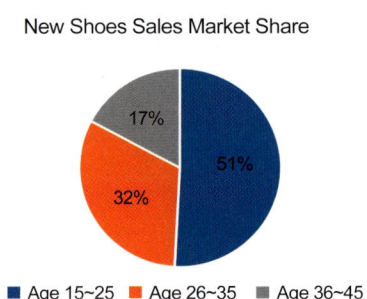

4S 전략으로 차트 분석하기

Introduction:

Overall Trend:

Body 1:

Body 2:

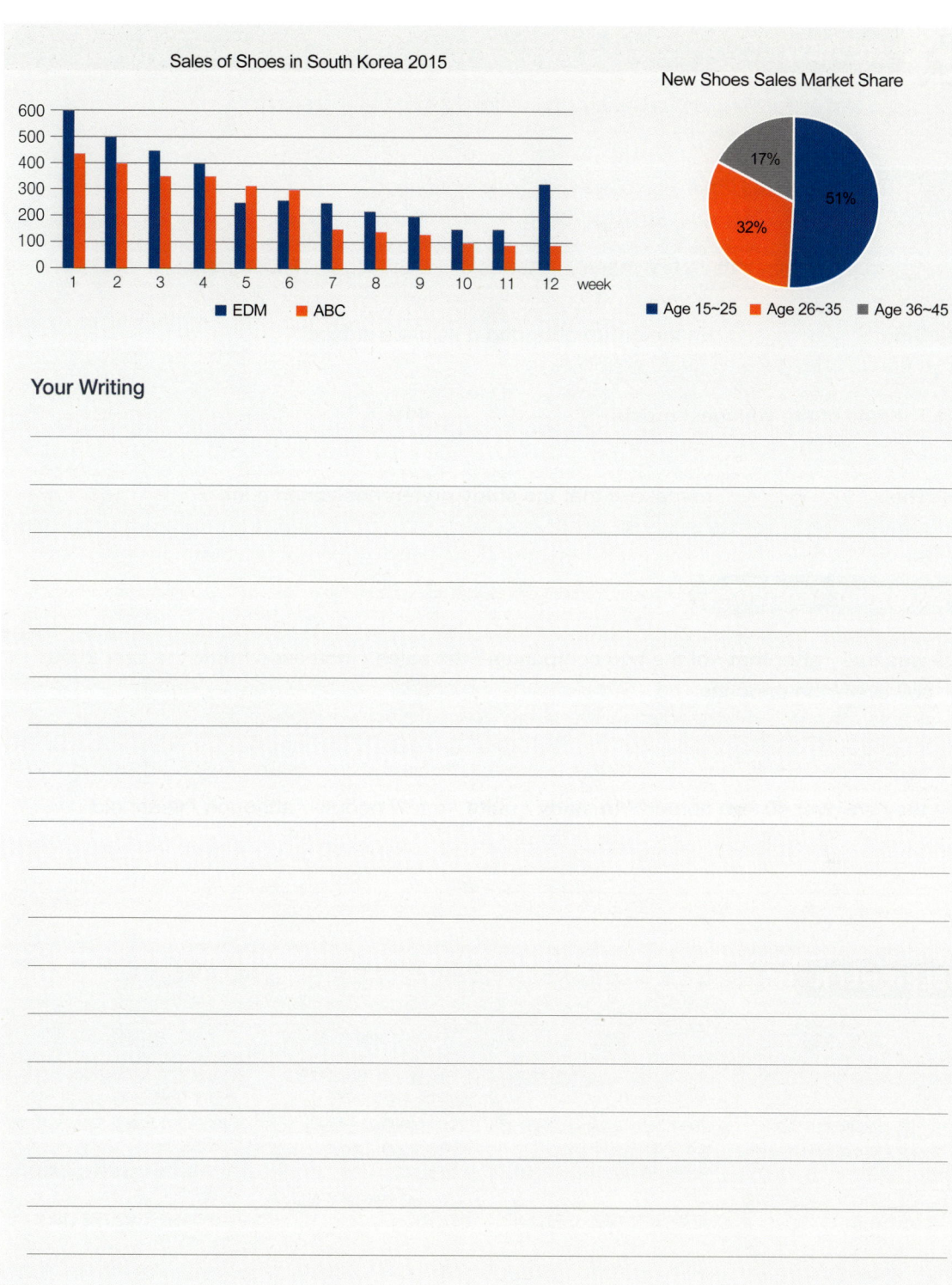

Your Writing

REVIEW

오늘 공부 어땠어? 오늘 배운 내용을 복습하는 의미에서 간단한 퀴즈를 풀어보자!

Vocabulary
다음 빈칸에 들어가기에 알맞은 단어를 찾아 쓰세요.

> one fifth   one in ten   stands at   final point   first thing

❶ Only _____ in the group attended a science subject.
단지 그 그룹에서 10명 중의 1명만이 과학 과목을 들었다.

❷ The rate of the youngest group _____ 40%.
가장 어린 나이 그룹의 비율은 40%에 머물러 있다.

❸ The _____ to make is that the study preference varied a lot.
마지막으로 다룰 점은, 학업 선호도 변화가 매우 심했다는 것이다.

Scrambled Sentences
다음 단어들을 조합해 완전한 문장을 만드시오.

❶ was true / after that / of the two companies / the sales / increased / until the year 2000 / however / the opposite
두 회사의 매출은 2000년도까지 상승하였다. 하지만, 정반대의 트렌드가 그 이후에는 사실이었다.

❷ they are over 40 / go abroad / to study / quite / a few people / although / years old
비록 나이가 40세 이상임에도 불구하고, 적지 않은 사람들이 유학을 간다.

SELF-CHECK
본인의 답변을 Good Example과 비교해서 영역별로 자신의 점수를 체크해 보자.

과제 수행	문법	어휘	일관성
• 주어진 과제에 대한 답을 했는가? • 주어진 시간안에 작성했는가? • 정해진 단어수에 맞게 작성했는가? • 주제를 벗어나지 않은 문장만을 작성했는가?	• 주어 동사를 포함한 완전한 문장을 작성했는가? • 접속사, 관계대명사 등 다양한 문장을 작성했는가? • 올바른 시제/수일치를 사용했는가? • 알맞은 문장부호를 사용했는가?	• 한 단어를 반복 사용하지 않고 동의어를 사용했는가? • 다양한 어휘를 사용했는가? • 주제에 어울리는 정확한 어휘를 사용했는가? • PARAPHRASING한 문장을 사용했는가?	• 다양한 연결어를 사용하여 자연스럽게 작성했는가? • 글의 구조가 명확히 드러나도록 작성했는가? • 각 단락의 첫 문장에 핵심문장을 적었는가? • 본론의 내용이 서론과 긴밀하게 연결되는가?
1 2 3 4 5	1 2 3 4 5	1 2 3 4 5	1 2 3 4 5
1~5	6~10	11~15	16~20	OVERALL GRADE
LIMITED	MODEST	COMPETENT	GOOD	

ed:m 유학스토리
전 세계 ed:m 통신원들을 통해 유학생활 미리 보기

사우스뱅크 인공비치
STREET BEACH에서 수영하기

안녕하세요. 브리즈번 ed:m 통신원 김미영입니다. 오늘은 브리즈번 사우스뱅크 명소 인공비치에 대해 나누려고 해요! 지금 호주는 여름이 다가오고 있어서 대낮에는 최고 34도까지 정점을 찍고 있답니다. 이런 날씨에 낮에 수영을 했어야 했는데, 늑장을 부리다 보니 저녁이 되어 버렸어요. 아쉬운 마음에 저녁에 사우스뱅크 인공비치에서 수영을 하고 왔어요! 인공비치로 더 잘 알려져 있는 사우스뱅크 비치, 원래 이름은 스트릿비치에요!

원래 제겐 아무리 배우고 노력해도 안되는 게 수영인데, 심지어 수영 1:1 레슨도 받았었는데, 그래도 여전히 물이 워낙 싫고 숨차고 혈압 때문에 물과 관련된 스포츠는 정말 싫어하는데 이왕 호주에 왔으니까! 이제 여름이 오고 있으니 급 수영하고 싶은 의욕이 불끈! 그래서 한번 집 문을 박차고 나가보았습니다. 인공비치에 도착하면, 앞에 일명 "립스틱 빌딩"이라고 하는 빌딩이 있어요. 농담인진 모르겠지만, 사우스뱅크 인공비치를 만들고 앞에 뷰가 심심해서, 일!부!러! 지었다고 해요. 이유야 어찌되었건 지금은 거의 사우스뱅크에서 바라보는 뷰의 상징이 된듯한 느낌적인 느낌이죠?

브리즈번 인공비치 스트릿비치는 2가지 타입이 있는데, 하나는 진짜 비치처럼 조성해 놓은 모래가 있는 비치, 다른 하나는 풀(Pool)이 있습니다. 샤워실, 탈의실, 소지품 보관소까지 다 구비되어 있고요. 저녁에 나서다 보니 어느덧 해가 금방 지고 조명이 켜졌습니다. 낮에는 최고 34도까지 육박하는 브리즈번 날씨지만, 일교차가 큰 탓에 밤엔 역시나 추웠어요. 물에 들어가고 나니, 차라리 밖보단 물 안이 더 따뜻했고 저녁이라 그런지 사람도 별로 없었어요.

사우스뱅크 인공비치는 특히나 밤이 되면 더 예뻐요. 가는 길에 마주한 사우스뱅크에서 바라본 브리즈번 야경은 정말 너무 멋져요. 황홀 그 자체! 빅토리아 브릿지랑 옆의 트레저리 카지노 색도 예쁘고, 관람차도 너무 예뻐요. 관람차 안에서 바라보는 브리즈번 야경도 궁금해지네요. 브리즈번에 지내게 되시고, 기회가 된다면 꼭 사우스뱅크 인공비치에서 수영을 즐겨 보세요! 저 대신 관람차도 타주세요. 흑흑. 이상 스트릿 비치 소개 글이었습니다!

WRITING

자, 이제 준비를 마쳤으니, 본격적으로 분석을 완성해 볼까?

앞서 분석하고, 구축했던 Structure를 다시 살펴보자. 총 4개의 단락으로 구성되었지?

The map below shows the centre of a small town called Namgang in the past and as it is now.

Summarize the information by selecting and reporting the main features and make comparisons where relevant.

해석 아래의 지도는 Falkirk라는 작은 도시의 중심의 과거와 현재의 모습을 보여 준다. 주요 특징들을 선택하고 기록하는 방법으로 정보를 요약하고, 관련이 있는 경우 비교하시오.

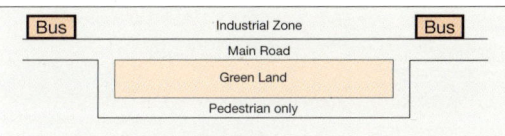

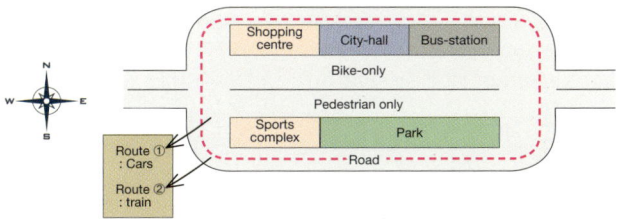

Introduction
어떻게 Namgang 도시의 과거와 현재의 변화 중심으로 문제를 다른 말로 바꿔 언급

Overall Trend
엄청난 변화들이 보인다.

Body 1
Main road 중심으로 북쪽, 남쪽시설 위치 소개(과거 지도)

Body 2
어떻게 변화되었는지 큰 구조에서 시작하여 중심으로 분석(현재 지도)

STEP 1 Introduction

Intro에서는 그래프를 전반적으로 설명하는 문장을 20자 정도로 써 보는 게 좋아. 너무 길게 쓰려 하지 말고, 해당 지도가 무엇을 나타내는지를 간단하고 명료하게 써 보자! 서론을 너무 잘 쓰려 하지 말고, 빨리 쓴다는 생각으로 쓰는 게 좋아. 서론은 2분 안에 완성하도록 해!

(1) INTRO를 쓸 때 알아두면 좋은 표현들

The depicted maps compare~.
보여지는 지도들은 ~ 을/를 비교한다.

The given maps illustrate how + subject + verb.
주어진 지도들은 어떻게 subject가 verb 한지 보여 준다.

The maps provided show~.
제공된 지도들은 ~ 을/를 보여 준다.

The provided maps represent ~.
제공된 지도들은 ~ 을/를 나타낸다.

(2) Your Writing

_____
_____
_____

(3) Sample Writing

> The depicted maps represent how Namgang town has changed its layout.
>
> 보여지는 지도는 Namgang 타운의 외형이 어떻게 변화했는지를 나타낸다.

STEP 2 Overall Trend

이번 Map 분석에서 Overall은 앞서 배운 것과 마찬가지로 전체적인 변화를 매우 짧게 요약을 하는 거야. 너무 디테일하게 분석하려 하지 말고, 거시적인 분석을 해야해! 30자 안팎의 간명한 분석을 가공해 보도록 하자!

(1) Overall에 쓰기 좋은 표현

Overall,
종합적으로,

On the whole,
전체적으로 보면,

Overall, it is immediately apparent that ~
종합적으로 보면 ~는 분명하다.

As is clearly seen in the data, ~
데이터에서 분명하게 보여지는 것처럼, ~

(2) Your Writing

_____

_____

_____

(3) Sample Writing

> **Overall,** a great deal of adjustments can be seen in the current town as more facilities and amenities have been added.
>
> 전체적으로 보면, 더 많은 시설들과 생활 편의시설이 생긴 것 같이 상당히 많은 변화들이 현재 지도에서 보여진다.

 이번 챕터 'overall'에서 중점을 둔 부분은 바로 '여러 가지 변화'이지. 많은 변화(a great deal of adjustments)가 보여진다고 하고 'as'를 덧붙이며 여러 가지 시설물도 추가되었다고 표현하면 되는 거야. 이처럼, Overall 부분에서는 세밀한 이름이나, 자세한 설명보다는 큰 그림 및 빅 픽쳐, 즉 트렌드만 보여줘.

STEP 3 Body

자! BODY에서는 이제 본격적인 분석을 시작할 텐데, 다음에서 내가 말하는 몇 가지 규칙들을 지켜줬으면 해! 앞선 챕터에서 지적했던 것과 같이! 다시 한번 리뷰해 보자!

첫 번째, 분석은 넓게 시작해서 점점 디테일하게 발전시키자!
항상 첫 문장은 general한 분석으로 시작하도록 해! 즉, 첫 문장부터 수치가 곁들여진 자세한 분석이 나와서는 안 된다는 거야!

두 번째, 모든 요소(수치)를 다 나열하려고 하지 말자!
불필요한 숫자까지 전부 언급하려 하지 말자! 예를 들어 지도 위 상점들이 즐비해 있는 도로 설명시에, 상점이 몇 개 있다거나, 도로가 좁거나 넓거나 하는 부분들은 사실 아이엘츠 라이팅에서 중요하지 않아, 오히려 변화가 어떻게 되었는지가 더 중요하지.

세 번째, 단순한 수치 나열을 통한 지루한 분석보다는, 재미있게 잘 가공된 분석을 하자!
글자수를 채우기 위한 단순 위치 나열은 절대 득점할 수 없어! 예를 들어, 지도상에 메인 도로가 하나 있다 할 때, 'There is a main road in the centre of the map(지도 가운데 메인 도로가 있다)'라기 보다는 'A main road that runs from north to south is situated by the river in the centre of the town(북쪽에서 남쪽으로 지나가는 메인 로드가 시내 중심부 강가 옆에 위치해 있다)' 라고 하는 것이 좀 더 흥미로운 분석이 되지.

BODY 1

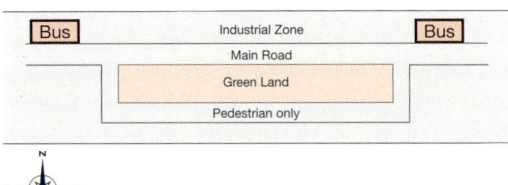

(1) Body에 쓰기 좋은 표현 1
- 과거 지도를 보면: Looking at the map in the past,
- 처음으로 얘기할 것은~: The first thing to talk about is that ~
- 양 끝자락에: at both ends
- A에 의해 점유되고 있다: be occupied by A

고득점할 수 있는 크리에이티브한 표현들이니 숙지하자!

(2) Your Writing 1

_____
_____
_____
_____
_____

(3) Sample Writing 1

> **Looking at the map in the past,** the main road lay horizontally from west to east in the centre of the town and was surrounded by an industrial zone as well as Greenland. There were two bus stops at **both ends of the main road**. The industrial zone was situated to the North of the main road whereas the opposite side **was occupied by** Greenland along with a pedestrian-only road.

> 해석 과거의 지도를 보면, 메인 로드가 서쪽으로부터 동쪽으로 도시 중심에 가로로 놓이고, 산업 지역과 그린랜드로 둘러져 있다. 메인 로드 양 끝 쪽에는 두 개의 버스 정류장이 있었다. 산업지역은 메인 로드의 북쪽에 위치했었던 반면 그 반대편에는 그린랜드와 보행자 도로가 함께 자리하고 있었다.

메인 로드를 중심으로 북반부에 대한 이야기에서부터 남반부까지 걸쳐서 지도 변화 전 기준을 잡는다는 명목 하에 설명해 봤어.

BODY 2

Namgang town Now

두 번째 지도(현재 지도) 도입부
(가장 큰 변화 언급)

시내 중심가 도로 변화 분석
(Detail한 분석)

추가적으로 특이한 점 분석
(Detail한 분석)

분석의 흐름 →

(1) Body에 쓰기 좋은 표현 2

- 새로운 개발에 관해 얘기하자면, : As far as the new development is concerned,
- 회전 도로: the roundabout
- ~로/의해 교체가 되다: be replaced by ~
- ~ 변모하다: be transformed into ~
- ~을/를 수용하다: accommodate ~

두 번째 문단으로 넘어갈 때, 사용되는 signaling 및 지도에서 자주 쓰이는 표현들이니 숙지하자.

(2) Your Writing 2

_____
_____
_____
_____

(3) Sample Writing 2

> As far as the current layout is concerned, the town has a completely new scene. The biggest change is a double-route that surrounds the whole town and connects from west to east as well. There are two types of route; one for cars and the other for trams. In the central area, the existing main road has been designed for pedestrians as well as bikers only. The Industrial zone to the north of the town has been replaced by a shopping centre, a city hall and a bus station that combined the two old ones. Moreover, the greenland has been transformed into a sport complex and a park.
>
> 해석 현재의 형태를 보면, 타운은 완전히 새롭게 탈바꿈했다. 가장 큰 변화로는 타운 전체를 감싸는 양방향 도로인데 이 도로는 또한 서쪽에서 동쪽으로도 이어져 있다. 2개의 길이 있는데, 하나는 자동차, 다른 하나는 Tram을 위한 것이다. 시내 중심부로 오면, 기존의 메인 도로가 보행자와 자전거 이용자만 사용할 수 있게 디자인되었다. 도시의 북쪽 지역의 산업지역은 쇼핑센터, 시청, 그리고 기존의 2개의 버스 정류장을 통합한 버스 정류장으로 대체되었다. 게다가, 그린랜드는 스포츠 콤플렉스와 공원으로 변모되었다.

 가장 크게 변화된 부분들을 시작으로 town 중심가에서 변화되는 부분들을 설명하였는데, 여기서 언급이 되지 않은 부분들은 기존의 위치에서 변화가 없음을 충분히 유추할 수 있어.

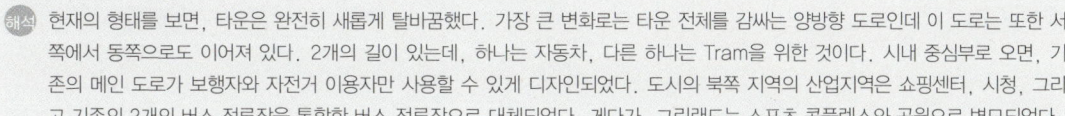 완성된 모델 에세이 확인은 p.313

POST-WRITING

지도 문제를 하나 더 가지고 왔어. 그동안 학습했던, 표현들을 통해 충분히 분석이 가능하니 복습하는 의미에서 열심히 해봐. 파이팅!

WRITING TASK 1
You should spend about 20 minutes on this task.

The maps below illustrate the centre of a town called Thorndike as it is now and a new plan for development.

Summarize the information by selecting and reporting the main features and make comparisons where relevant.

Write at least 150 words.

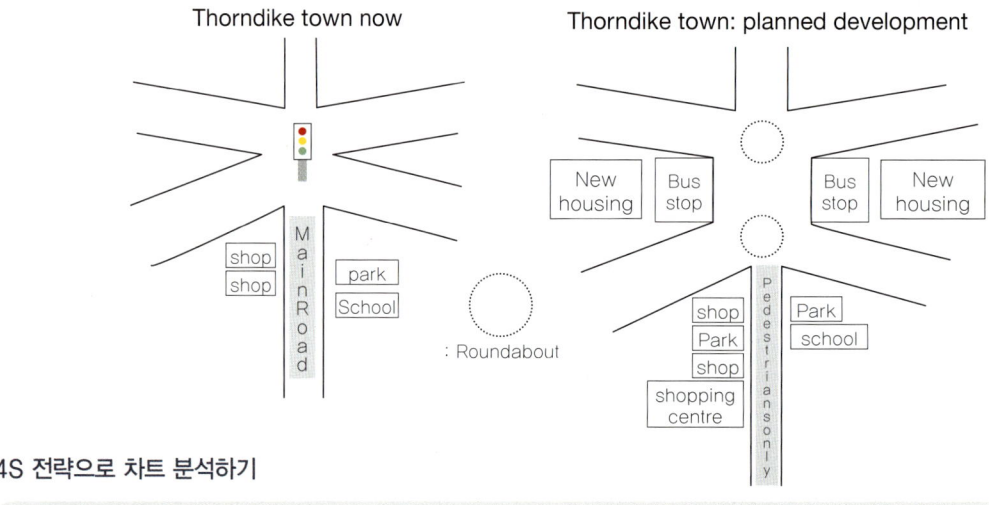

4S 전략으로 차트 분석하기

Introduction:

Overall Trend:

Body 1:

Body 2:

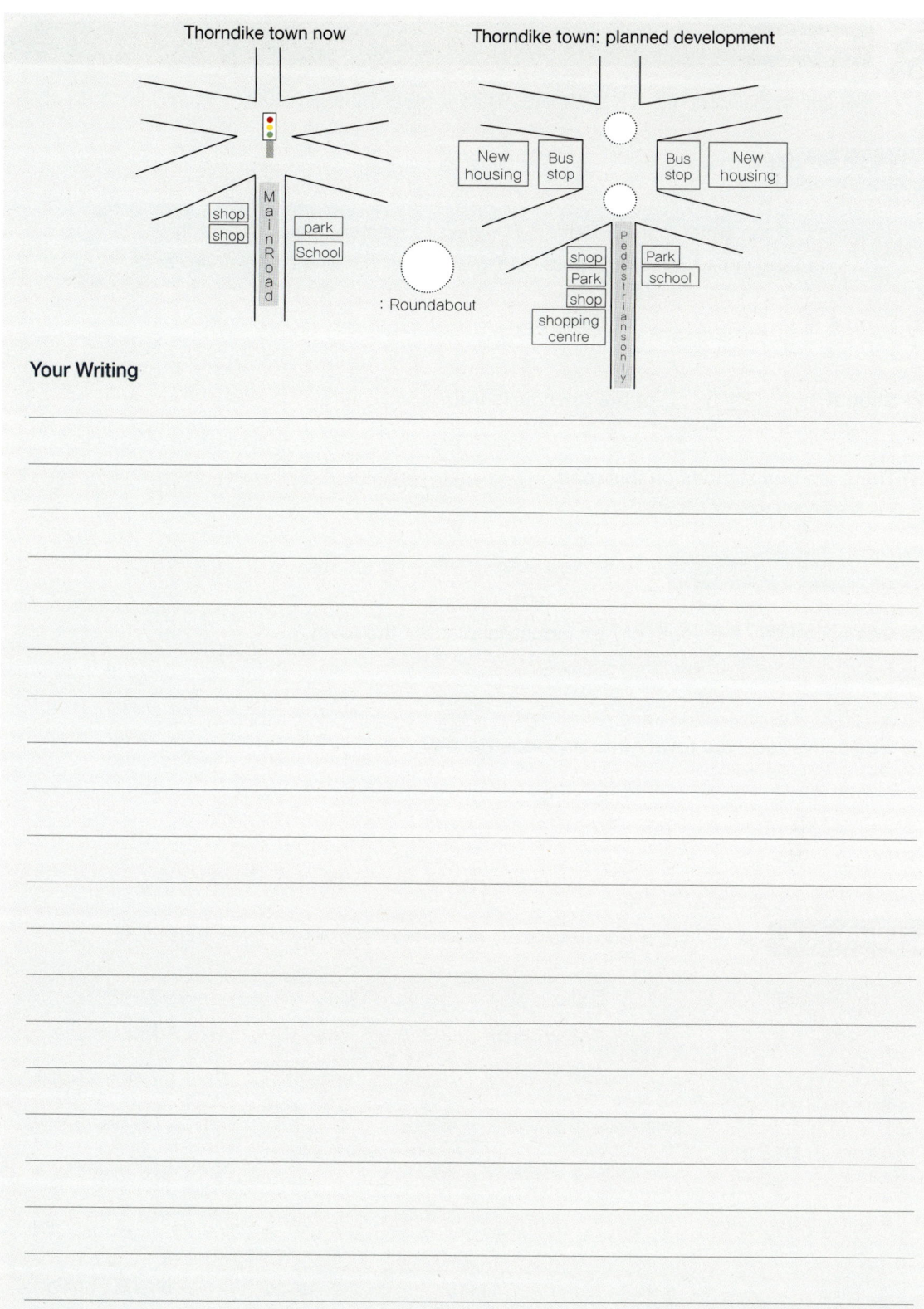

Your Writing

REVIEW

오늘 공부 어땠어? 오늘 배운 내용을 복습하는 의미에서 간단한 퀴즈를 풀어보자!

Vocabulary
다음 빈칸에 들어가기에 알맞은 단어를 찾아 쓰세요.

> in the east / in the south / in the west / to the south / to the north /
> at both ends / dead-end road / living-end road / at one end / at two ends

❶ Shop A is _____ of the town.
상점 A 는 도시(내)의 남쪽에 있다.

❷ Shop A _____ of the town sells fruit.
도시 남쪽에 있는 상점 A 는 과일을 판다. (도시를 기준으로)

❸ There are bus stations on this road _____.
도로 양쪽 끝자락에 버스 정류장이 있다.

Scrambled Sentences
다음 단어들을 조합해 완전한 문장을 만드시오.

❶ was occupied / the south of / by industrial plants / the town
도시 남쪽은 산업 공장들에 의해 점유되었다.

_____

❷ was converted / the town / into an industrial city
이 도시는 산업도시로 변모되었다.

_____

SELF-CHECK
본인의 답변을 Good Example과 비교해서 영역별로 자신의 점수를 체크해 보자.

과제 수행	문법	어휘	일관성
•주어진 과제에 대한 답을 했는가? •주어진 시간안에 작성했는가? •정해진 단어수에 맞게 작성했는가? •주제를 벗어나지 않은 문장만을 작성했는가?	•주어 동사를 포함한 완전한 문장을 작성했는가? •접속사, 관계대명사 등 다양한 문장을 작성했는가? •올바른 시제/수일치를 사용했는가? •알맞은 문장부호를 사용했는가?	•한 단어를 반복 사용하지 않고 동의어를 사용했는가? •다양한 어휘를 사용했는가? •주제에 어울리는 정확한 어휘를 사용했는가? •PARAPHRASING한 문장을 사용했는가?	•다양한 연결어를 사용하여 자연스럽게 작성했는가? •글의 구조가 명확히 드러나도록 작성했는가? •각 단락의 첫 문장에 핵심문장을 적었는가? •본론의 내용이 서론과 긴밀하게 연결되는가?
1 2 3 4 5	1 2 3 4 5	1 2 3 4 5	1 2 3 4 5

1~5	6~10	11~15	16~20	OVERALL GRADE
LIMITED	MODEST	COMPETENT	GOOD	

ed:m 유학스토리

전 세계 ed:m 통신원들을 통해 유학생활 미리 보기

외국인 친구 사귈 때 주의할 점!

안녕하세요! 옥스포드 ed:m 통신원 최영지입니다. 옥스퍼드에서의 생생한 생활을 엿볼 수 있는 제 일상을 공개해 볼게요! 옥스퍼드는 여전히 그림처럼 예쁜 날씨가 지속되고 있습니다. 펀팅이라도 나가야 할 날씨네요. 원래 여기 사람들은 해만 뜨면 밖으로 나간다는데 사실 날씨가 계속 너무 좋아서 어쩔 수 없이 계속 나가는 중이예요. 놀 핑계는 점점 늘어나는 것 같네요.^^ 제가 옥스퍼드에서 제일 좋아하는 장소 중 하나는 바로 Westgate 백화점의 꼭대기 층에 있는 루프탑인데요. 그냥 밑에서 맥주랑 과자 사서 썬베드에 누워서 음악 틀어놓고 친구들이랑 노닥노닥하기 최고입니다! 물론 입장료 같은 건 없구용.

여기 온 지 4개월 정도 되었는데, 꽤 많은 게 변했습니다. 우선 Speaking 실력이 많이 늘었어요! 지금도 원어민들과 길게 이야기하면 버벅거릴 때가 있지만 사실 둘 다 non-native일 경우에는 부담 없이 수다를 떨 수 있는 정도까지는 된 것 같아요. 물론 아직 제 목표에는 조금 모자라지만..(헤헷)

Oxford에서 생활을 하면서 많이 느낀 건, small talk의 중요성인데요! 여기서는 눈 마주치면 모르는 친구여도 살갑게 인사하고 서로 어디서 왔냐, 선생님 누구냐 등으로 조금씩 대화하다 보면 금세 친해질 수 있다는 행운이 있답니다. 사실 한국에서는 모르는 사람에게 시답잖은 용건으로 말 거는 게 어렵잖아요?ㅠㅠ 괜히 내가 그 사람 시간을 뺏는 것 같다던지, 아니면 혹시 나랑 이야기하기 어색해 하거나 불편해 하면 어떡하지, 이런 고민을 많이 하게 되는데, 여기서는 그런 것 없이 정말 과장 조금 보태서 지나가는 아무나 붙들고 말 걸면 친구가 될 수 있을 정도라고 생각해요.

그런데 아랍 문화권 여성분들에게는 특별히 존중해 줘야 하는 몇 개 룰이 있긴 합니다. 물론 모든 아랍권 국가가 다 같지는 않습니다. 사우디아라비아나 오만같이 꽤 보수적인 국가가 있는가 하면, 터키같이 이슬람인듯 아닌 듯한 국가도 있죠. 그래도 미리 알아두고 배려하면 더 좋은 인상을 남길 수 있지 않을까 해요. 자주하는 실수 두 가지 정도를 꼽아 보자면,

1. 단체사진을 같이 찍고 SNS에 업로드 하기 전에 꼭 확인 받기!

가끔 부모님이 엄하신 친구들은 sns과 같은 공개적인 장소에 얼굴이 올라가면 곤란해 하는 경우가 있어요! 만약 인스타그램 스토리같은 걸 올리게 된다면, 꼭 사진을 올려도 되는지 한번 물어봐 주면 굉장히 센스 있다고 생각해주겠죠! ㅎㅎㅎ

2. 악수를 건네기 전에 물어보기

신체적인 접촉은 굉장히 예민한 문제이기 때문에 가끔 외간 남자(?)와는 악수가 어려운 경우도 있습니다. 물론 악수는 좀 formal 한 방법이라 잘 안 쓰긴 하지만.. 그래도 혹시 모르니까요!

여기까지, ed:m 통신원 최영지였습니다.

CHAPTER 6

PROCESS

TASK 1

이번에는 '기타 유형'에서 PROCESS(플로우 차트)에 대해 살펴보도록 할게. 이 유형은 실제 시험 빈도수는 낮지만, 한 번쯤은 꼭 접할 수 있는 유형이야. 따라서 알아두면 정말 좋겠지?

06 PROCESS

PREVIEW

그래프를 처음 마주하고 식별할 때 주의해야 할 점들이 무엇인지 알아보도록 하자. 우선 특이한 변화들을 눈여겨 보자.

WRITING TASK 1
You should spend about 20 minutes on this task.
해당 과제를 약 20분에 걸쳐 완성하시오.

> The diagram below shows how fruit jam is made.
>
> Summarize the information by selecting and reporting the main features and make comparisons where relevant.
> 아래의 다이어그램(순차표)은 어떻게 과일잼이 만들어지는지를 보여 준다. 주요 특징들을 선택하고 기록하는 방법으로 정보를 요약하고, 관련이 있는 경우 비교하시오.

Write at least 150 words.
최소 150자 내로 답하시오.

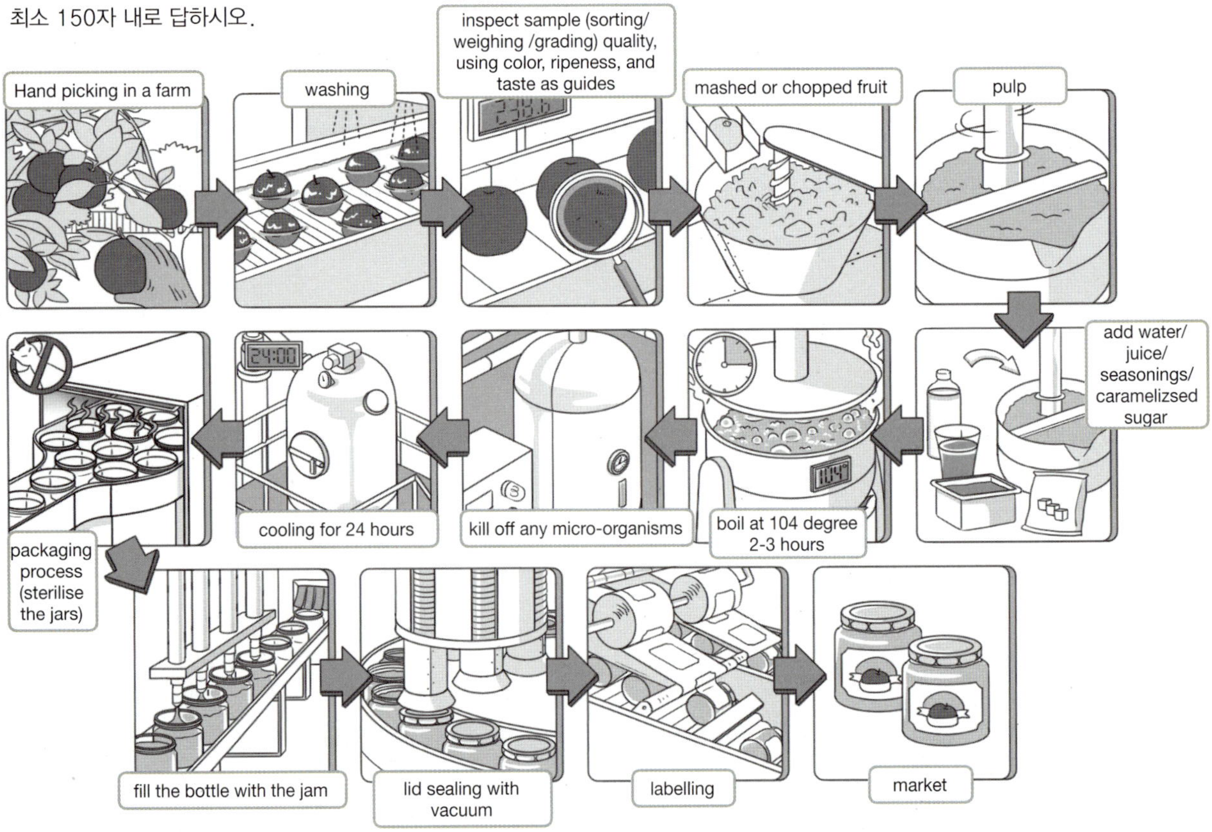

PREWRITING

우선, Introduction에서 배웠던 "4S 전략"에 따라, '전반적인 분석'을 선행하도록 하고, Structure를 구축해 보도록 하자.

 4S 전략으로 차트 분석하기

The diagram below shows how fruit jam is made.

아래의 다이아그램(순차표)은 어떻게 과일잼이 만들어지는지를 보여 준다.

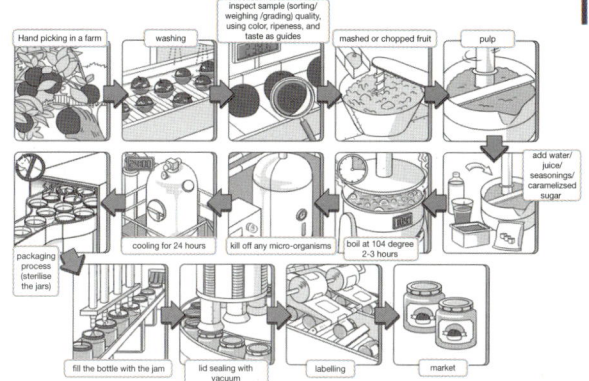

STEP 1 Scanning (그래프/차트 훑어보기)

여러 단계들이 보이지만, 사실 크게 보면 농장에서 따진 과일들이 공장으로 가서 여러 공정들을 거쳐 잼으로 만들어진 후 고객에게 전달되는 과정을 나타낸 거야. 아래 4가지를 바탕으로 차트를 훑어보자.

① 무엇이 만들어지는지(주제 파악) 화살표 방향으로 시작과 끝 확인
② 몇 개의 stage(스테이지)가 있는지 간략하게 요약은 가능한지 확인
③ 인공적/자연적인 현상인지, 순환도(Cycle), 직선도(Linear) 프로세스인지 확인
④ 각각의 스테이지 설명을 이해하고 있는지, 서로 연관성을 가지고 있는지 확인

STEP 2 Sorting (주어진 변화 정렬하기)

순차	WHAT IS HAPPENING	상황
1	Hand picking	과일 따기 (수동태- 따짐)
2	Washing	물로 씻기 (Rinsing)
3	Inspect sample	상품 체크
4	Mash or chop	분쇄 및 썰기
5	Pulp	과육
6	Seasonings	첨가물
7	Boil	끓이기
8	Kill off micro-organisms	미생물 제거
9	Cooling	식히다
10	Sterilise	빈 병 자체에 열이 가해짐 (소독)
11	Bottling	병에 담기
12	Sealing with vacuum	진공 포장 (병 닫기)
13	Labelling	라벨 붙이기
14	Market	상점

플로우 차트(Process)에서는 문제에서 주어진 내용을 최대한 이용해 분석을 할거야. 모든 힌트는 문제 안에 있다는 것을 명심해! 그리고, 문제에서 보여 주지 않는 공정들이나 정보 등 내가 개인적으로 알고 있는 내용은 절대 쓰면 안 되는 거 알지?

STEP 3 Segmenting (정렬된 변화 그룹별로 묶기)

총 14개의 과정들이 보여지고 있어. 14개를 그림 각각 써야 하는지 아니면, 두 세개씩 묶어서 말해 줄 수 있는지 고민해 봐야 해.

① 과일 따기(농장)
② 상품 검사
③ 첨가물
④ 끓이기
⑤ 병에 담기
⑥ 시장 공급

이렇게 크게 여섯 가지 형태로 묶을 수 있어. (본론에서는 3단계씩 묶어 2개의 본론을 나누면 될 것처럼 보이지만, 이야기 흐름상 과일 따기 및 저장을 본론 1, 그리고 나머지를 본론 2로 나누는 게 좋겠어.)

STEP 4 Structuring (묶여진 정보로 구조 잡기)

따라서, Structure는 다음과 같이 구성할 수 있어.

> **Introduction**
> 여러 가지 공정들(a range of processes)이 보인다.

> **Overall Trend**
> 시작과 끝을 알려 주자.
> The whole process…
> begins with harvesting (시작) / arriving in a market for customers (끝)

> **Body 1**
> 농장-상품검사-첨가물

> **Body 2**
> 열 공정, 포장 공정 및 상품 출하

표현 익히기

이번 챕터에서 유난히 눈길을 끄는 것은 시간 연결구(time connectors)야.
아래와 같이 순차 표현을 나열해 봤어. 쉬워 보일 수 있지만 실제 분석시에 꼭 응용해 보자.

1. Adverbs of Time list(시간부사 리스트)

시작	중간	마지막
first of all	after that	finally
firstly	next	eventually
to begin with	in the next stage	in the end
initially	following this	ultimately
at first	subsequently	lastly
to start with	secondly	
in the beginnning	thirdly	
	later	
	then	
	afterwards	
	meanwhile	
	later on	
	during this time	
	at this point	

 또한 이번 챕터에서 알아 두어야 할 것은 수동태이지. 따라서, 동사의 분사 형태(원형-과거-과거분사)를 꼭 숙지하도록!

2. 능동 vs 수동

일반적인 평서문의 형태는 이렇다.

주어 + 동사 + 목적어	
능동태 (~하다)	수동태 (~되어 지다 / be + p.p)
Workers pick fruit. 일하는 사람들이 과일을 딴다.	Fruit is picked (by workers). 과일이 (일하는 사람들에 의해) 따진다. *여기서 by workers는 생략 가능.

 수동태를 사용하는 주요 이유는 바로 문장에서 주인공을 누구로 하느냐이지. 포커스가 과일이라는 얘기야. 그리고 과일 따는 사람들(workers)은 중요하지 않아.

3 패턴 익히기

이번에는 실제 수동태 사용법 및 스테이지 순서 연결법을 전수해 주지.

1 전체 순서 나타내기
첫째, 둘째, 시작할 때, 마지막으로 (first, second, to begin with, finally) 등을 표현할 경우에 사용

- **Firstly**, fish are caught by a fisherman.
  첫 번째는 물고기가 어부에 의해 잡힌다.
- **In the next stage**, fish are stored in a cool box.
  다음 단계에서는, 물고기가 아이스박스에 저장된다.
- **Thirdly**, fish are distributed in a market for sale.
  세 번째는 물고기가 시장으로 장사를 위해 배분된다.

2 Before (~하기 전에)로 순서 나타내기
두 개의 다른 순서를 한 문장에 표현할 경우에 사용(순서가 순차적일 때 가능)

- Firstly, <u>fish are caught by a fisherman</u> before <u>being stored in a cool box</u>.
  ① ②
  첫째, 물고기가 아이스박스에 저장되기 전에 어부에 의해 잡힌다.

3 After (~한 후에)로 순서 나타내기
두 개의 다른 순서를 한 문장에 표현할 경우에 사용(순서가 순차적이지 않을 때 가능)

- Firstly, <u>fish are distributed in a market for sale</u> **after** <u>they are caught and stored in a cool box</u>.
  ② ①
  첫째, 물고기가 잡히고 아이스박스에 저장된 후에 장사를 위해 시장으로 배분된다.

4 Where (관계부사) 활용하기
일반적으로 선행사가 장소 또는 상황일 때 사용

- The farm **where** oranges are grown is in Jeju-island
  오렌지가 자라고 **있는** 농장은 제주도에 있다.
- We are going to a farm **where** oranges are grown.
  우리는 오렌지가 자라고 **있는** 농장에 갈 거야.
- Oranges are delivered to a shop **where** many customers visit.
  오렌지는 많은 손님들이 방문**하는** 상점으로 배달된다.
- Oranges are stored in a cool room **where** the right temperature is set.
  오렌지는 알맞은 온도가 세팅**된** 시원한 방에 저장된다.

TASK 2

INTRODUCTION

ESSAY 기본 구조 및 핵심 표현

Task 2부터는 250자 정도의 essay를 작성해야 해. 벌써 막막하지? 걱정 말라구! 지금부터 내가 알려 주는 essay 기본 구조와 핵심 표현을 미리 숙지하고 각 유형을 배우다 보면 essay 쓰는 것이 하나도 어렵지 않을거야. 자, 이제 시작해 볼까?

Essay 기본 구조 및 핵심 표현

 Essay 기본 구조

서론 (Introduction):
도입문 + 대주제문
General Statement (GS) + Thesis Statement (TSS)

본론 (Body):

Body 1
소주제문 1 + 뒷받침 의견 (설명과 예시)
Topic Sentence (TPS) 1 + Supporting Ideas (SI)

Body 2
소주제문 2 + 뒷받침 의견 (설명과 예시)
Topic Sentence (TPS) 2 + Supporting Ideas (SI)

결론 (Conclusion):
종결문 + 요약문
Concluding Sentence (CS) + Summing-up Sentence (SS)

ESSAY 작성에 필요한 핵심 표현

 **서론 Introduction 핵심 표현**

01. **It is true that ~ :** that ~의 내용은 사실이다.

> 예문 **It is true that** technological advances have a huge impact on human life.
> 해석 기술의 발전이 인간의 삶에 엄청난 영향을 주었다는 **건 사실이다**.

02. **It is certainly true that ~:** ~는 확실히 사실이다.

> 예문 **It is certainly true that** household waste has been increasing.
> 해석 가정 쓰레기가 증가해 온 것은 **확실히 사실이다**.

03. **I completely agree that~ :** 나는 that ~의 주장에 전적으로 동의한다.

> 예문 **I completely agree that** animal testing should be banned.
> 해석 나는 동물실험이 중단되어야 한다는 것에 **전적으로 동의한다**.

04. **I completely disagree that ~:** 나는 that ~의 주장에 전적으로 반대한다.

> 예문 **I completely disagree that** all governments should invest in space research.
> 해석 나는 모든 정부가 우주 탐사에 대한 투자를 해야 한다는 의견에 **전적으로 동의하지 않는다**.

05. **There are several reasons why ~ :** why ~에 대한 여러 가지 이유가 있다.

> 예문 **There are several reasons why** many people migrate to cities from countryside.
> 해석 많은 사람들이 시골에서 도시로 이동하는 **여러 가지 이유가 있다**.

06. **I partly agree that ~ :** that ~의 내용에 부분적인 동의를 한다.

> 예문 **I partly agree that** security cameras should be installed in public areas.
> 해석 나는 공공장소의 감시 카메라 설치에 대해서 **부분적인 동의를 한다**.

07. **There is some controversy about ~:** ~에 대한 몇 가지 논란이 있다.

> 예문 **There is some controversy about** the use of drugs in athletics.
> 해석 운동선수들의 의약품 사용에 **대한 논란이 있다**.

08. **Although ~ , ~:** 비록 ~, 하지만 ~

> 예문 **Although** some people believe that it is preferable to shop in traditional stores, other people say that shopping online is preferable.
> 해석 **비록** 몇몇 사람들은 전통적인 가게에서 구매하는 것을 선호**하지만**, 다른 사람들은 온라인쇼핑을 선호한다.

09/ **Even though ~, ~ :** 비록 ~ 일지라도, ~

> 예문 **Even though** some people disagree with the idea of government support for artists, I believe that money for art projects should come from both governments and other sources.
>
> 해석 **비록** 몇몇 사람들이 예술가들에 대한 정부 지원을 반대할**지라도**, 나는 예술 활동에 대한 금전적 지원은 정부뿐만 아니라 다른 곳에서도 확보해야 한다고 생각한다.

10/ **While~, ~ :** ~ 반면, ~

> 예문 **While** some students think that it is better to attend a university away from home, others think that it is better to attend university in or near their hometown.
>
> 해석 몇몇 학생들은 집에서 멀리 있는 학교를 다니는 것이 낫다고 하는 **반면**, 다른 학생들은 집에서 가까이에 있는 학교를 다니는 것이 낫다는 의견이 있다.

11/ **I believe that ~ :** 나는 ~에 대해서 동의한다.

> 예문 **I believe that** some nations rely heavily on tourism.
>
> 해석 나는 몇몇 나라들이 관광 산업에 너무 많은 의존을 하고 있다는 **것에 대해 동의한다**.

12/ **There are more benefits of ~ than its drawbacks :** ~의 단점보다 더 많은 장점이 있다.

> 예문 **There are more benefits of** this innovation **than its drawbacks**.
>
> 해석 이 혁신의 **단점보다 더 많은 장점이 있다**.

13/ **~ despite some negative aspects :** 부정적인 측면이 있음에도 불구하고

> 예문 This situation is a positive development **despite some negative aspects**.
>
> 해석 이 상황은 **부정적인 측면이 있음에도 불구하고**, 긍정적인 발전이다.

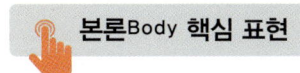 **본론Body 핵심 표현**

1. 이유를 나타내는 표현

1) **This is because~ :** 그 이유는~ 때문이다.

   예문 **This is because** modern people rely on technology too much.
   해석 그 이유는 현대인들은 기술에 너무 많은 의존을 하고 있기 **때문이다**.

2) **The main reason is that :** ~이 주된 이유이다.

   예문 **The main reason is that** multi-national companies have created employment in developing countries.
   해석 다국적 기업들은 개발도상국에서 고용을 창출해 왔다는 것이 **주된 이유이다**.

3) **There are several reasons why~ :** why절에 대한 여러 가지 이유가 있다.

   예문 **There are several reasons why** animal testing should be banned.
   해석 동물 실험을 금지해야 하는 여러 가지 이유가 있다.

4) **One reason is that~ :** 한 가지 이유는~ 때문이다.

   예문 There are two main reasons why it could be argued that we are more dependent on each other now. **One reason is that** life is challenging, due to the high cost of living.
   해석 우리는 점점 더 서로에게 의존하게 된 두 가지 이유가 있다고 한다. **한 가지 이유는**, 높은 생활비로 인해 삶이 힘들어진다는 것이기 때문이다.

5) **Another reason is that / A second reason is that~ :** 또 다른 이유는~ 때문이다.

   예문 **Another reason is that** it would be much more efficient for countries to have just one language. Governments could reduce the costs related to communicating with each minority group.
   해석 또 다른 이유는, 나라들 간에 한 언어를 사용한다면 훨씬 효율적일 것이기 **때문이다**. 정부들은 의사소통에 소요되는 비용을 줄일 수 있을 것이다.

2. 순서를 나타내는 표현

1) **First of all, Firstly :** 첫째로

   예문 **First of all**, governments should introduce strict laws to punish illegal hunting.
   해석 **첫째로**, 정부는 불법 사냥을 처벌할 수 있는 강력한 법을 제정해야 한다.

2/ **Second, Secondly :** 둘째로

> 예문 **Secondly**, old buildings should be preserved to attract tourists.
> 해석 둘째로, 관광객을 끌어들이기 위해서 옛 건물들은 보존되어야 한다.

3/ **Finally :** 마지막으로

> 예문 **Finally**, governments could launch a campaign to promote recycling.
> 해석 마지막으로, 정부는 재활용을 활성화하기 위한 캠페인을 시작해야 한다.

3. 결과를 나타내는 표현

1/ **Therefore :** 그러므로

> 예문 **Therefore**, alternative energy should be developed to reduce carbon emission.
> 해석 그러므로, 탄소 배출 가스를 줄이기 위해선 대체 에너지 개발을 해야 한다.

2/ **Thus :** 그러므로

> 예문 **Thus**, there should be more surveillance cameras to deter crimes.
> 해석 그러므로, 범죄를 줄이기 위해 감시 카메라를 더 많이 설치해야 한다.

3/ **In this way :** 이런 방식으로

> 예문 **In this way**, the volume of traffic in cities could be reduce.
> 해석 이런 방식으로, 도시의 교통량을 줄일 수 있을 것이다.

4. 예시와 부연설명을 할 때 사용하는 표현

1/ **For example(instance) :** 예를 들면

> 예문 **For example**, polar bears have become endangered due to global warming.
> 해석 예를 들면, 지구 온난화로 인해서 북극곰들이 사라지고 있다.

2/ **This means that :** 다시 말해

> 예문 **This means that** petty criminals should not be imprisoned.
> 해석 다시 말해, 경범죄자들을 감옥에 가두어서는 안 된다.

3. **In other words~ :** 다시 말하면

> 예문 First of all, creative artists should be supported financially. **In other words**, they should not forced to create art that they can easily sell.
> 해석 첫 번째로, 창의적인 예술가들은 재정적인 지원을 받아야 한다. **다시 말하면**, 그들은 판매를 위해 작품 활동을 강요 받으면 안 된다.

5. 두 가지 의견을 나타낼 때 사용하는 표현

1. **On the one hand :** 한편으로

> 예문 **On the one hand**, there are numerous benefits of global tourism.
> 해석 **한편으로**, 국제 관광은 많은 혜택이 있을 수 있다.

2. **On the other hand :** 다른 한편으로는

> 예문 **On the other hand**, there are some negative aspects of globalization.
> 해석 **다른 한편으로는**, 세계화의 부정적인 측면들이 있다는 것이다.

6. 반대를 나타내는 표현

1. **On the other hand ~ :** 반면에 ~

> 예문 **On the other hand**, in some parts of the world traditional cultures still thrive.
> 해석 **반면에**, 세상 많은 곳에는 전통문화가 여전히 발전하고 있다.

7. 장점을 나타내는 표현

1. **One of the advantages of ~ is ~:** ~의 여러 장점들 중 한 가지는 ~ 이다.

> 예문 **One of the advantages of** cheap public transport **is** a reduction in traffic congestion.
> 해석 저렴한 대중 교통의 **장점들 중 한 가지는** 교통 체증의 감소이다.

2. **The first advantage of ~ is that ~:** 첫 번째 장점은 ~ 것이다.

> 예문 **The first advantage of** international tourism **is that** it brings in foreign currency.
> 해석 국제 관광의 **첫 번째 장점은** 외화를 벌어들인다는 것이다.

3. **The benefits of ~ are ~ :** 장점들은 ~이다.

> 예문 **The benefits of** computer use in education **are** compelling.
> 해석 교육 분야에서 컴퓨터의 사용의 **장점들은** 주목하지 않을 수 없다.

4, **The main benefit of~ is ~ :** 주된 장점은 ~ 이다.

> 예문 **The main benefit of** access to the Internet **is** fast access to information.
> 해석 인터넷의 접속의 **주요한 장점**은 빠른 정보 접근이다.

8. 단점을 나타내는 표현

1, **The negative aspect of ~ is that ~ :** ~의 부정적인 측면은 ~ 이다.

> 예문 **The negative aspect of** living in a village **is that** everyone knows your business.
> 해석 작은 마을에서 사는 것의 **부정적인 측면**은 사생활이 없다는 것이다.

2, **The first disadvantage of~ is ~ :** ~의 첫 번째 단점은 ~ 이다.

> 예문 **The first disadvantage of** working for a large company **is** the impersonal atmosphere.
> 해석 대기업에서 일하는 것의 **첫 번째 단점**은 인간미 없는 분위기이다.

3, **One of the disadvantages of ~ is that ~ :** 단점들 중 하나는 ~ 이다.

> 예문 **One of the disadvantages of** radio **is that** it is only an audio source.
> 해석 라디오의 **단점들 중 하나**는 음성만 지원된다는 것이다.

결론 Conclusion 핵심 표현

1, **In conclusion, I strongly feel that~ :** 결론적으로 나는 that~의 주장에 전적으로 동의한다.

> 예문 **In conclusion, I strongly feel that** governments should invest in the development of alternative energy.
> 해석 **결론적으로** 나는 정부의 대체에너지 개발에 많은 투자를 해야 한다는 주장에 **전적으로 동의한다**.

2, **In conclusion, I partly accept that~ :** 결론은 나는 that~의 주장에 부분적으로 동의한다.

> 예문 **In conclusion, I partly accept that** recycling can be the most effective way to reduce waste.
> 해석 **결론은**, 재활용이 쓰레기를 줄이는 가장 효과적인 방법이라는데 **부분적으로 동의한다**.

3, **In summary / To summarise / To sum up :** 요약하자면, 정리하자면

> 예문 **To sum up**, it is clear that there are reasons why some people oppose this concept.
> 해석 **정리하자면**, 몇몇 사람들이 이 개념에 대해서 반대하는 이유가 분명하다는 것이다.

4, **On the whole :** 전체적으로, 결론적으로

> 예문 **On the whole**, it seems to me that CCTV cameras certainly bring enhanced security to our cities.
> 해석 **결론적으로** 나는 감시카메라가 우리 사회에 분명 더 나은 안전을 가져다 준다고 생각한다.

CHAPTER 1

TASK 2

AGREE & DISAGREE I

뉴스나 신문을 보면서 어떤 주장에 동의하거나 그렇지 않은 경우가 있지? 이번 챕터에서는 의견에 대해 동의/반대하는 표현을 배우고 동의/반대하는 에세이를 쓰는 방법을 배울 거야. 자, 그럼 시작해 볼까?

AGREE & DISAGREE I
(AGREE OR DISAGREE)

PREVIEW

Agree/Disagree I 유형은 어떤 주장에 대한 자신의 입장을 묻는 문제야. 이 유형의 문제는 일반적으로 동의/동의하지 않음의 형태로 대답을 하게 되는데, 어느 쪽으로 대답하든 그에 따른 이유나 설명 또는 예시문이 설득력 있게 구성되어야 해. 아래의 예시 문제를 살펴보자.

WRITING TASK 2

You should spend about 40 minutes on this task. Write about the following topic:
해당 과제를 약 40분에 걸쳐 완성하시오.

> *Foreign visitors should pay more than local visitors for cultural and historical attractions. Do you agree or disagree?*
> 외국 관광객들이 관광지(역사적, 문화적 명소들)를 입장할 때 내국 관광객보다 더 많은 입장료를 내야 한다. (해당 주장에 대해) 당신은 동의하는가 또는 동의하지 않는가?

Give reasons for your answer and include any relevant examples from your own knowledge or experience.
본인의 지식과 경험으로부터 나온 적절한 예시들과 함께 당신의 의견에 대한 이유를 제시하시오.

Write at least 250 words.
최소 250자 내로 답하세요.

Agree/Disagree 유형I (동의/반대)

Agree/Disagree I 유형은 문제에서 제시된 주장에 대해서 **본인의 입장이 동의 또는 반대인지를 대답해야 하는 에세이 유형이야.** 일단, 본인의 입장이 결정되면 그 의견을 얼마나 명확하게 전달하느냐에 따라서 점수가 결정돼. 설득력을 높이려면 충분한 설명과 예시를 들어주면서 본인의 주장을 뒷받침할 수 있어야 해.

PREWRITING

매력적인 답변을 작성하려면 브레인스토밍(Brainstorming)*을 통해 쓸 내용에 대해 구상하고, Outline을 먼저 작성해 보는 게 좋아.

* 브레인스토밍(Brain+storming) : 머릿속에서 폭풍이 치듯 자유롭게 아이디어를 내는 Prewriting 방법

1 브레인스토밍 - 마인드 매핑(Mind Mapping)

Mind Mapping은 중심 아이디어를 바탕으로 가지치기 하듯 적어 내려가는 Brainstorming 방법이야. 이 방법은 주제와 연관된 단어들 위주로 적어 내려가면서 아이디어를 확장할 수 있지. 머리에 떠오르는 아이디어를 한글, 영어 등 형식의 제한 없이 자신이 편한 방식으로 자유롭게 써봐.

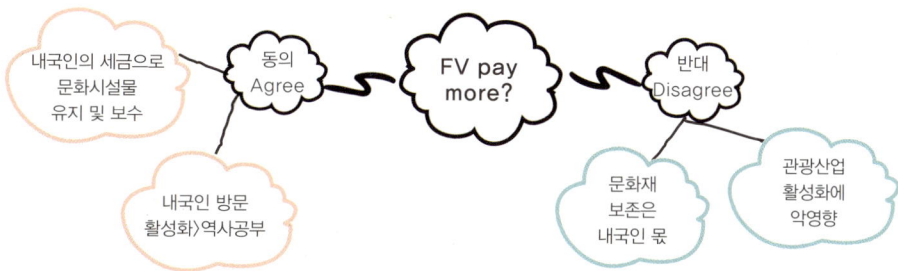

2 아웃라인 만들기

자, Step 1에서 아이디어를 다 모았으면 이제 아웃라인(Outline) 작성으로 넘어가 보자! Outline은 앞에서 모은 아이디어를 바탕으로 주장에 대한 동의 또는 동의하지 않음을 결정하고, 그 입장에 대한 이유와 설명 또는 예시를 제시할 수 있도록 구조를 짜 보는 거야.

아웃라인 작성 팁

답변을 매력적으로 만들려면 나의 주장을 뒷받침해 줄 명확한 이유를 들어주는 게 좋아. 아래와 같은 순서로 말이야:
1. 지시문을 읽고 문제에서 제시된 주장을 파악하기
2. 브레인스토밍 내용을 바탕으로 찬성하는지 또는 반대하는지 입장을 정해 간단한 나의 의견을 정리하기
3. 의견에 대한 전반적인 이유 두 세가지를 적고, 이에 대한 세부적인 예시와 사례도 적기
4. 무엇보다 주어진 시간이 제한적이므로 최대한 간단히 작성하기

Foreign visitors should pay more than local visitors for cultural and historical attractions. *Do you agree or disagree?*

외국 관광객들이 관광지(역사적, 문화적 명소들)를 입장할 때 내국 관광객보다 더 많은 입장료를 내야한다. (해당 주장에 대해) <u>당신은 동의하는가 또는 동의하지 않는가?</u>

예시

1. 동의할 경우

Introduction
동의: 외국인이 더 많은 입장료를 내야 한다.

Body
- 이유 1
  문화, 역사 유물들의 훼손이 심각 → 정부 보조금으로 수리 보수가 필요. 세금을 내는 내국인은 입장료 혜택을 받아야 함
- 이유 2
  지역 주민이 그들 자신의 문화와 역사에 대해 배울 수 있는 기회를 제공. 내국인에게 입장료 혜택은 더 많은 방문을 유도할 수 있음

Conclusion
위 두 가지 이유 〉〉 동의

Vocabulary

훼손 damage   정부 보조금 state subsidies   세금 tax   수리 repair   유지 maintenance
더 많은 기회 more chances   격려하다 encourage

2. 동의하지 않을 경우

Introduction
반대 : 외국인에 더 많은 입장료를 부과하는 것은 옳지 않다.

Body
- 이유 1
  외국 관광객들은 이미 많은 경비를 지출하고 있음. 지역 경제에 기여를 하고 있음
  따라서, 지역 사람들은 외화도 벌고, 고용 창출도 할 수 있음
- 이유 2
  문화명소는 외국으로부터 많은 관광객을 유입시키는 시설임
  그래서 비싼 입장료가 관광객 감소로 이어질 수 있음
  비싼 입장료 때문에 그 나라의 관광산업이 쇠퇴 할수도 있고 관련 직업들이 사라짐

Conclusion
이유 1과 이유 2 〉〉 반대

Vocabulary

외국의 overseas   경제 economy   숙식 food and accommodation   관광산업 tourism industry
쇠퇴하다 decline   관련 직업들 related jobs

3 표현 정리하기

1. 동의할 경우

1-1. There are a number of arguments to support the idea that ~ :
that 이하에 대한 여러 가지 의견이 있다

> 예문 **There are a number of arguments to support the idea that** many disruptive students come from an unstable family background.
>
> 해석 불안한 가정 환경으로부터 많은 불량 청소년들이 생겨난다는 **수많은 의견이 있다**.

1-2. I agree that ~ : 나는 that 이하에 대해서 동의한다

> 예문 **I agree that** modern life styles can have a negative effect on family life.
>
> 해석 나는 현대의 생활방식이 가정 생활에 **부정적인 영향을 미친다**에 대해 **동의한다**.

1-3. I agree with the idea that ~ : 나는 that 이하의 의견을 동의한다

> 예문 **I agree with the idea that** recycling should be encouraged.
>
> 해석 나는 재활용은 활성화되어야 한다는 주장을 동의한다.

1-4. I share the view that ~ : 나는 that 이하의 주장과 의견을 같이하다

> 예문 **I share the view that** old buildings should be preserved.
>
> 해석 나는 오래된 건물들은 보존되어야 **한다는 의견을 같이 한다**.

1-5. I support the idea that ~ : 나는 that 이하의 주장을 지지하다

> 예문 **I support the idea that** extreme sports such as sky diving should be banned.
>
> 해석 스카이 다이빙 같은 익스트림 스포츠는 금지되어야 한다는 **주장을 지지한다**.

2. 동의하지 않을 경우

2-1, **I do not agree with the viewpoint that ~ :** 나는 that 이하의 의견에 대해서 동의하지 않는다

> 예문 **I do not agree with the viewpoint that** the role of teachers will disappear.
> 해석 나는 선생님들의 역할은 사라질거라는 **의견에 동의하지 않는**다.

2-2, **There are some important reasons why~ (not) ~ ~:**
why 이하의 주장을 반대하는 여러 중요한 의견들이 있다

> 예문 **There are some important reasons why** teenagers should **not** be allowed to drive a car.
> 해석 십대들의 운전을 금지하는 것에 **대한 여러 중요한 반대 의견들이 있다**.

2-3, **I disagree with the idea that~ :** 나는 that 이하의 주장에 대해서 반대한다

> 예문 **I disagree with the idea that** people should refrain from consumption to reduce waste.
> 해석 나는 쓰레기를 줄이기 위해서 소비를 줄여야 **한다는 의견에 동의하지 않는다**.

2-4, **I do not agree that ~ :** 나는 that 이하의 주장에 대해서 반대한다

> 예문 **I do not agree that** using cars in the city centre should be restricted during rush hours.
> 해석 나는 출퇴근시간에 자동차 사용을 줄여야 **한다는 의견에 동의하지 않는다**.

2-5, **I disagree with the proposal that ~ :** 나는 that 이하의 제안에 반대한다

> 예문 **I disagree with the proposal that** the school curriculum should focus on math and science more.
> 해석 학교 시간표에 수학과 과학 시간을 더 많이 포함시켜야 **한다는 제안에 반대한다**.

2-6, **I do not share the view that ~ :** 나는 that 이하의 주장에 대한 의견을 같이하지 않는다

> 예문 **I do not share the view that** it is more important for children to learn how to compete than to learn how to cooperate.
> 해석 나는 아이들이 협동보다는 경쟁을 배우는 것이 더 중요하다는 **의견을 같이하지 않는다**.

WRITING

대부분의 에세이는 서론, 본론, 결론으로 구성돼. 서론에서 본인의 입장을 분명하게 밝히고, 본론에서는 본인의 입장을 뒷받침하는 의견과 예시를 추가해 구성을 탄탄하게 하지. 그리고 마지막으로 본인의 입장이 일관될 수 있도록 결론에서는 본인의 의견을 다시 한번 언급해 주면 일관성 있는 탄탄한 에세이를 완성할 수 있어.

> **Foreign visitors should pay more than local visitors for cultural and historical attractions. <u>Do you agree or disagree?</u>**
>
> 외국 관광객들이 관광지(역사적, 문화적 명소들)를 입장할 때 내국 관광객보다 더 많은 입장료를 내야한다. (해당 주장에 대해) <u>당신은 동의하는가 또는 동의하지 않는가?</u>

STEP 1 | Introduction

서론(Introduction):
도입문 + 대주제문
General Statement (GS) + Thesis Statement (TS)

서론에서는 문제에서 언급된 주장에 대한 본인의 입장을 대답하는 것이 중요해. 에세이 전체를 이끌 수 있는 아이디어가 있다면 본인의 입장은 동의/반대 모두 가능해. 또한, 전체적으로 문제를 paraphrasing하면서 서론을 구성하면 효율적이야. **서론은 크게 General Statement(GS)와 Thesis Statement(TS)로 구성이 되고, 필요하다면 Additional Statement(AS)를 추가하면 돼. GS에서는 문제에서 언급된 주제의 일반적인 내용을 적어주면 되고, TS에서는 그 주제에 대한 자신의 입장을 적어주면 돼.** 그리고 "제 주장에 대한 두 가지 이유가 있습니다" 정도의 의미로 AS를 붙여주면 본론으로 넘어가는 글의 흐름이 더욱 자연스러워지겠지?

1. 동의할 경우

(1) 아웃라인

> 동의 – 외국인이 더 많은 입장료를 내야 한다.
> I completely agree – more charge on foreigners

(2) Your Writing

(3) Sample Writing

> It is true that international tourism is becoming a big industry in many countries. ― 도입문 (GS)
> I completely agree that foreign tourists should be charged more than local ― 대주제문 (TSS)
> visitors for cultural and historical sites. There are several reasons why foreign tourists ― 부가문 (AS)
> should be charged more than local visitors.

국제 관광이 많은 나라에서 큰 산업으로 부상하고 있는 것은 사실이다. 나는 외국인 관광객들이 문화 및 역사 유적지 방문 시 현지 관광객들보다 더 많은 비용을 지불해야 한다는 것에 전적으로 동의한다. 외국인 관광객들이 현지 관광객들보다 더 많은 비용을 부과해야만 하는 데에는 몇 가지 이유가 있다.

2. 동의하지 않을 경우

(1) 아웃라인

> **반대** – 외국인에 더 많은 입장료를 부과하는 것은 옳지 않다.
> I completely **disagree** – more charge on foreigners

(2) Your Writing

▶

(3) Sample Writing

> It is true that international tourism is becoming a big industry in many countries. ― 도입문 (GS)
> I completely disagree that foreign tourists should be charged more than local ― 대주제문 (TSS)
> visitors for cultural and historical sites. There are several reasons why foreign ― 부가문 (AS)
> tourists should not be charged more than local visitors.

국제 관광이 많은 나라에서 큰 산업으로 부상하고 있는 것은 사실이다. **나는 외국인 관광객들이 문화 및 역사 유적지 방문 시 현지 관광객들보다 더 많은 비용을 지불해야 한다는 것에 전적으로 반대한다.** 외국인 관광객들이 현지 관광객들보다 더 많이 비용을 부과하지 않아야 하는 데에는 몇 가지 이유가 있다.

STEP 2 Body

> **본론 (Body):**
>
> **Body 1:**
> 소주제문 1 + 뒷받침 의견 (설명과 예시)
> Topic Sentence (TPS) 1 + Supporting Ideas (SI)
>
> **Body 2:**
> 소주제문 2 + 뒷받침 의견 (설명과 예시)
> Topic Sentence (TPS) 2 + Supporting Ideas (SI)

에세이에서 Body(본론) 파트는 각 단락별로 주제문(Topic Sentence(TPS))과 뒷받침 의견(Supporting Ideas (SI))으로 구성할 수 있어. 주제문은 해당 단락의 제목에 해당하는 주장 또는 내용이 되어야 하고, 그 주제문을 구체화하기 위해서 뒷받침할 수 있는 이유와 설명들로 그 단락의 나머지를 구성해야 해. 즉, 본론은 주제문과 함께 부연설명 또는 예시문으로 구성하면 돼.

1. 동의할 경우

(1) 아웃라인

BODY 1

문화, 역사 유물들의 훼손이 심각 → 정부 보조금으로 수리 보수가 필요
damages on cultural and historical buildings / state subsidies are needed to repair

세금을 내는 내국인은 입장료 혜택을 받아야 함
the local population pays money to these sites through the tax system

BODY 2

지역 주민이 그들 자신의 문화와 역사에 대해 배울 수 있는 기회를 제공
more chances for visits to learn about culture and history

내국인에게 입장료 혜택은 더 많은 방문을 유도할 수 있음
lower prices encourage more people to visit there

(2) Your Writing

BODY 1

BODY 2

(3) Sample Writing

BODY 1

First of all, there has been serious damage to on cultural and historical heritages sites all over the world which have been caused by numerous visitors. Therefore, to deal with this wear and tear, state subsidies would be essential for the authorities to maintain and repair them. This means that the local population must pay money to these sites through the tax system. This is because, most old palaces and temples in my country can hardly be maintained and repaired regularly without the government financial support.

— 소주제문 (TPS) 1
— 뒷받침 의견 (SI)

해석

첫째로, 수많은 관광객들이 세계의 관광 명소에서 문화 및 역사적 유산에 심각한 피해를 일으키고 있다. 따라서, 정부 보조금은 당국이 이러한 마모에 대한 유지 보수를 진행하는 데 필수적이다. 즉, 현지 주민들은 이미 세금 시스템을 통해 이러한 유적지에 돈을 지불하고 있다. 왜냐하면, 우리나라에 있는 대부분의 오래된 궁전과 사원은 정부의 재정 지원 없이는 유지 보수가 거의 불가능하기 때문이다.

BODY 2

Secondly, local people, especially young residents, should be given more of a chance to learn about their culture and history. This is because local residents should have an easy access to such places where they can enrich their cultural identity and experience their own traditions. Thus, lower prices for the entrance to these sites could encourage more people in the host country to visit them. In this way, the awareness of these precious buildings can be raised and they can be preserved for the next generation.

— 소주제문 (TPS) 2
— 뒷받침 의견 (SI)

해석

두 번째로, 지역 주민, 특히 젊은 주민들은 자신의 문화와 역사를 배우는 보다 쉬운 기회가 주어져야 한다. 이는 지역 주민들이 자신들의 문화적 정체성을 풍부하게 하고 그들만의 전통을 경험할 수 있는 장소에 쉽게 방문할 수 있어야 하기 때문이다. 따라서, 이러한 장소 방문을 위한 저렴한 입장료는 주최국의 더 많은 사람들이 이곳을 방문하도록 장려할 수 있다. 이러한 방법으로, 이런 귀중한 건축물에 대한 인식이 커질 수 있으며, 다음 세대를 위해 보존될 수 있다.

2. 동의하지 않을 경우

(1) 아웃라인

BODY 1

외국 관광객들은 이미 많은 경비를 지출하고 있음. 지역 경제에 기여를 하고 있음
overseas visitors help the economy / spend money on food and accommodation

따라서 지역 사람들은 외화도 벌고, 고용 창출도 할 수 있음
locals earn foreign currency / create employment

BODY 2

문화명소는 많은 관광객을 유입시키는 시설 >> 비싼 입장료가 관광객 감소로 이어질 수 있음
cultural facilities attract people / making them popular locations to work and visit

비싼 입장료 때문에 그 나라의 관광산업이 쇠퇴 할수도 있고 관련 직업들이 사라짐
due to higher prices, the tourism industry would decline / related jobs would also disappear

(2) Your Writing

BODY 1

BODY 2

(3) Sample Writing

BODY 1

First of all, overseas visitors already contribute to the economy of the host country. This is because while travelling, they usually spend much money on a range of goods and services including food, souvenirs and accommodation. In this way, local businesses could earn foreign currency and create employment in the region. Therefore, governments and inhabitants of every country should be happy to subsidise cultural and historical sites to attract foreign tourists from the rest of the world.

— 소주제문 (TPS) 2
— 뒷받침 의견 (SI)

 해석

첫째로, 해외 관광객들은 이미 주최국의 경제에 기여하고 있다. 왜냐하면 여행 중에는 음식, 기념품 및 숙박 시설을 포함한 다양한 상품 및 서비스에 주로 많은 돈을 지출하기 때문이다. 이 방법으로 현지 사업자들은 외화를 벌어들여 해당 지역 내 고용을 창출할 수 있다. 따라서 모든 국가의 정부와 거주자들은 타 국가로부터 외국 관광객들을 유치하기 위해 문화 및 역사 유적지에 보조금을 지원해야 한다.

BODY 2

Secondly, charging more prices on foreigners affects negatively the host city. In many cities, cultural facilities attract people from all over the world thus making them popular locations to work and visit. For instance, the popularity of London is partly due to the famous galleries and museums. Consequently, I believe that cultural attraction draws a skilled workforce and makes a city an attractive destination for tourists. However, if overseas tourists would decide not to go to that city due to higher prices, the tourism industry would decline and many related jobs which rely on visitors coming to the country would also disappear.

— 소주제문 (TPS) 2
— 뒷받침 의견 (SI)

 해석

두 번째로, 외국인들에게 더 많은 비용을 부과하는 것은 주최 도시에 부정적인 영향을 미친다. 많은 도시에서 문화 시설은 세계 곳곳의 사람들을 끌어 들임으로써 해당 도시를 일하기 좋고 방문하기 좋은 곳으로 만들고 있다. 예를 들면, 런던의 인기는 부분적으로 유명한 갤러리와 박물관 때문이다. 따라서, 문화적 매력은 숙련된 인력을 끌어이고 도시를 관광객에게 매력적인 곳으로 만든다. 그러나 해외 관광객들이 가격 상승으로 그 도시에 가지 않기로 결정한다면 관광 산업은 줄어들 것이고 그 나라에 오는 방문객들에게 의존하는 많은 관련 일자리들도 사라질 것이다.

STEP 3 Conclusion

결론 (Conclusion):
종결문 + 요약문
Concluding Sentence (CS) + Summing-up Sentence (SS)

결론에서는 서론과 본론에서 밝힌 본인 입장을 정리하면서 에세이 전체를 마무리하면 돼. 즉, 결론은 서론에서 나온 대주제문을 paraphrasing 해주는 종결문(Concluding Sentence (CS))과 전체적인 내용을 summarizing 해주는 요약문 Summing-up Sentence(SS)을 붙여 구성할 수 있어. 최대한 간단, 명료하게 쓰되, 20자 안팎으로 구성하면 적당해. 같이 한번 살펴볼까?

1. 동의할 경우

> **동의** – 외국인에 더 많은 입장료를 부과해야 한다.
> In conclusion, I agree – more charge on foreigners

(2) Your Writing

○ _____

_____

_____

(3) Sample Writing

> In conclusion, I strongly feel that tourists from overseas should be charged — 종결문 (CS)
> more than local residents to visit important sites and monuments. Otherwise, — 요약문 (SS)
> the maintenance and preservation of these buildings can be challenging in
> various ways.

결론적으로, 해외 관광객들이 주요 관광지 및 유적지 방문을 위해 현지 주민보다 더 많은 비용을 지불해야 한다고 생각한다. 그렇지 않으면, 다방면으로 이러한 건축물들의 유지 보수 및 보존이 어려울 수 있다.

2. 동의하지 않을 경우

반대 – 외국인에 더 많은 입장료를 부과하는 것은 옳지 않다.
In conclusion, I don't agree – more charge on foreigners

(2) Your Writing

○ _____
_____
_____
_____

(3) Sample Writing

> In conclusion, I strongly feel that tourists from overseas should not be charged more than local residents to visit important sites and monuments. — 종결문 (CS)
> Every effort should be made to attract tourists from overseas, and it would be counterproductive to make them pay more than local residents. — 요약문 (SS)

해석

결론적으로, 해외 관광객들이 주요 관광지와 유적지 방문을 위해 현지 주민보다 더 많은 비용을 지불해서는 안 된다. 해외 관광객을 유치하기 위해 모든 노력을 기울여야 하며, 해외 관광객들에게 현지 주민보다 더 많은 돈을 지불하게 하는 것은 비생산적이다.

ⓘ 완성된 모델 에세이 확인은 p.316

POST-WRITING

지금까지 배운 동의/반대에 대한 자신의 주장을 쓰는 에세이를 실전처럼 연습해 볼까? 전체적인 구조와 상황에 맞게 표현을 적용하는 것이 중요하니 표현을 중심으로 연습해 보자.

WRITING TASK 2

You should spend about 40 minutes on this task.
Write about the following topic:

> Living in a country where you have to speak a foreign language can cause serious social problems, as well as practical problems.
> Do you agree or disagree?

Give reasons for your answer and include any relevant examples from your own knowledge or experience.

Write at least 250 words.

Brainstorming

Outline

Your Writing

REVIEW

오늘 공부 어땠어? 오늘 배운 내용을 복습하는 의미에서 간단한 퀴즈를 풀어보자!

Vocabulary

다음 빈칸에 들어가기에 알맞은 단어를 찾아 쓰시오.

> tourism   cultural attractions   subsidies   heritage   damage

❶ I agree that state _____ are essential for the maintenance of cultural heritages.
정부 보조금은 문화 유산의 보존과 유지에 필수적이다.

❷ There is a great deal of _____ on historical buildings.
옛 건물에 엄청난 훼손이 있다.

❸ Foreign tourists should pay more to visit _____.
외국 관광객들은 문화 명소에 방문할 때 더 많은 비용을 지불해야 한다.

Error Correction

다음 문장에서 문법적으로 어색한 부분을 찾아 고치고 어법에 맞게 다시 작성해 보시오.

❶ I agree with that local visitors should be charged less.
내국인들은 더 적은 요금을 내야 한다는 주장에 동의한다.

❷ There has been serious damages to historical buildings.
역사적인 건물들은 심각한 훼손을 입고 있다.

❸ Foreign tourists spend much money in a range of services.
외국 관광객들은 다양한 서비스에 많은 비용을 지불하고 있다.

SELF-CHECK

본인의 답변을 Good Example과 비교해서 영역별로 자신의 점수를 체크해 보자.

과제 수행	문법	어휘	일관성
• 주어진 과제에 대한 답을 했는가? • 주어진 시간안에 작성했는가? • 정해진 단어수에 맞게 작성했는가? • 주제를 벗어나지 않은 문장만을 작성했는가?	• 주어 동사를 포함한 완전한 문장을 작성했는가? • 접속사, 관계대명사 등 다양한 문장을 작성했는가? • 올바른 시제/수일치를 사용했는가? • 알맞은 문장부호를 사용했는가?	• 한 단어를 반복 사용하지 않고 동의어를 사용했는가? • 다양한 어휘를 사용했는가? • 주제에 어울리는 정확한 어휘를 사용했는가? • PARAPHRASING한 문장을 사용했는가?	• 다양한 연결어를 사용하여 자연스럽게 작성했는가? • 글의 구조가 명확히 드러나도록 작성했는가? • 각 단락의 첫 문장에 핵심문장을 적었는가? • 본론의 내용이 서론과 긴밀하게 연결되는가?
1 2 3 4 5	1 2 3 4 5	1 2 3 4 5	1 2 3 4 5

1~5	6~10	11~15	16~20	OVERALL GRADE
LIMITED	MODEST	COMPETENT	GOOD	

ed:m 유학스토리

전 세계 ed:m 통신원들을 통해 유학생활 미리 보기

박물관, 미술관 기부입장이라고 들어봤니?

안녕하세요! ed:m 뉴욕 통신원 임지수입니다! 뉴욕은 미국에서 가장 대표적인 도시인 만큼 구경하고 경험할 수 있는 것이 참 많아요! 뮤지컬, 박물관, 미술관 등등… 본인의 취향에 맞게 여행을 할 수 있다는 장점이 있죠. 오늘은 그중에서 무료입장 또는 기부 입장 박물관과 미술관을 총정리해 드리려고 해요! 모든 날에 가능하진 않고, 특정 요일, 특정 시간에 맞춰서 가야 한다는 점을 참고해야 해서 혹시나 가보고 싶기는 한데 비용이 부담스러워서 고민하시는 분들에게 추천해 드릴게요.

첫 번째로는 **"MOMA 현대미술관"**입니다. 매주 금요일 오후 4시부터 오후 8시까지 무료입장이랍니다. 그 시간대에 들어가면 표를 그냥 나눠 주신답니다. 그러면 표를 받고 바로 입장이 가능해요! 크로스백 외의 가방은 전부 맡겨야 하기 때문에 많은 시간이 소요될 수 있는 점 참고해 주세요!

두 번째로는 **"휘트니 미술관"**입니다. 제가 제일 좋아하는 미술관이고 이곳을 제일 추천해요. 하이라인 바로 옆에 위치하고 있답니다. 휘트니는 매주 금요일 오후 7시부터 오후 9시 반까지 기부금입장이 가능해요. 하이라인 구경하시다가 가는 것도 괜찮고 현대 미술로 유명한 예술작가들의 작품이 많은 곳이기도 하구요. 특히 제일 위층에 전시관 야외테라스에서 보는 야경은 진짜 최고랍니다. 여기는 기부금입장 아닐 때 가서 구경하고 와도 너무 좋을 것 같아요. 지금 딱 앤디워홀 전시를 하고 있어서 인파가 엄청나네요.

세 번째로는 **"구겐하임 미술관"**이랍니다. 센트럴파크 주변에 위치하고 있고 외관이 독특해서 유명하기도 하죠! 이곳은 매주 토요일 오후 5시 45분부터 오후 7시 45분까지 기부금입장이랍니다! 이곳에서는 줄이 엄청 길었던 기억이 나네요. 그래서 제일 꼭대기 층부터 관람을 시작해서 내려오는 것을 추천해요.(제 기준으로 가장 소지품 검사가 엄격합니다.)

네 번째로는 **"9.11 메모리얼 박물관"**입니다. 매주 화요일 오후 5시부터 8시까지 무료입장 & 기부금 입장이에요! 참고하셔야 할 점은 오후 6시에 입장 마감이 되기 때문에 일찍이 가시는 것이 좋고, 이곳도 뉴욕에 왔다면 꼭 가보셔야 할 만큼 추천하는 곳이에요! 사람이 많기 때문에 기부금 입장의 경우에는 사전에 인터넷으로 예매를 하고 가는 것이 좋을 것 같구요. 티켓 교환할 때 따로 "기부하시겠습니까?"라고 물어보신답니다. 안 하셔도 되고 하고 싶은 만큼 해주셔도 돼요. 여기는 진짜 진짜로 꼭 가보시는 것을 추천해 드릴게요. 9.11 테러가 최악의 사건 중에 하나였기도 했고, 그 당시의 끔찍했던 그 시간의 모습과 이야기를 들을 수 있는 곳이기도 하기 때문에 마음이 많이 미어졌답니다.

다섯 번째는 **"브루클린 미술관"**! 이곳은 매월 첫 번째 토요일 오후 5시부터 오후 11시까지 **무료입장**이에요! 사실 이곳은 가보고 싶긴 했는데 실제로 가보지는 못했어요! 시간이 부족하다 보니… 미술관 옆에 식물원이 있을 정도로 미술관의 크기가 엄청나다고 하네요! 그리고 브루클린에 위치한 만큼 트렌디하다고 들었어요!

아무래도 기부입장과 무료입장의 경우에는 관광객들과 시민들이 많이 몰리기 때문에 북적인다는 느낌이 들 수 있어요. 대표적으로 모마에서는 고흐의 작품에 사람들이 엄청 몰려 있기도 한답니다. 미술을 좋아하고 조금이라도 조용히 관람을 하고 싶으시다면 아무래도 이 시간을 피해서 비용을 지불하고 오시는 것을 추천 드릴게요! 그리고 기부입장의 경우에는 진짜 1$, 3$ 등등 얼마를 기부하든지 상관없고, 실제로도 많은 분들이 그렇게 기부를 하십니다! 제가 듣기로는 일반적으론 5$ 정도를 낸다고 해요. 혹시나 얼마 낼지 고민되신다면 5$ 내외로 기부입장 하시면 될 것 같아요! 지금까지, ed:m 뉴욕 통신원 임지수였습니다!

CHAPTER 2

AGREE & DISAGREE II

TASK 2

일상생활에서 어떤 주장에 대해 일부만 동의하는 경우가 있지? 이번 챕터에서는 의견에 대해 동의/반대하는 표현을 배우고 동의/반대하는 에세이를 쓰는 방법을 배울 거야. 자, 그럼 시작해 볼까?

AGREE & DISAGREE II
(PARTLY AGREE)

PREVIEW

Agree/Disagree 유형은 어떤 주장에 대한 자신의 입장을 묻는 문제야. 이 유형의 문제는 일반적으로 동의, 동의하지 않음으로 대답할 수 있지만 부분적으로 동의하는 형태로 대답할 수도 있어. 어떤 방향으로 대답을 하든 그에 따른 이유나 설명 또는 예시문이 설득력 있게 구성이 되어야 해. 아래의 예시 문제를 보자.

WRITING TASK 2

You should spend about 40 minutes on this task. Write about the following topic:
해당 과제를 약 40분에 걸쳐 완성하시오.

> *Reducing global environmental damage should be handled by governments rather than individuals. To what extent do you agree or disagree?*
>
> 전 세계 환경문제를 해결하는 것은 개인보다는 정부 주도로 다루어져야 한다. (해당 주장에 대해) 당신은 어느 정도 동의 또는 동의하지 않는가?

Give reasons for your answer and include any relevant examples from your own knowledge or experience.
본인의 지식과 경험으로부터 나온 적절한 예시들과 함께 당신의 의견에 대한 이유를 제시하시오.

Write at least 250 words.
최소 250자 내로 답하세요.

Agree/Disagree 유형II (부분동의)

Agree/Disagree II 유형은 문제에서 제시된 주장에 대해서 본인의 입장이 동의 또는 반대인지를 정해 대답할 수 있지만(Task 2, Chapter 1 참고), 이런 경우는 'Do you agree or disagree?' 앞 부분에 'To what extent' 즉, 동의하는 정도에 대해 물어봤기 때문에 부분적으로 동의하는 것으로 작성할 수도 있는 에세이 유형이야. 앞에서 배운 Agree/Disagree I 유형과는 다르게 어떤 의견에 대해 동의 또는 반대여부를 어느 정도 동의/반대하는지를 포함하여 답안을 작성해야 해. 이 유형에서는 동의하는 이유와 반대하는 이유를 포함해서 본론을 구성하면 조금 더 설득력 있는 에세이가 될 거야.

PREWRITING

매력적인 답변을 작성하려면 브레인스토밍(Brainstorming)*을 통해 쓸 내용에 대해 구상하고, Outline을 먼저 작성해 보는 게 좋아.
* 브레인스토밍(Brain+storming) : 머릿속에서 폭풍이 치듯 자유롭게 아이디어를 내는 Prewriting 방법

① 브레인스토밍 - 마인드 매핑(Mind Mapping)

Mind Mapping은 중심 아이디어를 바탕으로 가지치기 하듯 적어내려가는 Brainstorming 방법이야. 이 방법은 주제와 연관된 단어들 위주로 적어 내려가면서 아이디어를 확장할 수 있지. 머리에 떠오르는 아이디어를 한글, 영어 등 형식의 제한없이 자신이 편한 방식으로 자유롭게 써봐.

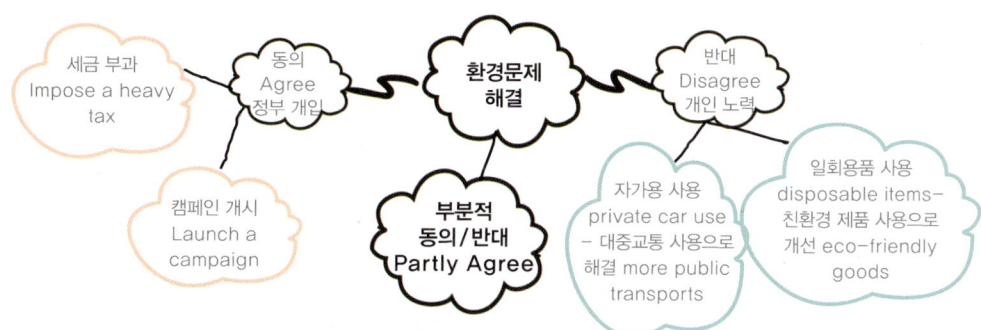

② 아웃라인 만들기

자, Step 1에서 모은 아이디어를 바탕으로 주장에 대한 동의 또는 동의하지 않음을 결정하고, 그 입장에 대한 이유와 설명 또는 예시를 제시할 수 있도록 아웃라인을 작성해 보자.

> ***Reducing global environmental damage should be handled by governments rather than individuals. <u>To what extent do you agree or disagree</u>?***
> 전 세계 환경문제를 해결하는 것은 개인보다는 정부 주도로 다루어져야 한다. <u>(해당 주장에 대해) 당신은 어느 정도 동의 또는 동의하지 않는가?</u>

아웃라인 작성 팁
답변을 매력적이게 만들려면 나의 주장을 반론보다 우세하게 구성하는 게 좋아:

1. 최대한 간단히 빠르게 할 수 있도록 평소에 연습을 해 두기
2. 문제에서 주어진 주장에 대해 찬성/반대의 근거들을 다양하게 적기
3. 동의/반대 중에서 쓸 거리가 더 많은 쪽으로 본인 입장 정리하기

Reducing global environmental damage should be handled by governments rather than individuals. _To what extent do you agree or disagree?_

전 세계 환경문제를 해결하는 것은 개인보다는 정부 주도로 다루어져야 한다. (해당 주장에 대해) 당신은 어느 정도 동의 또는 동의하지 않는가?

아웃라인 작성 예시

Introduction
부분적으로 동의: 환경 문제 해결에 정부의 노력이 더 많이 요구된다.

Body 1(반대): 대부분의 환경오염은 개인들에 의해서 야기됨
- 이유 1: 자동차 사용 증가로 대기 오염 발생 → 개인들의 대중교통 이용으로 해결 가능
- 이유 2: 플라스틱 사용으로 토양오염과 쓰레기 발생 → 친환경 제품을 사용해야 함

Body 2(찬성): 정부가 더 효과적으로 해결할 수 있음
- 이유 1: 과소비를 규제함 → 캠페인을 통해 재활용을 활성화함
- 이유 2: 더 많은 세금을 부과함 / 대중교통의 질을 향상

Conclusion
부분적으로 동의: 환경 문제 해결에 정부의 역할이 더 많이 요구된다.

Vocabulary

노력 effort   자가용 private cars   대기 오염 air pollution   대중 교통 public transport
토양오염 soil pollution   친환경 eco-friendly   대체, 대안 substitute   부과하다 impose
과소비 excessive consumption   캠페인 campaign   중대한 crucial   씨름하다, 맞붙다 tackle

3 표현 정리하기

1. **I partly agree that~** : that 이하에 대해서 부분적으로 동의를 한다.

    예문 **I partly agree that** foreign visitors should be charged more than local visitors.
    해석 나는 내국인보다 외국인에 더 많은 비용을 부과하는 것에 **부분적으로 동의를 한다**.

2. **While there are reasons to support the idea that~A, I still believe that~B**

    : A라는 다른 주장을 지지하는 여러 이유가 있지만, 나는 B라는 입장이다.

    예문 **While there are reasons to support the idea that** the use of GM crops should be encouraged, **I still believe that** it can damage the ecosystem.
    해석 유전자 변형 작물의 사용을 추진해야 한다는 주장을 지지하는 이유들이 있지만, 나는 여전히 그것이 생태계를 파괴할수 있을 것이라 믿는다.

3. **It may be true that~A. However, I think that~B** : A가 사실일지도 모르지만, 나는 B라고 생각한다.

    예문 **It may be true that** poverty can never be completely eradicated. **However, I think that** governments should work harder to reduce the amount of poverty.
    해석 빈곤이 결코 완전히 사라질수 없다는 **것은 사실일 수도 있다**. 하지만, 나는 정부가 빈곤율을 줄이기 위해 더 많은 노력을 해야 한다고 생각한다.

4. **I partially agree with the idea that~** : 나는 that 이하의 의견에 대해 부분적으로 동의한다.

    예문 **I partially agree with the idea that** experimentation on animals should be completely prohibited.
    해석 나는 동물 실험은 전면 금지해야 한다는 **의견에 부분적으로 동의를 한다**.

5. **I do not completely agree that~** : 나는 that 이하의 주장에 대해서 전적으로 동의하지 않는다.

    예문 **I do not completely agree that** it is more important to have an enjoyable job than to earn a lot of money.
    해석 나는 돈을 많이 버는 것보다 즐길 수 있는 일을 갖는 게 더 중요하다는 의견에 **전적으로 동의하지 않는다**.

6. **I think it is only partly true that~** : 나는 that 이하가 부분적으로만 사실이라고 생각한다.

    예문 **I think it is only partly true that** a good salary leads to a better life.
    해석 나는 좋은 보수가 더 나은 삶을 갖게 해준다는 의견이 **부분적으로만 사실이라고 생각한다**.

WRITING

대부분의 에세이는 서론, 본론, 결론으로 구성돼. 서론에서 본인의 입장을 분명하게 밝히고, 본론에서는 본인의 입장을 뒷받침하는 의견과 예시를 추가해 구성을 탄탄하게 하지. 그리고 마지막으로 본인의 입장이 일관될 수 있도록 결론에서는 본인의 의견을 다시 한번 언급해 주면 일관성 있는 탄탄한 에세이를 완성할 수 있어.

> ***Reducing global environmental damage should be handled by governments rather than individuals. <u>To what extent do you agree or disagree</u>?***
> 전 세계 환경문제를 해결하는 것은 개인보다는 정부 주도로 다루어져야 한다. <u>(해당 주장에 대해)당신은 어느 정도 동의 또는 동의하지 않는가?</u>

STEP 1 Introduction

서론(Introduction):
도입문 + 대주제문
GENERAL STATEMENT (GS) + THESIS STATEMENT (TSS)

서론에서는 문제에서 언급된 주장에 대한 본인의 입장을 대답하는 것이 중요해. 에세이 전체를 이끌수 있는 아이디어가 있다면 본인의 입장은 동의/반대 모두 가능해. 또한, 전체적으로 문제를 paraphrasing하면서 서론을 구성하면 효율적이야. 서론은 크게 도입문(General Statement(GS))과 대주제문(Thesis Statement(TSS))으로 구성되고, 필요하다면 부가문(Additional Statement (AS))을 추가하면 돼. 도입문에서는 문제에서 언급된 주제의 일반적인 내용을 적어주면 되고, 대주제문에서는 그 주제에 대한 자신의 입장을 적어주면 돼.

(1) 아웃라인

> **부분적으로 동의** – 환경 문제 해결에 정부의 노력이 더 많이 요구된다.
> I partly agree – greater efforts made by governments

(2) Your Writing

(3) Sample Writing

> It is true that the damage to the environment is increasing at an alarming rate. ── 도입문 (GS)
> Although I believe that individuals should have a major role to play in minimising global environmental hazards, I also feel that greater efforts should be made by governments of the world. ── 대주제문 (TSS)

환경에 대한 피해가 놀라울 정도로 커지고 있는 것은 사실이다. 나는 개개인이 지구 환경 위험을 최소화하는 데 중요한 역할을 해야 한다고 생각하지만, 세계의 정부가 더 큰 노력을 기울여야 한다고 생각한다.

STEP 2　Body

본론 (Body):

Body 1:
소주제문 1 + 뒷받침 의견 (설명과 예시)
Topic Sentence (TPS) 1 + Supporting Ideas (SI)

Body 2:
소주제문 2 + 뒷받침 의견 (설명과 예시)
Topic Sentence (TPS) 2 + Supporting Ideas (SI)

에세이에서 Body(본론) 파트는 각 단락별로 주제문(Topic Sentence(TPS))과 뒷받침 의견(Supporting Ideas (SI))으로 구성할 수 있어. 주제문은 해당 단락의 제목에 해당하는 주장 또는 내용이 되어야 하고, 그 주제문을 구체화하기 위해서 뒷받침할 수 있는 이유와 설명들로 그 단락의 나머지를 구성해야 해. 즉, 본론은 주제문과 함께 부연설명 또는 예시문으로 구성하면 돼.

(1) 아웃라인

> **BODY 1(반대) : 대부분의 환경오염은 개인들에 의해서 야기됨**
> - 이유 1 : 자동차 사용 증가로 대기 오염 발생 → 개인들의 대중교통 이용으로 해결 가능
>   the use of private cars / air pollution → using more public transport
> - 이유 2 : 플라스틱 사용으로 토양오염과 쓰레기 발생 → 친환경 제품을 사용해야 함
>   the use of plastic / soil pollution, waste → using eco-friendly substitutes
>
> **BODY 2(찬성) : 정부가 더 효과적으로 해결할 수 있음**
> - 이유 1 : 과소비를 규제함 → 캠페인을 통해 재활용을 활성화함
>   restrict excessive consumption → public campaigns
> - 이유 2 : 더 많은 세금을 부과함 / 대중교통의 질을 향상
>   impose heavier taxes on cars and petrol / improve public transport

(2) Your Writing

BODY 1

◯ _____

_____

_____

_____

_____

_____

BODY 2

◯ _____

_____

_____

_____

_____

_____

(3) Sample Writing

BODY 1

It is my belief that environmental damage is caused mainly by individuals. ⎯⎯ 소주제문 (TPS) 1

One of the major reasons is that the uncontrolled use of private vehicles has led to air pollution. If individuals can make a conscious effort to change their lifestyle, by cutting down on their use of private cars and using more public transport, it would substantially reduce the burning of fossil fuels. For instance, serious attempts should be made by individuals to travel regularly by buses and trains. The lack of public support can seriously hamper any government endeavour towards the reduction of pollution. ⎯⎯ 뒷받침 의견 (SI) 1

Another reason can be that people use enormous amounts of plastic in daily life, which is a hazardous pollutant of the soil. Individuals can make a great contribution to the protection of the environment, by opting for eco-friendly substitutes. An ideal way to do this is by using paper and reusable bags instead of plastic in supermarkets. ⎯⎯ 뒷받침 의견 (SI) 2

나는 환경 피해가 주로 개인에 의해 발생한다고 믿는다. 주된 이유 중 하나는 개인 차량의 통제되지 않은 사용으로 인해 대기 오염이 발생했다는 것이다. 개개인이 자신의 라이프 스타일을 바꾸려는 의식적 노력을 기울일 수 있다면, 개인 차량 사용을 줄이고 대중 교통 수단을 많이 사용함으로써 화석 연료의 연소를 상당히 줄일 수 있다. 예를 들어, 개개인이 정기적으로 버스와 기차를 이용하려는 진지한 시도를 해야만 한다. 대중의 지원이 부족하면 오염을 줄이기 위한 정부의 노력을 심각하게 저해할 수 있다. 또 다른 이유는 사람들이 일상 생활에서 엄청난 양의 플라스틱을 사용한다는 것이다. 플라스틱은 위험한 토양 오염 물질이다. 개개인은 친환경 대체물을 선택해 환경 보호에 크게 기여할 수 있다. 이것을 하기 위한 이상적인 방법은 슈퍼마켓에서 플라스틱 대신 종이와 재사용 가능한 봉투를 사용하는 것이다.

BODY 2

On the other hand, I also believe that some global environmental issues can be handled more effectively by governments than on an individual level. — 소주제문 (TPS) 2

Firstly, governments should restrict excessive consumption, which has greatly contributed to the exploitation of natural resources and created a serious waste problem. This means that they should encourage people to use durable and reusable products rather than disposable ones, through public campaigns or regulations. — 뒷받침 의견 (SI) 1

Secondly, in order to address air pollution and global warming, they could impose a heavier tax on the use of private cars as well as the price of petrol. Also, the quality of public transport service needs to be improved. In this way, the atmosphere problems could be tackled more efficiently. — 뒷받침 의견 (SI) 2

다른 한편으로, 나는 일부 지구 환경 문제가 개인 차원보다 정부에 의해 보다 효과적으로 다뤄질 수 있다고도 믿는다. 첫째로, 정부는 과도한 소비를 제한해야 하고, 이것은 천연 자원 개발과 심각한 폐기물 문제에 크게 기여해오고 있다. 이것은 공공 캠페인이나 규정을 통해 사람들이 일회용 제품이 아닌 튼튼하고 재사용이 가능한 제품을 사용하도록 권장해야 함을 의미한다. 두 번째로, 대기 오염 및 지구 온난화 문제를 해결하기 위해 가솔린 가격 뿐만 아니라 개인 차량 사용에 더 많은 세금을 부과 할 수 있다. 또한 대중 교통 서비스의 품질을 향상시켜야 한다. 이러한 방법으로 대기 문제가 보다 효율적으로 해결될 수 있다.

STEP 3   Conclusion

결론 (Conclusion):
종결문 + 요약문
Concluding Sentence (CS) + Summing-up Sentence (SS)

 결론에서는 서론과 본론에서 밝힌 본인 입장을 정리하면서 에세이 전체를 마무리하면 돼. 즉, 결론은 **서론에서 나온 대주제문을 paraphrasing 해주는 종결문(Concluding Sentence (CS))과 전체적인 내용을 summarizing 해주는 요약문 Summing-up Sentence(SS)을 붙여 구성할 수 있어.** 최대한 간단, 명료하게 쓰되, 20자 안팎으로 구성하면 적당해. 같이 한번 살펴볼까?

부분적으로 동의 – 환경 문제 해결에 정부의 역할이 더 많이 요구된다.
In conclusion, I partly agree – a more crucial role of governments

---

(2) Your Writing

○ _____

_____

_____

(3) Sample Writing

> In conclusion, I partly accept that governments have a more crucial role in reducing the harm caused to the environment than individuals have. — 종결문 (CS)

결론적으로, 나는 정부가 개인보다 환경에 미치는 피해를 줄이는 데 더 중요한 역할을 한다는 점을 부분적으로 인정한다.

ℹ 완성된 모델 에세이 확인은 p.318

POST-WRITING

지금까지 배운 동의/반대에 대한 자신의 주장을 쓰는 에세이를 실전처럼 연습해 볼까? 전체적인 구조와 상황에 맞게 표현을 적용하는 것이 중요하니 표현을 중심으로 연습해 보자.

WRITING TASK 2

You should spend about 40 minutes on this task.
Write about the following topic:

> Some people believe that nowadays we have too many choices. To what extent do you agree or disagree with this statement?

Give reasons for your answer and include any relevant examples from your own knowledge or experience.

Write at least 250 words.

Brainstorming

Outline

Your Writing

REVIEW

오늘 공부 어땠어? 오늘 배운 내용을 복습하는 의미에서 간단한 퀴즈를 풀어보자!

Vocabulary
다음 빈칸에 들어가기에 알맞은 단어를 찾아 쓰시오.

> environmental problems   private vehicles   eco-friendly   substitute   tackle

① I partly agree that governments can _____ more effectively global environmental damages.
나는 정부가 세계환경문제를 더 효과적으로 다룰 수 있다고 부분적으로 동의한다.

② The use of _____ can cause serious air pollution.
자가용의 사용이 심각한 대기 오염을 초래했다.

③ Individuals should use _____ to reduce waste.
쓰레기를 줄이기 위해선 개인들이 친환경 제품을 사용해야 한다.

Error Correction
다음 문장에서 문법적으로 어색한 부분을 찾아 고치고 어법에 맞게 다시 작성해 보시오.

① Governments have to play great effort to solve global warming.
정부는 지구 온난화를 해결하기 위한 엄청난 노력을 해야 한다.

② Governments could make a heavier tax on the use of private cars.
정부는 자가용의 사용에 대한 더 많은 세금 부과가 할 필요가 있다.

③ The quality of public transport service needs to improve.
대중교통 서비스의 질적인 개선이 필요하다.

SELF-CHECK
본인의 답변을 Good Example과 비교해서 영역별로 자신의 점수를 체크해 보자.

과제 수행	문법	어휘	일관성
• 주어진 과제에 대한 답을 했는가? • 주어진 시간안에 작성했는가? • 정해진 단어수에 맞게 작성했는가? • 주제를 벗어나지 않은 문장만을 작성했는가?	• 주어 동사를 포함한 완전한 문장을 작성했는가? • 접속사, 관계대명사 등 다양한 문장을 작성했는가? • 올바른 시제/수일치를 사용했는가? • 알맞은 문장부호를 사용했는가?	• 한 단어를 반복 사용하지 않고 동의어를 사용했는가? • 다양한 어휘를 사용했는가? • 주제에 어울리는 정확한 어휘를 사용했는가? • PARAPHRASING한 문장을 사용했는가?	• 다양한 연결어를 사용하여 자연스럽게 작성했는가? • 글의 구조가 명확히 드러나도록 작성했는가? • 각 단락의 첫 문장에 핵심문장을 적었는가? • 본론의 내용이 서론과 긴밀하게 연결되는가?
1 2 3 4 5	1 2 3 4 5	1 2 3 4 5	1 2 3 4 5
1~5	6~10	11~15	16~20	OVERALL GRADE
LIMITED	MODEST	COMPETENT	GOOD	

ed:m 유학스토리

전 세계 ed:m 통신원들을 통해 유학생활 미리 보기

박물관은 정말 살아있을까?
미국 자연사박물관

안녕하세요, 미국 ed:m 통신원 휘인입니다. 오늘은 여러분 모두 한 번쯤은 들어보셨을 영화, '박물관이 살아있다'의 배경이 된 장소, 미국 자연사 박물관(American Museum of Natural History)에 다녀온 이야기를 들려 드릴게요. 박물관은 센트럴 파크 중반쯤 되는 곳의 바깥쪽에 자리하고 있습니다. 뉴알못(?)이던 제게 Sunday Activity에서 만났던 이탈리안 친구는 좋은 제안들을 해주곤 했는데요. 이 날은 그 친구가 꼭 가보고 싶었다고 제안을 했어요!

미국 자연사 박물관은 정말 거대합니다. 그리고 사람도 엄청 많아요. 박물관을 설립한 루즈벨트 대통령이 맞이해 주는 입구, 그리고 수많은 스쿨버스… 그래도 줄서는 동안 입구에서 우리를 맞이해 주는 트레이드마크 실물크기 공룡 뼈 모형을 만날 수 있습니다. 너무 커서 셀카봉을 써도 한 화면에 안 들어와요. 뉴욕의 대부분의 박물관은 학생할인이 적용됩니다. 이 사실을 모르는 친구들이 꽤 많더라구요! 저는 호스트분이 학원 선생님이셔서 꿀팁, 바로 전수받았답니다.

저희는 학생증(EC school)을 보여 주고 할인된 금액으로 입장할 수 있었어요. 지하 1층부터 4층까지, 아주 넓고 큰 박물관. 평면도도 여러 나라 언어로 골라서 챙길 수 있습니다. 이탈리안 친구와 프랜치 친구도 각자 자기 언어로 된 평면도를 집어들었고, 저는 영어로 된 것도 하나 챙겨왔어요!

관람을 하다 보면 단체 여행객에게 설명을 해주는 가이드도 볼 수 있습니다. 도청해 보려 했으나 영어로 설명을 하셔서(당연) 100% 이해는 불가(^^;;) 각 지역의 동물들의 모습이 전시된 구역에선 정교한 모형이 참 인상깊었습니다. 각 대륙, 지역별 동물들의 특징들도 어렴풋이 느낄 수 있었고 당장이라도 움직일 듯한, 정말 밤이 되면 박물관을 뛰어다닐 것만 같은 생동감이 느껴졌어요. 이래서 '박물관이 살아있다'가 나올 수 있었구나 싶더라구요. 다들 '살아'있는 듯 했습니다.

배경 조성도 너무나 잘 되어 있었고, 특히나 정말 환상적이었던 곳은 Ocean Life Zone. 이렇게나 수많은 종을 이렇게나 아름답게 전시하다니요. AMAZING!! 그 자체였습니다. 1층을 돌아보는 데만 한 시간 반 가까이 걸렸답니다. 그리고 2층으로 넘어가면 또 동물들 zone이 있기도 하지만 조금 더 인류에 대한 전시가 많아집니다. 2층까지 돌아보니 거의 세 시간이 지나 있었어요.

결국 3층은 포기하기로 하고 바로 4층으로 넘어가 공룡들을 만나보기로 합니다. 실물크기의 커다란 공룡의 얼굴이 입구 밖까지 나와 반겨줍니다. (응, 안녕) 그리고 내부로 들어가면 정말 다양한 고대 생물들의 뼈 모형들을 만날 수 있습니다. 엄청 거대한 것들부터 시작해서 아주 조그마한 크기라 돋보기로 봐야 하는 것들까지! 4층 관람을 마치고 배도 고프고 너무 많이 걸어서 녹초가 된 저희는 출구를 찾는 탐험까지 해야 했습니다. 저희를 순수히 보내주지 않을 것 같던 나선형 길을 막 따라 걷기 시작한 찰나, 그 끝이 출구가 아님을 깨닫고 다시 돌아와 출구를 찾아 나올 수 있었습니다. 오늘 둘러보지 못한 3층 전시관에 대해 다음을 기약하며… 다음에는 체력을 재충전해서 지쳐서 제대로 둘러보지 못했던 곳들까지 구석구석 살펴볼 거예요!!! 점심도 꼭 먹고 올테야!!! 그럼 오늘은 여기까지! 통신원 휘인이었습니다. BYE!

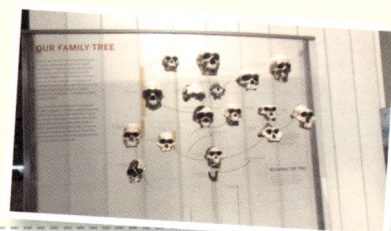

CHAPTER 3

TASK 2

DISCUSSION

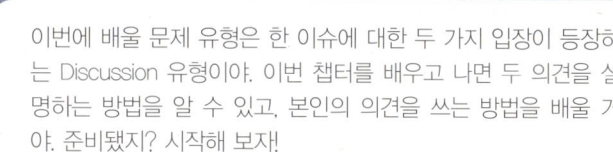

이번에 배울 문제 유형은 한 이슈에 대한 두 가지 입장이 등장하는 Discussion 유형이야. 이번 챕터를 배우고 나면 두 의견을 설명하는 방법을 알 수 있고, 본인의 의견을 쓰는 방법을 배울 거야. 준비됐지? 시작해 보자!

03 DISCUSSION

PREVIEW

Discussion유형은 앞에서 배운 Agree/Disagree 유형과 비슷해 보이지만 다른 유형이야. Discussion(토론)이라는 이름처럼 **서로 상반된 두 주장**을 설명하고 **이에 대한 자신의 입장을 서술해야 하는 유형**이지. 이 유형이 나오면 먼저 두 가지 입장을 모두 설명하고 본인의 입장 하나를 택해 서술해야 해. 어느 의견을 고르든 그에 따른 이유나 설명 또는 예시문을 설득력 있게 구성하는 것이 중요하지. 먼저 아래의 예시 문제를 보자.

WRITING TASK 2

You should spend about 40 minutes on this task. Write about the following topic:
해당 과제를 약 40분에 걸쳐 완성하시오.

> *In recent years, farming practice has changed to include methods such as factory farming and the use of technology to improve crops. Some people believe these developments are necessary, while others regard them as dangerous and advocate a return to more traditional farming methods. <u>Discuss both points of view and give your own opinion.</u>*
> 최근 몇 년 간, 농사기법은 공장식 농사와 농작물을 늘리기 위한 기술의 사용과 같은 방법을 포함한 방식으로 변화해 왔다. 몇몇 사람들은 이러한 발전이 필요하다고 주장하는 반면, 다른 이들은 이러한 변화를 위험하다고 여겨 전통적인 농사기법으로 돌아가야 한다는 주장을 한다. <u>두 입장을 논하면서 본인의 입장을 밝히시오.</u>

Give reasons for your answer and include any relevant examples from your own knowledge or experience.
본인의 지식과 경험으로부터 나온 적절한 예시들과 함께 당신의 의견에 대한 이유를 제시하시오.

Write at least 250 words.
최소 250자 내로 답하세요.

Discussion 유형

Discussion 유형의 에세이는 제시한 의견에 대해 반론하는 능력과 본인의 의견을 제시하는 능력을 모두 평가하는 유형이야. Agree/Disagree 유형과 다르게 Discussion 유형의 질문지에는 주제에 관한 두 개의 다른 의견을 서술해 주고 있어. 그래서 에세이에 이 두 관점을 모두를 논하고 자신의 생각을 제시하는 에세이를 쓰면 고득점을 받을 수 있어.

PREWRITING

매력적인 답변을 작성하려면 브레인스토밍(Brainstorming)*을 통해 쓸 내용에 대해 구상하고, Outline을 먼저 작성해 보는 게 좋아.

* 브레인스토밍(Brain+storming) : 머릿속에서 폭풍이 치듯 자유롭게 아이디어를 내는 Prewriting 방법

 브레인스토밍 – 챠팅(Charting)

챠팅(Charting)은 하나의 주제를 두고 두 가지 다른 의견을 내서 분류해 보는 브레인스토밍 방법이야. 이 방법은 두 개의 다른 의견을 비교/분석해 결론으로 도달하는 방법으로 토론 주제에 대한 아이디어 구상에 적합한 방법이야. 주어진 주제에 대해 자유롭게 생각해 보고 서로 반대되는 의견을 한번 정리해 봐.

동의	주제 (Topic)	반대

챠팅(Charting) 예시

In recent years, farming practice has changed to include methods such as factory farming and the use of technology to improve crops. Some people believe these developments are necessary, while others regard them as dangerous and advocate a return to more traditional farming methods. <u>*Discuss both points of view and give your own opinion.*</u>

최근 몇 년 간, 농사기법은 공장식 농사와 농작물을 늘리기 위한 기술의 사용과 같은 방법을 포함한 방식으로 변화해 왔다. 몇몇 사람들은 이러한 발전이 필요하다고 주장하는 반면, 다른 이들은 이러한 변화를 위험하다고 여겨 전통적인 농사기법으로 돌아가야 한다는 주장을 한다. <u>두 입장을 논하면서 본인의 입장을 밝히시오.</u>

동의 (Necessary)	주제 (Topic)	반대 (Dangerous)
전 세계 인구에 충분한 식량 제공 (sufficient food)	Modern Farming Methods	유기농기법이 건강에 더 유익 (organic farming/healthier)
농부들 삶의 질 향상/수입 증대 (quality life/more profit)		유전자변형 작물은 생태계 파괴 (GM crops/ecosystem)

2 아웃라인 만들기

자, Step 1에서 아이디어를 다 모았으면 이제 아웃라인(Outline) 작성으로 넘어가 보자! Outline은 앞에서 모은 아이디어를 바탕으로 주장에 대한 동의 또는 동의하지 않음을 결정하고, 그 입장에 대한 이유와 설명 또는 예시를 제시할 수 있도록 구조를 짜 보는 거야.

> *In recent years, farming practice has changed to include methods such as factory farming and the use of technology to improve crops. Some people believe these developments are necessary, while others regard them as dangerous and advocate a return to more traditional farming methods. <u>Discuss both points of view and give your own opinion.</u>*
>
> 최근 몇 년 간, 농사기법은 공장식 농사와 농작물을 늘리기 위한 기술의 사용과 같은 방법을 포함한 방식으로 변화해 왔다. 몇몇 사람들은 이러한 발전이 필요하다고 주장하는 반면, 다른 이들은 이러한 변화를 위험하다고 여겨 전통적인 농사기법으로 돌아가야 한다는 주장을 한다. <u>두 입장을 논하면서 본인의 입장을 밝히시오.</u>

아웃라인 작성 팁

답변을 매력적이게 만들려면 나의 주장을 반론보다 우세하게 구성하는 게 좋아:

1. 지시문을 3–4분 동안 잘 읽고 두 개의 의견과 질문을 명확히 파악한 후 중요한 단어에 밑줄 긋기
2. 두 개의 칸을 만들어서 각 칸에 왜 자신이 각 의견에 동의/반대하는지에 대한 근거들을 정리해 보기
3. 시간 단축을 위해 첫 번째 혹은 두 번째 의견 중 찬성 또는 반대하는데 있어서 근거를 찾을 때 더 편리한 의견을 선택해서 자신의 입장으로 정하기

아웃라인 예시

Introduction
몇몇 사람들은 현대적인 농사 기법이 필요하다 / 나는 그것이 위험 할 수 있다고 생각한다

Body 1(찬성): 현대적 농사 기법이 필요하다
- 이유 1: 증가하는 세계인구에 충분한 식량을 제공할 수 없다 – 기근과 가뭄이 흔하다
- 이유 2: 농부의 삶의 질의 향상 / 더 많은 이익과 적은 노동력

Body 2(반대): 현대적인 농사 기법이 위험 할 수 있다
- 이유 1: 유기농 기법이 훨씬 건강에 이롭다
- 이유 2: 유전자 변형 작물은 생태계를 파괴할 수 있다

Conclusion
- My Opinion: 현대식 농사기법의 위험성을 인식 / 더 많은 투자가 유기농 기법에 필요

Vocabulary

현대적 농사 modern farming   방법, 기법 method   필요한 necessary   위험한 dangerous   이익 profit
충분한 sufficient   세계 인구 world population   빈곤 famine   가뭄 drought   삶의 질 the quality of life
노동력 labour   유기농 organic farming   유전자 변형 genetically modified   생태계 ecosystem

3 표현 정리하기

1. **There are a number of arguments to support the idea that~** :
   that~ 의 주장을 지지하는 여러 가지 의견이 있다.

   > **예문** **There are a number of arguments to support the idea that** many disruptive students come from an unstable family background.
   >
   > **해석** 불안한 가정 환경으로부터 많은 불량 청소년들이 생겨난**다는 주장을 지지하는 여러 가지 의견들이 있다.**

2. **While there are reasons to support the idea that ~A, I still believe that ~B** :

   A라는 주장을 지지하는 이유들이 있지만, 나는 여전히 B를 믿는다.

   > **예문** **While there are reasons to support the idea that** the use of GM crops should be encouraged, I still believe that it can damage the ecosystem.
   >
   > **해석** 유전자 변형 작물의 사용을 추진해야 한**다는 주장을 지지하는 이유들이 있지만, 나는 여전히** 그것이 생태계를 파괴할 수 있**다고 믿는다.**

3. **It may be true that~A. However, I think that~B** : A가 사실일지도 모르지만, 나는 B라고 생각한다.

   > **예문** **It may be true that** poverty can never be completely eradicated. **However, I think that** governments should work harder to reduce the amount of poverty.
   >
   > **해석** 빈곤이 결코 완전히 사라질수 없다는 **것은 사실일 수도 있다. 하지만, 나는** 정부가 빈곤율을 줄이기 위해 더 많은 노력을 해야 **한다고 생각한다.**

WRITING

대부분의 에세이는 서론, 본론, 결론으로 구성되지. 서론에서 본인의 입장을 분명하게 밝히고, 본론에서는 본인의 입장을 뒷받침하는 의견과 예를 들어 주어 구성을 탄탄하게 하지. 그리고 마지막으로 본인의 입장이 일관될 수 있도록 결론에서는 본인의 의견을 다시 한번 언급해 주면 일관성 있는 탄탄한 에세이를 완성할 수 있어.

In recent years, farming practice has changed to include methods such as factory farming and the use of technology to improve crops. Some people believe these developments are necessary, while others regard them as dangerous and advocate a return to more traditional farming methods. <u>Discuss both points of view and give your own opinion.</u>

최근 몇 년 간, 농사기법은 공장식 농사와 농작물을 늘리기 위한 기술의 사용과 같은 방법을 포함한 방식으로 변화해 왔다. 몇몇 사람들은 이러한 발전이 필요하다고 주장하는 반면, 다른 이들은 이러한 변화를 위험하다고 여겨 전통적인 농사기법으로 돌아가야 한다는 주장을 한다. <u>두 입장을 논하면서 본인의 입장을 밝히시오.</u>

STEP 1 Introduction

서론(Introduction):

도입문 + 대주제문

GENERAL STATEMENT (GS) + THESIS STATEMENT (TSS)

Discussion 유형의 서론에서는 문제에서 언급된 의견에 대한 상반된 두 가지 주장에 대해 소개를 하면서 본인의 입장을 이야기하는 것이 중요해. 제시된 문제를 전반적으로 Paraphrasing 하면서 서론을 구성하면 시간을 조금 더 절약할 수 있겠지. 서론은 크게 도입문(General Statement(GS))과 대주제문(Thesis Statement(TSS))으로 구성되고, 필요하다면 부가문(Additional Statement (AS))을 추가하면 돼. 도입문에서는 문제에서 언급된 주제의 일반적인 내용을 적어주면 되고, 대주제문에서는 그 주제에 대한 자신의 입장을 적어주면 돼.

(1) 아웃라인

> 몇몇 사람들은 현대적인 농사 기법이 필요하다 〉〉 그것이 위험할 수 있다.
> some people – modern farming methods 〉〉 it can be dangerous

(2) Your Writing

(3) Sample Writing

There is some controversy about how farming has been revolutionised in the past decades. — 도입문 (GS)
While it is possible to claim that the effect of these changes has been for the benefit of mankind, my view is that the disadvantages outweigh the advantages. — 대주제문 (TSS)

지난 수십 년 동안 농업이 어떻게 혁신되어 왔는지에 대한 논란이 있다. 이러한 변화들로 인한 효과가 인류의 이익을 위한 것이라고 주장할 수 있지만, 나는 장점보다는 단점이 많다고 생각한다.

STEP 2 Body

본론 (Body):

Body 1:

소주제문 1 + 뒷받침 의견 (설명과 예시)
Topic Sentence (TPS) 1 + Supporting Ideas (SI)

Body 2:

소주제문 2 + 뒷받침 의견 (설명과 예시)
Topic Sentence (TPS) 2 + Supporting Ideas (SI)

에세이에서 Body(본론) 파트는 각 단락별로 주제문(Topic Sentence(TPS))과 뒷받침 의견(Supporting Ideas (SI))으로 구성할 수 있어. 주제문은 해당 단락의 제목에 해당하는 주장 또는 내용이 되어야 하고, 그 주제문을 구체화하기 위해서 뒷받침할 수 있는 이유와 설명들로 그 단락의 나머지를 구성해야 해. 즉, 본론은 주제문과 함께 부연설명 또는 예시문으로 구성하면 돼.

(1) 아웃라인

BODY 1(찬성): 현대적 농사 기법이 필요하다

modern farming method is necessary (some people)
- 이유 1 : 증가하는 세계인구에 충분한 식량을 제공 할 수 없다 – 기근과 가뭄이 흔하다
    not sufficient food for world population – famine and droughts
- 이유 2 : 농부의 삶의 질의 향상 / 더 많은 이익과 적은 노동력
    improving the quality of farmers' lives / more profits & less labour

BODY 2(반대) : 현대적인 농사 기법이 위험할 수 있다

it can be dangerous (my opinion)
- 이유 1 : 유기농 기법이 훨씬 건강에 이롭다
    organic food is much healthier
- 이유 2 : 유전자 변형 작물은 생태계를 파괴 할 수 있다
    genetically modified crops might affect the ecosystem

(2) Your Writing

BODY 1

◆ _____

_____

_____

_____

_____

_____

BODY 2

◆ _____

_____

_____

_____

_____

_____

(3) Sample Writing

BODY 1

There are several reasons why some people insist that these innovations in agriculture can be said to be positive. ― 소주제문 (TPS) 1

One reason is that as the world's population has exploded within the past century, traditional methods of agriculture can not provide sufficient food for everyone. This means that we need more efficient methods of farming because many countries in Asia and Africa suffer from regular famines and droughts and, thus, the people would starve without genetically modified crops that are drought resistant. ― 뒷받침 의견 (SI) 1

Another reason is that these agricultural developments have a positive impact on farmers. For instance, the quality of life of farmers has been improved by using machines such as tractors which save their labour and they can make more profits due to the mass production as well. ― 뒷받침 의견 (SI) 2

몇몇 사람들이 이러한 농업 혁신이 긍정적이라고 말할 수 있는 데에는 몇 가지 이유가 있다. 한 가지 이유는 지난 세기에 세계 인구가 폭발적으로 증가함에 따라 전통적인 농업 방식으로는 모든 사람에게 충분한 식량을 제공하지 못했다는 것이다. 이것은 아시아와 아프리카의 많은 나라들이 기근과 가뭄에 시달리게 되어 가뭄에 강하게 유전자 조작된 작물을 먹지 않고는 사람들이 굶어 죽을 것이므로 우리에게 더 효율적인 농사법이 필요하다는 것을 의미한다. 또 다른 이유는 이러한 농업 개발이 농부들에게 긍정적인 영향을 미친다는 것이다. 예를 들어, 농부들의 삶의 질은 노동력을 절약할 수 있는 트랙터와 같은 기계를 사용함으로써 향상되었으며 대량 생산으로부터 더 많은 이익을 얻을 수도 있었다.

BODY 2

On the other hand, it is my belief that traditional farming methods such as smaller scale and more organic farming can have a positive impact on health and the environment. — 소주제문 (TPS) 2

Firstly, research has shown that a variety of diseases stem from conditions in factory farms. For example, bird flu caused by factory farming accours almost every year which can pose a threat to people in the local vicinity. — 뒷받침 의견 (SI) 1

Secondly, there are concerns about the lack of research into how genetically modified crops might affect the ecosystem for the worse. For instance, GM crops have broken food chains around farm lands. Therefore, organic food is much healthier for humans and the environment. — 뒷받침 의견 (SI) 2

하지만 다른 한편으로, 나는 소규모 농업 및 유기농법과 같은 전통적인 농업 방식이 건강과 환경에 긍정적인 영향을 미칠 수 있다고 믿는다. 첫째, 연구 결과에 의하면 다양한 질병이 공장식 농장 환경에 의해 발병되었다. 예를 들어, 매년 공장식 경작으로 인해 현지 인근 사람들에게 위협이 될 수 있는 조류 독감이 발생했다. 둘째, 유전자 조작된 작물이 생태계에 악영향을 미칠 수 있는지에 대한 연구가 부족하다는 우려가 있다. 예를 들면, GM 작물은 농장 주변의 먹이 사슬을 파괴하고 있다. 따라서, 유기농 식품이 사람과 환경에 훨씬 더 건강하다.

STEP 3 Conclusion

결론 (Conclusion):
종결문 + 요약문
Concluding Sentence (CS) + Summing-up Sentence (SS)

 결론에서는 서론과 본론에서 밝힌 본인 입장을 정리하면서 에세이 전체를 마무리하면 돼. 즉, 결론은 **서론에서 나온 대주제문을 paraphrasing 해주는 종결문(Concluding Sentence (CS))과 전체적인 내용을 summarizing 해주는 요약문 Summing-up Sentence (SS)을 붙여 구성할 수 있어.** 최대한 간단, 명료하게 쓰되, 20자 안팎으로 구성하면 적당해. 같이 한번 살펴볼까?

내 의견 – 현대식 농사기법의 위험성을 인식 / 더 많은 투자가 유기농 기법에 필요
cautious about the dangers of modern farming methods /
more investment in traditional farming methods

(2) Your Writing

○ _____

_____

_____

(3) Sample Writing

> To sum up, it seems to me that we should be extremely cautious about the long-term dangers of these developments. — 종결문 (CS)
> I suggest that there should be more investment in traditional farming methods to make them more efficient and that there should be stronger legislation to ensure that both factory farms and GM crops are safe. — 요약문 (SS)

[해석]
요약하자면, 나는 우리가 이런 발전으로 인한 장기적인 위험에 대해 매우 신중해져야 한다고 생각한다. 나는 전통적인 농법을 보다 효율적으로 만들기 위해 그것에 대한 투자가 확대되어야 하고, 공장식 농장과 GM 작물 모두가 안전하다는 것을 확실히 하기 위해 더 강력한 법률이 있어야 한다고 제안하는 바이다.

완성된 모델 에세이 확인은 p.319

POST-WRITING

지금까지 배운 Discussion 유형의 에세이를 직접 써 보자. 문제에서 말하는 주장과 두 의견이 무엇인지 먼저 파악하고 자신의 의견을 덧붙이는 구조를 생각하면서 연습해 보자.

WRITING TASK 2
You should spend about 40 minutes on this task.
Write about the following topic:

> Some people say that the only reason for learning a foreign language is in order to travel to or work in a foreign country. Others say that these are not the only reasons why someone should learn a foreign language. Discuss both views and give your own opinion.

Give reasons for your answer and include any relevant examples from your own knowledge or experience.

Write at least 250 words.

Brainstorming

Outline

Your Writing

REVIEW

오늘 공부 어땠어? 오늘 배운 내용을 복습하는 의미에서 간단한 퀴즈를 풀어보자!

Vocabulary
다음 빈칸에 들어가기에 알맞은 단어를 찾아 쓰시오.

> GM crops   sufficient food   famine   agricultural developments

❶ Many developing countries in Africa suffer from _____.
아프리카의 많은 개발도상국들은 기근을 겪고 있다.

❷ _____ have a positive impact on farmers' lives.
농업 기술이 발전이 농부의 삶에 긍정적인 영향을 미쳤다.

❸ _____ have broken food chains around farm lands.
유전자 변형 작물은 농장 주변의 먹이사슬을 파괴했다.

Error Correction
다음 문장에서 문법적으로 어색한 부분을 찾아 고치고 어법에 맞게 다시 작성해 보시오.

❶ There are several reasons that some people insist that these innovations in agriculture can be said to be positive.
몇몇 사람들이 농업의 이러한 발전들이 긍정적이라고 주장하는 여러 가지 이유가 있다.

❷ We need more efficient methods of farming because of many countries in Asia and Africa suffer regular famine and droughts.
아시아와 아프리카의 많은 국가들이 기근과 가뭄을 겪고 있기 때문에 우리는 더 효율적인 농사 기법이 필요하다.

❸ For instance, the quality of life of farmers has been improved by using machines for example tractors.
예를 들면, 트랙터와 같은 기계들을 사용하면서 농부들의 삶의 질이 향상되어 왔다.

SELF-CHECK
본인의 답변을 Good Example과 비교해서 영역별로 자신의 점수를 체크해 보자.

과제 수행	문법	어휘	일관성
• 주어진 과제에 대한 답을 했는가? • 주어진 시간안에 작성했는가? • 정해진 단어수에 맞게 작성했는가? • 주제를 벗어나지 않은 문장만을 작성했는가?	• 주어 동사를 포함한 완전한 문장을 작성했는가? • 접속사, 관계대명사 등 다양한 문장을 작성했는가? • 올바른 시제/수일치를 사용했는가? • 알맞은 문장부호를 사용했는가?	• 한 단어를 반복 사용하지 않고 동의어를 사용했는가? • 다양한 어휘를 사용했는가? • 주제에 어울리는 정확한 어휘를 사용했는가? • PARAPHRASING한 문장을 사용했는가?	• 다양한 연결어를 사용하여 자연스럽게 작성했는가? • 글의 구조가 명확히 드러나도록 작성했는가? • 각 단락의 첫 문장에 핵심문장을 적었는가? • 본론의 내용이 서론과 긴밀하게 연결되는가?
1 2 3 4 5	1 2 3 4 5	1 2 3 4 5	1 2 3 4 5

1~5	6~10	11~15	16~20	OVERALL GRADE
LIMITED	MODEST	COMPETENT	GOOD	

ed:m 유학스토리
전 세계 ed:m 통신원들을 통해 유학생활 미리 보기

내려다 볼 수 있는 벤쿠버의 매력!
HARBOUR CENTRE TOWER!

안녕하세요? 캐나다 벤쿠버에서 유학중이며 ed:m 통신원으로 활동중인 강호영이라고 합니다. 오늘 제가 소개해드릴 장소는 바로 Harbour Centre Tower입니다. 벤쿠버에서 유명한 하버타워를 유학 중에 한 번은 올라가 보자라는 마음으로 찾아가게 되었습니다. 이곳에 대해서 설명해 드리자면 벤쿠버의 다운타운 시내와 바다를 한눈에 다 볼 수 있는 곳입니다. 올라가서 보시면 웬만한 밴쿠버의 유명한 곳들은 다 보실 수 있습니다. 예를 들면 캐나다 플레이스, 축구경기장, 하키 경기장과 같은 유명한 곳들은 한눈에 들어올 정도로 높게 위치해 있습니다. 서울로 따지면 남산타워 같은 장소라고 말씀드릴 수 있겠네요!

하버 타워의 높이는 대략 216M 정도 된다고 합니다. 건물의 모양은 외계인의 UFO처럼 생겼습니다. 그리고 하버 타워는 워터프론트 역에서 5분만 걸어가시면, 건물이 워낙 높기도 하고 눈에 쉽게 띄기 때문에 어렵지 않게 찾아가실 수 있습니다. 벤쿠버의 경치를 한눈에 볼 수 있는 전망대 이외에도 다양한 것들이 있습니다. 또한 전망대만 휑하니 있는 것이 아니고 중간중간에 기념품샵이 구비되어 있으니 괜찮은 물건이 있다면 사보시는 것도 좋을 것 같네요. 그리고 벤쿠버의 경치를 즐기며 밥을 먹을 수 있는 회전식 레스토랑과(특별한 사람과 한번 가 보면 정말 좋겠죠!) 벤쿠버를 홍보하는 극장이 있습니다.

운영시간은 아침 아홉 시부터 저녁 아홉 시까지이며 가격대는 17.5 캐나다 달러 정도 합니다. 하지만 학생분들은 학원에서 학생증을 발급해 달라고 하신 후에 가게 되면 조금 더 저렴해지기 때문에 꼭 지참하고 가시길 바랍니다. 저는 한 번 나가면 못들어 가는 줄 알고 낮 시간의 경치와 야경을 다볼수 있는 시간 때에 갔었는데 나중에 알고 보니 구입한 티켓이 나가면 끝이 아니라 하루 동안 유효하다고 하니 낮에 잠시 들려서 보고 나갔다가 밤에 다시 와서 야경 보는 것을 추천드립니다! 그냥 길을 지나가면서 볼 수 있던 벤쿠버의 야경과는 다른, 또 다른 밴쿠버의 매력을 느낄수 있었습니다. 정말 야경이 너무 예뻐서 아무말도 못했어요. 개인적으로는 벤쿠버에서 생활하면서 한 번쯤 가볼 만한 곳이라고 생각합니다. 이상으로 하버타워 소개를 마치도록 하겠습니다. 지금까지 ed:m 통신원 강호영이었습니다. 감사합니다!

CHAPTER 4
ADVANTAGE/DISADVANTAGE

TASK 2

일상생활에서 어떤 물건을 구입하려고 할 때, 그 물건의 장단점을 꼼꼼히 따져 보지? 이렇게 어떤 주제에 대해서 장점과 단점에 대해서 다루는 유형을 이번 Chapter에서 배워 볼 거야. 장단점을 나타내는 표현을 익히고, 장단점에 대해 논리적으로 글을 전개해 가는 방법을 배워 보자.

04 ADVANTAGE/DISADVANTAGE

PREVIEW

Advantage/Disadvantage 유형의 에세이는 어떤 현상이나 주제에 대한 긍정적 측면과 부정적 측면을 고려해서 자신의 입장에 전개하는 유형이야. 장점과 단점 중에 어느 쪽이 더 우세한지를 본인의 입장을 밝혀 주는 게 일반적이지.

WRITING TASK 2

You should spend about 40 minutes on this task. Write about the following topic:
해당 과제를 약 40분에 걸쳐 완성하시오.

> *In recent years, many small local shops have closed because customers have to travel to large shopping centres or malls to do their shopping.* **Do the benefits of this outweigh the drawbacks?**
> 최근 몇 년 간, 많은 작은 지방 점포들은 소비자들이 대형 쇼핑센터나 쇼핑몰에 가서 쇼핑을 해야 하기 때문에 문을 닫았다. <u>이 장점이 단점보다 중요합니까?</u>

Give reasons for your answer and include any relevant examples from your own knowledge or experience.
본인의 지식과 경험으로부터 나온 적절한 예시들과 함께 당신의 의견에 대한 이유를 제시하시오.

Write at least 250 words.
최소 250자 내로 답하세요.

Advantage/Disadvantage 유형(Benefits/Drawbacks 유형)

Advantage/Disadvantage 또는 Benefits/Drawbacks 유형은 장점과 단점 모두를 언급해야 하고, 그중에 어느 쪽에 더 무게가 가는지를 자신의 입장에서 전개하는 것이 좋아. 그러기 위해서는 다양한 장점과 단점을 나타내는 표현들을 사용하는 것이 필수적이고, 분명하고 명료한 장/단점들을 포함시켜 주어야 훨씬 논리적인 에세이를 만들어 줄 수 있어.

POST-WRITING

지금까지 배운 Discussion 유형의 에세이를 직접 써 보자. 문제에서 말하는 주장과 두 의견이 무엇인지 먼저 파악하고 자신의 의견을 덧붙이는 구조를 생각하면서 연습해 보자.

WRITING TASK 2
You should spend about 40 minutes on this task.
Write about the following topic:

> E-mail has had a huge impact on professional and social communication, but this impact has been negative as well as positive. Do the disadvantages of e-mail outweigh the advantages?

Give reasons for your answer and include any relevant examples from your own knowledge or experience.

Write at least 250 words.

Brainstorming

Outline

Your Writing

REVIEW

오늘 공부 어땠어? 오늘 배운 내용을 복습하는 의미에서 간단한 퀴즈를 풀어보자!

Vocabulary
다음 빈칸에 들어가기에 알맞은 단어를 찾아 쓰시오.

> for instance   therefore   advantage   famine   pastime

❶ Nowadays, shopping is a popular _____ as everyone wants to have the most up-to-date products.
요즘엔, 모든 사람이 최신 제품을 원하기 때문에 쇼핑이 인기 있는 여가활동이다.

❷ One obvious _____ of shopping centers is that people who go there are guaranteed to find the items they are after.
쇼핑몰의 한 가지 장점은 고객들이 찾고 있는 거의 모든 제품을 구매할 수 있다는 것이다.

❸ _____, let's suppose someone wants to buy a pair of sneakers.
예를 들어 한 켤레의 운동화를 찾고 있는 구매자를 생각해 보자.

Error Correction
다음 문장에서 문법적으로 어색한 부분을 찾아 고치고 어법에 맞게 다시 작성해 보시오.

❶ There is several drawbacks of the emergence of shopping malls.
쇼핑몰의 등장은 여러 가지 단점을 가져왔다.

❷ One of the disadvantages are that a lot of local shops are closing.
단점 중에 한 가지는 많은 지역 상점들이 폐점한다는 것이다.

❸ Another positive effect is that people can enjoy a variety of activity at malls.
또 다른 장점은 사람들이 쇼핑몰에서 다양한 활동을 즐길 수 있다는 것이다.

SELF-CHECK
본인의 답변을 Good Example과 비교해서 영역별로 자신의 점수를 체크해 보자.

과제 수행	문법	어휘	일관성
• 주어진 과제에 대한 답을 했는가? • 주어진 시간안에 작성했는가? • 정해진 단어수에 맞게 작성했는가? • 주제를 벗어나지 않은 문장만을 작성했는가?	• 주어 동사를 포함한 완전한 문장을 작성했는가? • 접속사, 관계대명사 등 다양한 문장을 작성했는가? • 올바른 시제/수일치를 사용했는가? • 알맞은 문장부호를 사용했는가?	• 한 단어를 반복 사용하지 않고 동의어를 사용했는가? • 다양한 어휘를 사용했는가? • 주제에 어울리는 정확한 어휘를 사용했는가? • PARAPHRASING한 문장을 사용했는가?	• 다양한 연결어를 사용하여 자연스럽게 작성했는가? • 글의 구조가 명확히 드러나도록 작성했는가? • 각 단락의 첫 문장에 핵심문장을 적었는가? • 본론의 내용이 서론과 긴밀하게 연결되는가?
1 2 3 4 5	1 2 3 4 5	1 2 3 4 5	1 2 3 4 5
1~5	6~10	11~15	16~20	OVERALL GRADE
LIMITED	MODEST	COMPETENT	GOOD	

눈은 즐겁게, 두손은 무겁게!
TRAFFORD CENTRE!

안녕하세요? BSC Manchester에서 어학연수를 하고 있는 ed:m 통신원 황세준입니다. 여러분은 쇼핑 좋아하시나요? 가끔은 아이쇼핑만으로도 기분 전환이 되고는 하죠. 맨체스터에서 제일 큰 복합 쇼핑몰은 맨체스터 외곽의 트래포드에 있는 '트래포드 센터'입니다. 트래포드 센터의 정확한 위치는 맨체스터가 아닌 그레이터 맨체스터 내의 트래포드시에 위치하기 때문에 버스를 이용해야 맨체스터에서 갈 수 있습니다. BSC 바로 앞에 있는 피카딜리 가든에서 250번 버스를 탑승하면 트래포드 센터로 갈 수 있습니다. 편도 3.5파운드라 왕복에는 7파운드가 들지만 24시간 계속해서 버스를 이용할 수 있는 1일 이용권이 4.8파운드이기 때문에 1일 이용권을 사는 것이 좋습니다. 맨체스터의 버스는 런던이나 우리나라의 버스와 다르게 현재 내가 어디에 있는지 방송으로 알려주지 않습니다. 따라서 구글지도를 계속 펼쳐 내가 어디에 있는지 확인을 하거나 버스 어플을 이용, 혹은 주위의 지형지물을 보고 파악을 해야 하는데 다행히 250번 버스의 종점이 트래포드 센터이기에 걱정하지 않으셔도 됩니다.

트래포드 센터는 내부에서 모든 것을 할 수 있는 복합쇼핑몰입니다. 따라서 각 브랜드의 매장뿐 아니라 백화점도 입점을 해있고 식당가나 영화관도 입점이 되어 있습니다. 특히 트래포드 센터의 식당가는 어마어마한 크기를 자랑합니다. 아시아 테마, 지중해 테마, 뉴올리언스 테마로 식당가가 나뉘어 있는데 정말 다양한 종류의 식당들이 예쁘게 꾸며진 건물에 들어와 있습니다. 런던에서는 보기 쉽지만 맨체스터에는 딱 하나뿐인 GBK 햄버거집도 바로 이 트래포드 센터에서만 맛볼 수 있습니다. (특히 어니언링을 추천합니다.) 화려하게 꾸며진 내부는 흡사 놀이공원을 연상시킵니다. 우리나라 잠실에 있는 놀이공원에 온 것 같이 곳곳이 아기자기하게 잘 꾸며져 있습니다. 그리고 맨체스터 시내에 있는 안데일에서 쇼핑을 하면서 가장 불만이었던 점이 바로 앉아서 쉴 수 있는 곳이 없다라는 것인데 그에 반해서 트래포드 센터는 규모가 훨씬 커서 그런지 곳곳에 벤치를 배치해 두었고 카페도 많이 들어와 있어 걷다가 지친 손님들에게 충분한 휴식처를 제공해 주고 있습니다. 바로 위에서 마치 놀이공원이 연상되는 내부라고 썼는데 사실 트래포드 센터에는 정말 놀이공원이 있습니다. 안데일에도 레고랜드가 입점이 되어 있지만 그저 레고만을 파는 곳이라면 트래포드 센터의 레고랜드는 입장권을 구매하여 들어가면 정말로 어트랙션을 즐길 수 있는 놀이공원입니다!(다만 이용객이 대부분 어린이…) 출구에는 모든 놀이공원이 그렇듯이 기념품을 팔고 있는데 귀여운 레고들이 많으니 구경을 하는 재미도 있습니다. 사실 트래포드 센터에 있는 매장들은 안데일과 크게 다르지 않습니다. 애플스토어, 자라, 레고랜드, 닥터 마틴 등등 모두 안데일에도 그대로 있는 매장들입니다. 그러나 안데일의 부실한 푸드코트와 달리 다양한 식당들이 있는 식당가와 그저 구경만으로도 눈길을 사로잡는 화려한 내부 디자인은 주말에 많은 사람들을 트래포드 센터로 불러들이고 있습니다. 하루쯤은 트래포드 센터와 같이 커다란 쇼핑몰에서 영화, 밥, 쇼핑까지 모두 해결하는 하루를 보내도 좋지 않을까요?

CHAPTER 5
PROBLEM/ CAUSE & SOLUTION

TASK 2

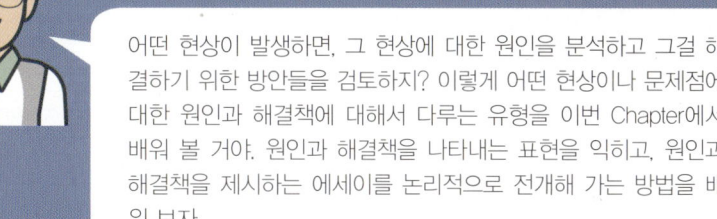

어떤 현상이 발생하면, 그 현상에 대한 원인을 분석하고 그걸 해결하기 위한 방안들을 검토하지? 이렇게 어떤 현상이나 문제점에 대한 원인과 해결책에 대해서 다루는 유형을 이번 Chapter에서 배워 볼 거야. 원인과 해결책을 나타내는 표현을 익히고, 원인과 해결책을 제시하는 에세이를 논리적으로 전개해 가는 방법을 배워 보자.

05 PROBLEM/CAUSE & SOLUTION

PREVIEW

Problem/Cause & Solution 유형의 에세이는 어떤 현상이나 문제에 대한 원인과 해결책을 고려해서 적절한 예시와 설명을 통해 논리적으로 전달해야 하는 유형이야. 객관적이고 보편적인 내용으로 에세이를 작성하기에 본인의 입장 제시는 필요 없어.

WRITING TASK 2

You should spend about 40 minutes on this task. Write about the following topic:
해당 과제를 약 40분에 걸쳐 완성하시오.

> **In cities and town all over the world the high volume of traffic is a problem. What are the causes of this and what actions can be taken to solve this problem?**
>
> Give reasons for your answer and include any relevant examples from your own knowledge or experience.
>
> 전 세계 많은 도시에서, 교통 체증이 문제이다. <u>그 원인은 무엇이며, 해결책은 무엇인가?</u>
> 본인의 지식과 경험으로부터 나온 적절한 예시들과 함께 당신의 의견에 대한 이유를 제시하시오.

Write at least 250 words.
최소 250자 내로 답하세요.

Problem/Cause & Solution 유형

문제/해결 과제는 어떤 문제에 대해 기술하고 이를 해결하는 방법을 제시하는 능력을 평가한다. 질문지에서 당신은 오늘날의 문제점에 관한 진술과 두 개의 질문을 접하게 된다. 한 가지 질문은 당신이 문제의 원인을 지목할 수 있는 여부를 그리고 다른 질문은 당신이 그 문제의 해결책을 제시할 수 있는지를 묻는다.

PREWRITING

매력적인 답변을 작성하려면 브레인스토밍(Brainstorming)*을 통해 쓸 내용에 대해 구상하고, Outline을 먼저 작성해 보는 게 좋아.
* 브레인스토밍(Brain+storming) : 머릿속에서 폭풍이 치듯 자유롭게 아이디어를 내는 Prewriting 방법

 브레인스토밍 – 매칭(Matching)

매칭(Matching)은 원인과 해결책을 생각해 내기에 적합한 브레인스토밍 방법이야. 먼저 주어진 현상이나 문제점에 대해 생각해 보고 원인 따로, 해결책 따로 각각 생각나는 대로 적어보자. 그 다음 원인과 적합한 해결책을 서로 매치시켜 보는 거야. 실제 시험에서는 짧은 시간안에 아이디어를 내야 하기 때문에 원인과 해결책을 맞춰서 동시에 생각하다 보면 어려움이 있을 수 있어. 그렇지만 이렇게 매칭(Matching) 브레인스토밍 방법을 사용하면 짧은 시간 안에 많은 아이디어를 생각해 낼 수 있음과 동시에 풍성한 내용 구성도 가능하지. 자, 한번 해볼까?

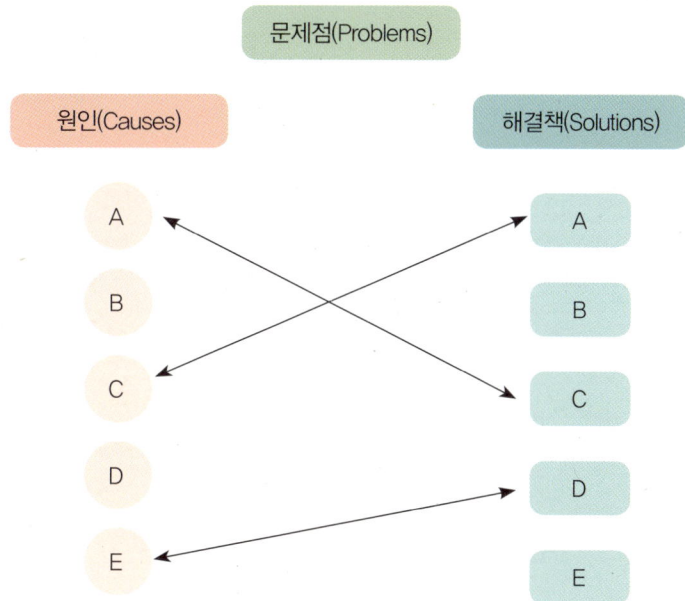

매칭(Matching) 예시

In cities and town all over the world the high volume of traffic is a problem. What are the causes of this and what actions can be taken to solve this problem?

세상 많은 도시에서, 교통 체증이 문제이다. 그 원인은 무엇이며, 해결책은 무엇인가?

문제점(Problems): 교통 체증

원인(Causes)
- 운전자 증가
- 사고 증가
- 도시 출근자 증가
- 자가용의 편의성
- 교통신호등 증가

해결책(Solutions)
- **대중교통 활성화**
  - 대중교통 시설 증축
  - 자전거도로/보행로 확충
  - 대중교통비 인하
- **도로 확충**
  - 도시계획 개편
  - 도로 재개발
- **자가용 사용 억제**
  - 도로요금소 추가 설치
  - 주차비/유류비 인상
- **출/퇴근시간대 다양화**
  - 자율출퇴근제 시행

2 아웃라인 만들기

자, Step 1에서 아이디어를 다 모았으면 이제 아웃라인(Outline) 작성으로 넘어가 보자! Outline은 앞에서 모은 아이디어를 바탕으로 주장에 대한 동의 또는 동의하지 않음을 결정하고, 그 입장에 대한 이유와 설명 또는 예시를 제시할 수 있도록 구조를 짜 보는 거야.

> **In cities and town all over the world the high volume of traffic is a problem. What are the causes of this and what actions can be taken to solve this problem?**
>
> 전 세계 많은 도시에서, 교통 체증이 문제이다. 그 원인은 무엇이며, 해결책은 무엇인가?

아웃라인 작성 예시

Introduction
교통 체증의 여러 원인과 해결책들이 있다.

Body 1(Causes)
- 운전자들이 늘어났다
- 자가용 이용이 더 편리하다
- 도시로 출퇴근하는 사람이 늘어났다

Body 2(Solutions)
- 도심에서 자가용 사용을 억제
  - 더 많은 도로 요금소를 설치

- 대중 교통 활성화
  - 자전거 도로와 보행로 확충
  - 대중 교통비 인하

Conclusion
몇 가지 방법을 통해 교통 체증 해소

Vocabulary

대중 교통 public transport   통근하는 사람들 commuters   막다, 억제하다 deter   요금소 toll-booth   기반시설 infrastructure   자전거 도로 cycle lanes   보행자로 pavement

3 표현 정리하기

1. **There can be various causes of ~ :** ~대한 여러 가지 원인이 있을 수 있다.
   - 예문 **There can be various causes of** food shortage in many parts of the world.
   - 해석 세계 많은 나라들의 식량부족에는 여러 가지 원인이 있다.

2. **One cause of ~ is~ :** ~의 한 가지 원인은 ~이다.
   - 예문 **One cause of** wildlife extinction **is** illegal hunting.
   - 해석 야생 동식물 멸종의 한 가지 원인은 불법 사냥이다.

3. **The prime / main cause of ~ is~ :** ~의 주된 원인은 ~이다.
   - 예문 **The main cause of** obesity **is** a lack of exercise.
   - 해석 비만의 **주된** 요인은 운동 부족이다.

4. **Perhaps the most important cause of ~ is ~ :** ~의 가장 중요한 원인은 ~이다.
   - 예문 **Perhaps the most important cause of** global warming **is** the burning of fossil fuels.
   - 해석 지구 온난화의 가장 중요한 원인은 화석 연료의 연소이다.

5. **A second cause of ~ is that~ :** ~의 두 번째 원인은 ~이다.
   - 예문 **A second cause of** re-offending **is that** they do not manage to find a job after they are released.
   - 해석 재범의 두 번째 원인은 재범자들이 출소 후에 직장을 못 구한다는 것이다.

6. **Another cause of ~ is ~:** ~의 또 다른 원인은 ~이다.
   - 예문 **Another cause of** youth crime **is** the negative influence of mass media.
   - 해석 청소년 범죄의 또 다른 원인은 대중매체의 부정적 영향일 것이다.

WRITING

대부분의 에세이는 서론, 본론, 결론으로 구성되지. 서론에서 본인의 입장을 분명하게 밝히고, 본론에서는 본인의 입장을 뒷받침하는 의견과 예를 들어 주어 구성을 탄탄하게 하지. 그리고 마지막으로 본인의 입장이 일관될 수 있도록 결론에서는 본인의 의견을 다시 한번 언급해 주면 일관성 있는 탄탄한 에세이를 완성할 수 있어.

> ***In cities and town all over the world the high volume of traffic is a problem. <u>What are the causes of this and what actions can be taken to solve this problem?</u>***
>
> 전 세계 많은 도시에서, 교통 체증이 문제이다. <u>그 원인은 무엇이며, 해결책은 무엇인가?</u>

STEP 1 Introduction

서론(Introduction):
도입문 + 대주제문
GENERAL STATEMENT (GS) + THESIS STATEMENT (TSS)

서론은 크게 도입문(General Statement(GS))과 대주제문(Thesis Statement(TSS))으로 구성되고, 필요하다면 부가문(Additional Statement (AS))을 추가하면 돼. 도입문에서는 문제에서 언급된 주제의 일반적인 내용을 적어주면 되고, 대주제문에서는 그 주제에 대한 자신의 입장을 적어주면 돼.

(1) 아웃라인

> 교통 체증의 여러 원인과 해결책들이 있다.
> There are some causes and measures to resolve traffic congestion.

(2) Your Writing

(3) Sample Writing

> A high volume of traffic is a problem experienced in cities all over the world. — 도입문 (GS)
> There are some obvious causes of this problem, and several measures which can be taken by governments to resolve it. — 대주제문 (TSS)

많은 양의 교통 정체는 전 세계 도시가 경험하는 문제이다. 이 문제의 명백한 원인이 몇 가지 있으며 이러한 문제를 해결하기 위해 정부가 여러 가지 조치를 취할 수 있다.

STEP 2 Body

본론 (Body):

Body 1:
소주제문 1 + 뒷받침 의견 (설명과 예시)
Topic Sentence (TPS) 1 + Supporting Ideas (SI)

Body 2:
소주제문 2 + 뒷받침 의견 (설명과 예시)
Topic Sentence (TPS) 2 + Supporting Ideas (SI)

에세이에서 Body(본론) 파트는 각 단락별로 주제문(Topic Sentence (TPS))과 뒷받침 의견(Supporting Ideas (SI))으로 구성할 수 있어. 이 유형의 Body(본론) 파트에서 각 단락의 시작을 주제문(문단의 요점을 기술한 문장)으로 시작하고, 첫 번째 단락에서는, 주제문장에 당신이 문제의 원인들에 대해 논할 것임을 명시하고, 두 번째 단락에서는 주제문장에 당신이 문제의 해결책들에 관해 논할 것임을 명시하면 돼. **본문 첫 번째 단락에서 왜 이 문제가 존재하는지를 설명하기 위해 원인과 결과의 어휘들을 사용해야 해. 본문 두 번째 단락에서, 예시, 설명 혹은 경험을 가지고 본인이 제안한 해결책들을 뒷받침해 보자.**

(1) 아웃라인

> **BODY 1(CAUSES)**
> - 운전자들이 늘어났다 an increase in drivers
> - 자가용 이용이 더 편리하다 find driving very convenient
> - 도시로 출퇴근하는 사람이 늘어났다 More commuters from suburbs to city centres
>
> **BODY 2(SOLUTIONS)**
> - 도심에서 자가용 사용을 억제 deter people from driving in cities
>   - 더 많은 도로 요금소를 설치 more toll-booth systems
>
> - 대중 교통 활성화 make public transport more appealing
>   - 자전거 도로와 보행로 확충 more cycle lanes and pavements
>   - 대중 교통비 인하 make public transport cheaper

(2) Your Writing

BODY 1

➔ _____

_____

_____

_____

_____

_____

BODY 2

➔ _____

_____

_____

_____

_____

_____

(3) Sample Writing

BODY 1

There are a couple of reasons why dense traffic has become such a worldwide phenomenon. Firstly, owning a vehicle offers so much personal freedom and allows people to go where they like at whatever time they want. Therefore, it is understandable that many people choose driving over other forms of transportation such as riding on a bus or train. Secondly, the popularity commuting from suburbs to city centres is rising. This means that there are more people needing to work and earn money. Thus, it is natural that there be a high number of people pouring into city areas in their vehicles.

— 소주제문 (TPS) 1
— 뒷받침 의견 (SI) 1
— 뒷받침 의견 (SI) 2

해석

교통 체증이 이렇게 전 세계적인 현상이 된 몇 가지 이유가 있다. 첫째로, 차량을 소유하는 것은 많은 개인적 자유를 제공하고 사람들이 원하는 시간에 가고자 하는 곳에 갈 수 있게 해준다. 따라서, 많은 사람들이 버스나 기차를 타는 것과 같은 다른 형태의 교통 수단보다 직접 운전하는 것을 선택한다는 것은 이해할 만하다. 둘째, 교외 지역으로부터 도시 중심으로 통근하는 인구가 증가하고 있다. 이것은 일을 하고 돈을 벌 필요가 있는 사람들이 더 많다는 것을 의미한다. 따라서 차량을 가진 많은 사람들이 도시로 유입되는 것은 자연스러운 일이다.

BODY 2

There are some solutions to this dilemma. To begin with, a simple solution would be for governments to introduce some measures to deter people from driving in these areas. For instance, they could initiate a toll-booth system at specific points whereby drivers would have to pay for entrance into a designated area. Many cities, including London, are already doing this. But these measures are not enough by themselves. In addition, governments should encourage people to travel by other means. For example, they should build more cycle lanes and pavements which would encourage more people to cycle and walk to work. This was done in the Columbian city of Bogota with great success.

— 소주제문 (TPS) 2
— 뒷받침 의견 (SI) 1
— 뒷받침 의견 (SI) 2

해석

이 딜레마에 대한 몇 가지 해결책들이 있다. 우선, 정부가 사람들을 이 지역에서 운전하는 것을 막기 위해 몇 가지 조치를 도입하는 것이 간단한 해결책이 될 것이다. 예를 들어, 특정 지점에서 요금소 시스템을 시작해 운전자가 지정된 지역으로 입장하기 위해 돈을 지불하도록 할 수 있다. 런던을 포함한 많은 도시가 이미 이것을 시행하고 있다. 그러나 이러한 조치만으로는 충분하지 않다. 그것에 더해, 정부는 사람들이 다른 수단을 이용해 다니도록 권장해야 한다. 예를 들면, 더 많은 사람들이 주기적으로 자전거나 도보로 출퇴근할 수 있도록 더 많은 자전거 도로와 인도를 만들어야 한다. 이것은 콜롬비아의 도시 보고타에서 큰 성공을 거두었다.

STEP 3 Conclusion

결론 (Conclusion):
종결문 + 요약문
Concluding Sentence (CS) + Summing-up Sentence (SS)

결론에서는 서론과 본론에서 밝힌 본인 입장을 정리하면서 에세이 전체를 마무리하면 돼. 즉, 결론은 **서론에서 나온 대주제문을** paraphrasing **해주는 종결문**(Concluding Sentence (CS))**과 전체적인 내용을** summarizing **해주는 요약문** Summing-up Sentence (SS)**을 붙여 구성할 수 있어**. 원인과 해결책 에세이에서는 본론에서 언급한 주요 원인과 해결책들을 간단히 언급하고 글을 결론 지으면 돼. 예를 들어, 어떤 해결책이 최선책인지 명시할 수 있지. 자, 그럼 같이 한번 살펴볼까?

(1) 아웃라인

몇 가지 방법을 통해 교통 체증을 줄일 수 있다.
tackle the problem of traffic congestion with some methods

(2) Your Writing

◯ _____

_____

_____

(3) Sample Writing

In summary, if we want to be more time-efficient and environmentally friendly, ─── 종결문 (CS)
it is vital that we tackle the problem of traffic congestion in cities. I believe that
we need to deter people from driving while also offering convenient and cheap ─── 요약문 (SS)
alternative transportation methods.

요약하자면, 우리가 더 시간적으로 효율적이고 환경 친화적이 되기를 원한다면, 우리는 도시의 교통 체증 문제를 해결해야 한다. 나는 사람들이 운전하는 것을 막을 필요가 있고, 또한 편리하고 값싼 대안의 교통 수단을 제공해야 한다고 생각한다.

ⓘ 완성된 모델 에세이 확인은 p.322

POST-WRITING

지금까지 배운 Problem/Cause& Solution 유형의 에세이를 직접 써 보자. **원인과 해결책을 나타내는 표현**들을 적용해 보고 논리적인 구조를 갖출수있게 브레인스토밍도 연습해 보자.

WRITING TASK 2
You should spend about 40 minutes on this task.
Write about the following topic:

> Many species of animals have become extinct in recent times. What are the causes of this? What solutions can you suggest?

Give reasons for your answer and include any relevant examples from your own knowledge or experience.

Write at least 250 words.

Brainstorming

Outline

Your Writing

REVIEW

오늘 공부 어땠어? 오늘 배운 내용을 복습하는 의미에서 간단한 퀴즈를 풀어보자!

Vocabulary
다음 빈칸에 들어가기에 알맞은 단어를 찾아 쓰시오.

> reasons   solutions   pavements   toll-booth   suburbs

① Governments could initiate a _____ system at specific points in order to reduce the drivers.
정부는 자가용 운전자들을 줄이기 위해서 요금소를 설치할 수 있다.

② The populations commuting from _____ to city centres are rising.
교외에서 도심으로 출퇴근하는 사람들이 증가하고 있다.

③ Governments should build more cycle lanes and _____.
정부는 더 많은 자전거 도로와 보행자 통로를 만들어야 한다.

Error Correction
다음 문장에서 문법적으로 어색한 부분을 찾아 고치고 어법에 맞게 다시 작성해 보시오.

① There are a couple of reasons which dense traffic has become such a worldwide phenomenon.
교통 체증이 세계적인 현상이 된 여러 가지 원인이 있다.

② There are some solutions with this dilemma.
이 난관에 대한 여러 해결책이 있다.

③ Governments could introduce some measures to deter people to drive.
정부는 자가용 사용을 억제하기 위한 여러 가지 방법을 도입할 수 있다.

SELF-CHECK
본인의 답변을 Good Example과 비교해서 영역별로 자신의 점수를 체크해 보자.

과제 수행	문법	어휘	일관성
• 주어진 과제에 대한 답을 했는가? • 주어진 시간안에 작성했는가? • 정해진 단어수에 맞게 작성했는가? • 주제를 벗어나지 않은 문장만을 작성했는가?	• 주어 동사를 포함한 완전한 문장을 작성했는가? • 접속사, 관계대명사 등 다양한 문장을 작성했는가? • 올바른 시제/수일치를 사용했는가? • 알맞은 문장부호를 사용했는가?	• 한 단어를 반복 사용하지 않고 동의어를 사용했는가? • 다양한 어휘를 사용했는가? • 주제에 어울리는 정확한 어휘를 사용했는가? • PARAPHRASING한 문장을 사용했는가?	• 다양한 연결어를 사용하여 자연스럽게 작성했는가? • 글의 구조가 명확히 드러나도록 작성했는가? • 각 단락의 첫 문장에 핵심문장을 적었는가? • 본론의 내용이 서론과 긴밀하게 연결되는가?
1 2 3 4 5	1 2 3 4 5	1 2 3 4 5	1 2 3 4 5
1~5 LIMITED	6~10 MODEST	11~15 COMPETENT	16~20 GOOD	OVERALL GRADE

ed:m 유학스토리

전 세계 **ed:m** 통신원들을 통해 **유학생활 미리 보기**

 ### 치폿르? NO, 치폴레!
한 번쯤 먹어봐야 하는 CHIPOTLE!

안녕하세요? ed:m 통신원 황태웅 인사드려요.^^ 오늘은 식당 소개로 Chipotle에 대해 포스팅해 볼까 합니다. 치폴레는 미주 전체 단위의 멕시칸 요리 전문 체인점입니다. 미주 전체에 걸쳐 있기 때문에 어디에 계시더라도 아마 가까운 치폴레 매장을 찾아보실 수 있으실 거예요. 형태는 패스트푸드점인데요, 그렇다고 음식의 질이 정크푸드는 아닙니다. 퀄리티가 어느 정도는 있다고 생각될 정도로 괜찮고요, 맛은 맥도날드가 햄버거의 맛을 표준화, 평준화시켰듯이 치폴레도 맛은 약간 표준화, 정형화되어 있는 것 같아요. 다르게 말하면 안정성이 있다고 할 수 있겠네요. 그래서 그런진 몰라도 제 주변 친구들 중에 Chipotle를 싫어하는 친구들은 많이 없더라구요.

제가 이곳을 추천하는 이유는 합리적인 가격, 빠른 식사, 그리고 흰쌀밥 때문입니다!(개인 취향일 수 있겠지만 멕시칸이나 남미 요리의 흰쌀밥은 정말 저 같은 한국인에게는 안 끌릴 수 없는 것 같아요.) Chipotle의 메뉴와 가격에 대해서 소개해 드리도록 할게요. 우선 메뉴는 거대한 쌈처럼 나오는 Burrito, 여러분들이 잘 아시는 Taco, 그리고 우리나라로 치면 참치마요? 치킨마요? 간장치킨? 그런 느낌 나는 비빔밥인 Bowl이 있어요. 가격은 아래 그림처럼 정말 착하구요. (세금 포함해서 8달러 선에서 해결할 수 있어요.) 정말 많은 양을 원하시면 Bowl로 드시면 배터지게 드실 수 있답니다. (저 나름 대식가인데, 여기서 Bowl로 먹다가 음식 남겼었어요…)

그리고 음식은 Bowl 같은 경우는 일회용 도시락 용기 같은 곳에 밥 넣고, 야채 넣고, 치즈 넣고, 고기 넣고, 그 외 넣고 싶은 것 듬뿍 넣어서 나온답니다. 야채는 배추나 양파 등 종류가 여러 가지구요, 직접 취향껏 골라 주시면 됩니다. 서브웨이처럼요. 고기는

Chicken, Steak가 대표적입니다. 돈을 조금 더 낸다면 다른 종류의 고기도 추가해서 드실 수 있어요. 그리고 치즈 같은 게 들어갈 경우 데워 먹겠냐고 묻는데 데워 드시면 훨씬 더 맛있답니다.
제가 가장 좋아하는 메뉴는 Chicken에 양파, 상추 그리고 사워크림을 넣어서 먹는 거랍니다. 맛은 아니더라도 느낌 자체는 치킨마요 같은 느낌이 물씬 납니다.
밥솥이 없어서 저 같은 경우는 흰쌀밥 생각이 날 때 주중엔 치폴레에 종종 가곤 했었어요. 미국 가서 먹는 거로 은근히 스트레스 받고 한국음식이 그리우신 분 같은 경우는 이렇게 멕시칸 식당에 가서 가끔씩 이렇게 그 욕구를 해소해도 나쁘지 않을 거 같아요. 이상으로 Chipotle에 대한 소개를 마치도록 했습니다. 지금까지 황태웅이었습니다! 감사합니다.

CHAPTER 6

CRIME

TASK 2

아이엘츠 WRITING TASK 2에서는 범죄와 관련된 문제가 종종 출제되고 있어. 그래서 기출문제들을 통해 여러 아이디어들을 정리하고 주제에 관련된 어휘를 학습해 보자.

CRIME 06

PREVIEW

일단, 범죄라는 토픽은 일반적인 범죄율 증가의 원인과 해결책이 기본적으로 출제되고, 청소년 범죄의 원인과 해결책도 종종 출제돼. 최근에는 공공장소에서의 감시카메라 사용에 대한 이슈도 출제되고 있어. 자, 그럼 본격적인 공부에 들어가기 전에 CRIME 주제와 관련해 많이 출제되는 문제 유형과 빈출 문제를 한번 살펴보고 갈까?

유형별 CRIME 관련 빈출 문제

AGREE & DISAGREE II

Q1 In the fight against crime, police forces and governments are increasingly using security cameras in public places. Some people are opposed to this, saying that it invades our privacy. To what extent do you agree or disagree?

범죄를 억제하기 위해서, 경찰과 정부는 보안 카메라를 점점 더 공공 장소에 설치하고 있다. 몇몇 사람들은 그것에 반대하면서 말하길, 그것은 사생활 침해라고 한다. (해당 주장에 대해) 당신은 어느 정도 동의 또는 동의하지 않는가?

Q2 The responsibility for reducing juvenile crime in the world lies as much with parents and teachers as with the government. To what extent do you agree or disagree?

청소년 범죄의 책임은 부모님과 선생님만큼 정부의 몫도 크다. (해당 주장에) 당신은 어느 정도 동의 또는 동의하지 않는가?

DISCUSSION

Q1 Our prison system is clearly not working. We need to find another form of punishment. What is your opinion and what other forms can be taken?

감옥형은 분명히 효과가 없다. 그래서 우리는 다른 형태의 처벌 방식이 필요하다. 당신은 이것에 대해서 어떤 입장이고 다른 형태의 처벌 방식은 어떤 것이 있을까?

PROBLEM/CAUSE & SOLUTION

Q1 Report research suggests that the majority of criminals who were sent to prison would commit crimes when they were set free. What are the causes of this case? What can be taken to solve this problem?

최근 조사 결과에 따르면, 감옥에 다녀온 대부분의 범죄자들이 석방된 후 다시 범죄를 저지른다. 그 원인이 무엇이고, 그 해결책은 무엇인가?

Q2 In many countries the level of crime is increasing and crimes are becoming more violent. Why do you think this is and what can be done about it?

많은 나라에서, 범죄율이 증가하고, 점점 더 폭력적으로 변하고 있다. 그 이유와 해결책이 무엇인가?

CRIME

이 주제는 주로 범죄를 억제하기 위한 감시 카메라의 사용이 사생활 침해를 야기할수 있느냐에 대해서 찬반을 묻는 문제로 출제되고 있어. 문제의 키워드를 잘 파악하자구! 자, 우리는 그럼 AGREE & DISAGREE II Q. 1 빈출 문제로 한번 작성해 볼까?

WRITING TASK 2

You should spend about 40 minutes on this task. Write about the following topic:
해당 과제를 약 40분에 걸쳐 완성하시오.

> *In the fight against crime, police forces and governments are increasingly using security cameras in public places. Some people are opposed to this, saying that it invades our privacy. To what extent do you agree or disagree?*
>
> 범죄를 억제하기 위해서, 경찰과 정부는 보안 카메라를 점점 더 공공 장소에 설치하고 있다. 몇몇 사람들은 그것에 반대하면서 말하길, 그것은 사생활 침해라고 한다. (해당 주장에 대해) 당신은 어느 정도 동의 또는 동의하지 않는가?

Give reasons for your answer and include any relevant examples from your own knowledge or experience.
본인의 지식과 경험으로부터 나온 적절한 예시들과 함께 당신의 의견에 대한 이유를 제시하시오.

Write at least 250 words.
최소 250자 내로 답하세요.

PREWRITING

매력적인 답변을 작성하려면 브레인스토밍(Brainstorming)*을 통해 쓸 내용에 대해 구상하고, Outline을 먼저 작성해 보는 게 좋아.

* 브레인스토밍(Brain+storming) : 머릿속에서 폭풍이 치듯 자유롭게 아이디어를 내는 Prewriting 방법

 브레인스토밍 - 마인드 매핑(Mind Mapping)

Mind mapping은 중심 아이디어를 바탕으로 가지치기 하듯 적어 내려가는 Brainstorming 방법이야. 이 방법은 주제와 연관된 단어들 위주로 적어 내려가면서 아이디어를 확장할 수 있지. 머리에 떠오르는 아이디어를 한글, 영어 등 형식의 제한 없이 자신이 편한 방식으로 자유롭게 써봐.

> *In the fight against crime, police forces and governments are increasingly using security cameras in public places. Some people are opposed to this, saying that it invades our privacy. <u>To what extent do you agree or disagree?</u>*
>
> 범죄를 억제하기 위해서, 경찰과 정부는 보안 카메라를 점점 더 공공 장소에 설치하고 있다. 몇몇 사람들은 그것에 반대하면서 말하길, 그것은 사생활 침해라고 한다. <u>(해당 주장에 대해) 당신은 어느 정도 동의 또는 동의하지 않는가?</u>

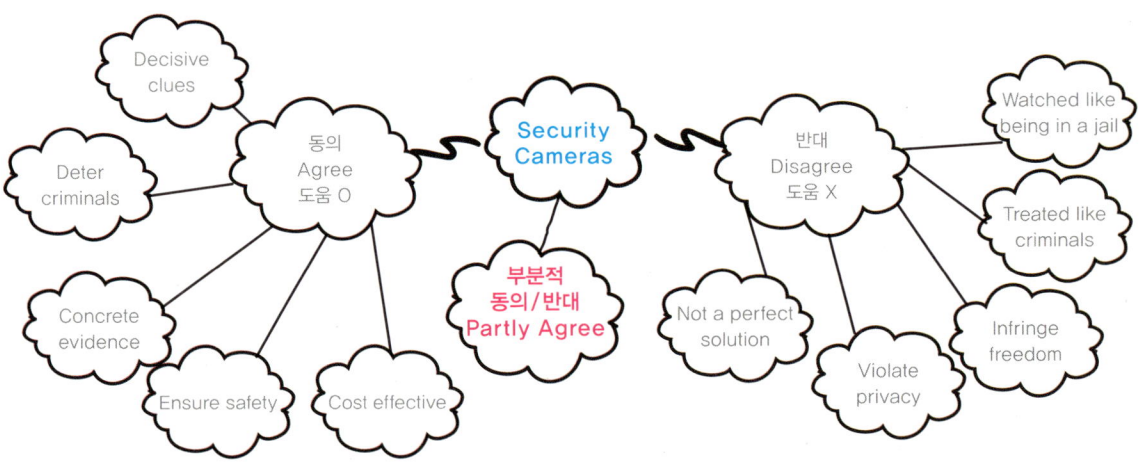

POST-WRITING

자, 지금까지 배운 내용을 토대로 CRIME 주제와 관련된 에세이를 직접 한번 작성해 보자.

WRITING TASK 2
You should spend about 40 minutes on this task.
Write about the following topic:

> In many countries the level of crime is increasing and crimes are becoming more violent. Why do you think this is and what can be done about it?

Give reasons for your answer and include any relevant examples from your own knowledge or experience.

Write at least 250 words.

Brainstorming

Outline

Your Writing

REVIEW

오늘 공부 어땠어? 오늘 배운 내용을 복습하는 의미에서 간단한 퀴즈를 풀어보자!

Vocabulary

다음 빈칸에 들어가기에 알맞은 단어를 찾아 쓰시오.

> deter　　commit　　potential crimes　　petty criminals　　innocent people

❶ Surveillance cameras can _____ criminal activities.
감시카메라는 범죄활동을 억제할 수 있다.

❷ Security cameras can infringe the privacy of _____.
감시카메라는 무고한 사람들의 사생활을 침해할 수 있다.

❸ Young people _____ petty crimes.
젊은 사람들은 경범죄를 저지른다.

Error Correction

다음 문장에서 문법적으로 어색한 부분을 찾아 고치고 어법에 맞게 다시 작성해 보시오.

❶ Security cameras has become ubiquitous in public areas.
감시 카메라가 공공 장소 곳곳에 설치되어 왔다.

❷ Criminals can be catch before they commit a crime.
범죄자들은 범행을 저지르기 전에 체포될 수 있다.

❸ Due to these device, innocent people may lost their freedom.
감시 카메라 때문에, 무고한 사람들은 그들의 자유를 빼앗길 수도 있다.

SELF-CHECK

본인의 답변을 Good Example과 비교해서 영역별로 자신의 점수를 체크해 보자.

과제 수행	문법	어휘	일관성
• 주어진 과제에 대한 답을 했는가? • 주어진 시간안에 작성했는가? • 정해진 단어수에 맞게 작성했는가? • 주제를 벗어나지 않은 문장만을 작성했는가?	• 주어 동사를 포함한 완전한 문장을 작성했는가? • 접속사, 관계대명사 등 다양한 문장을 작성했는가? • 올바른 시제/수일치를 사용했는가? • 알맞은 문장부호를 사용했는가?	• 한 단어를 반복 사용하지 않고 동의어를 사용했는가? • 다양한 어휘를 사용했는가? • 주제에 어울리는 정확한 어휘를 사용했는가? • PARAPHRASING한 문장을 사용했는가?	• 다양한 연결어를 사용하여 자연스럽게 작성했는가? • 글의 구조가 명확히 드러나도록 작성했는가? • 각 단락의 첫 문장에 핵심문장을 적었는가? • 본론의 내용이 서론과 긴밀하게 연결되는가?
1　2　3　4　5	1　2　3　4　5	1　2　3　4　5	1　2　3　4　5

1~5	6~10	11~15	16~20	OVERALL GRADE
LIMITED	MODEST	COMPETENT	GOOD	

ed:m 유학스토리

전 세계 ed:m 통신원들을 통해 유학생활 미리 보기

리버풀! 축구팀만 있는 게 아니다!

안녕하세요? BSC Manchester에서 어학연수를 하고 있는 ed:m 통신원 황세준입니다. 어학연수로 이왕 외국에 나왔는데 여행 없이 방안에만 있는다면 얼마나 지루하겠습니까? 그래서 저도 용돈을 아껴 주말을 이용해 주위의 도시로 여행을 가는 편입니다.

오늘은 제가 첫 번째로 여행간 도시, LIVERPOOL에 대해서 써보려고 합니다. 리버풀에서 가장 유명한 것을 꼽으라면 바로 'The Beatles' 알고 계셨나요? 비틀즈는 리버풀에서 처음 결성되었고 매튜 스트리트의 Cavern Club에서 첫 공연을 진행했습니다. 관광을 하러 많이 가는 Albert Dock에는 The Beatles Story라는 비틀즈의 역사를 담고 있는 박물관이 있습니다. 멤버들의 어린시절부터 존 레논의 죽음까지 그들의 명곡들과 함께 잘 정리가 되어 있습니다. 학생할인을 받을 수 있으니 학생증을 꼭 지참하세요! 그뿐만 아니라 Albert Dock 옆의 리버풀 박물관에도 존 레논과 그의 연인이었던 오노 요코에 관한 전시가 진행 중이었습니다. Cavern Club이 있는 매튜 스트리트에 가면 많은 버스커들이 비틀즈의 노래를 부르며 그들을 기억하고 있었습니다. 도시 전체에서 비틀즈에 대한 사랑을 느낄 수 있었습니다.

리버풀에는 커다란 성당이 두 개가 있습니다. 심지어 그 두 성당이 멀지 않은 곳에서 서로를 마주하고 있는 모양새입니다. 가톨릭 성당과 성공회 성당 두 가지가 있는데 가톨릭 성당은 예산 문제로 계속해서 건립이 연기되다가 결국 최신 건축 기술로 만들어진 건물이고, 성공회 성당은 우리가 익히 아는 유럽의 성당 모습을 하고 있고 규모도 훨씬 큽니다.

하지만 두 성당 모두 어느 하나가 우월하게 아름답다고 말하기는 어렵습니다. 가톨릭 성당은 환상적인 스테인드 글라스가 마음을 사로잡고 성공회 성당은 그 규모로 좌중을 압도하는 힘이 있습니다. 저는 개인적으로 리버풀을 여행하고서 맨체스터에 어학연수를 위해 온 것을 후회할 정도로 너무나도 만족스러운 도시였습니다. 맨체스터도 굉장히 좋은 도시이지만 리버풀에 비하면 색깔이 강한 도시는 아니라고 생각합니다. 리버풀은 바다 바로 옆에 자리해서 항구도시라는 이미지로 도시의 색깔이 굉장히 강합니다. 과거의 부유했던 시절을 상징하는 거대한 건축물들이 바다 옆으로 늘어져 있고 Albert Dock을 비롯한 많은 Dock들이 바다를 품고 커다란 배들이 둥실둥실 떠다니는 곳입니다. 리버풀은 축구뿐만 아니라 그 공간 자체로도 굉장히 매력적이고 아름다운 도시입니다. 영국에 오신다면 리버풀에 꼭 들러보시기를 추천합니다.

CHAPTER 7
EDUCATION

TASK 2

교육과 관련된 토픽은 크게 School education과 University education으로 나뉘는데, 학교 교육과 대학 교육에 대한 다양한 이슈들을 묻는 문제가 출제되고 있어.

EDUCATION

PREVIEW

교육 관련 토픽에선 특정 유형의 문제가 출제되기보다는 교육 방식에 대한 여러 가지 의견을 묻거나 교육방식에 대한 장단점을 묻는 경우가 일반적이야. 자, 그럼 본격적인 공부에 들어가기 전에 EDUCATION 주제와 관련해 많이 출제되는 문제 유형과 빈출 문제를 한번 살펴보고 갈까?

유형별 EDUCATION 관련 빈출 문제

AGREE & DISAGREE I

Q1 As computers are being used more and more in education, there will soon be no role for the teacher in the classroom. Do you agree or disagree?

교육에서 컴퓨터의 사용이 늘어갈수록, 선생님의 역할은 곧 사라질 것이다.(해당 주장에) 당신은 동의하는가, 또는 동의하지 않는가?

AGREE & DISAGREE II

Q1 More and more colleges and universities are offering courses via distance learning. Distance learning has many benefits, but there are also drawbacks, and not every learner will be suited to this mode of study. To what extent do you agree or disagree?

점점 더 많은 대학교들이 원거리 학습을 제공하고 있다. 원거리 학습은 많은 장점을 갖지만, 많은 단점들도 있다. 그리고 이 학습형태는 모든 학생들에게 적합하지 않다. (해당 주장에 대해) 당신은 어느 정도 동의 또는 동의하지 않는가?

DISCUSSION

Q1 Some people believe that studying at university or college is the best route to a successful career, while others believe that it is better to get a job straight after school. Discuss both views and give your opinion.

몇몇 사람들은 대학교육이 성공적인 직업을 갖는 최상의 경로라고 주장하고, 다른 사람들은 고등학교 졸업 후에 바로 직장을 갖는 게 더 낫다고 주장한다. 양쪽의 주장을 논하고, 본인의 입장을 밝히시오.

ADVANTAGE/DISADVANTAGE

Q1 In some countries young people are encouraged to work or travel for a year between finishing high school and starting university studies. Discuss the advantages and disadvantages for young people who decide to do this.

몇몇 나라들에서, 청소년들에게 고등학교 졸업 후 그리고 대학교육을 시작하기 전 일 년 동안, 일 또는 여행을 하는 것을 추천한다. 이런 선택했을 때 예상되는 장단점을 논하시오.

Q2 Nowadays many students have the opportunity to study for part or all of their courses in foreign countries. While studying abroad brings many benefits to individual students, it also has a number of disadvantages. Do the advantages of studying overseas outweigh the drawbacks?

요즘에 많은 학생들이 외국에서 유학을 하고 있다. 유학은 학생들에게 많은 장점을 제공하지만, 많은 단점들도 존재한다. 당신은 유학의 장점이 단점보다 많다고 생각하는가?

EDUCATION

기술이 발전하면서 교육 분야에 많은 영향을 끼치고 있는데, 특히 컴퓨터가 보급되면서, 온라인 학습이 가능해졌지. 하지만 이런 온라인 학습에는 여러 장점과 단점이 존재해. 그래서 온라인 학습의 장단점을 잘 정리해 둘 필요가 있어. 자, 우리는 그럼 ADVANTAGE/DISADVANTAGE 유형 Q. 2 빈출 문제로 한번 작성해 볼까?

WRITING TASK 2

You should spend about 40 minutes on this task. Write about the following topic:

해당 과제를 약 40분에 걸쳐 완성하시오.

> **Nowadays many students have the opportunity to study for part or all of their courses in foreign countries. While studying abroad brings many benefits to individual students, it also has a number of disadvantages. <u>Do the advantages of studying overseas outweigh the drawbacks?</u>**
>
> 요즘에 많은 학생들이 외국에서 유학을 하고 있다. 유학은 학생들에게 많은 장점을 제공하지만, 많은 단점들도 존재한다. <u>당신은 유학의 장점이 단점보다 많다고 생각하는가?</u>

Give reasons for your answer and include any relevant examples from your own knowledge or experience.

본인의 지식과 경험으로부터 나온 적절한 예시들과 함께 당신의 의견에 대한 이유를 제시하시오.

Write at least 250 words.

최소 250자 내로 답하세요.

PREWRITING

매력적인 답변을 작성하려면 브레인스토밍(Brainstorming)*을 통해 쓸 내용에 대해 구상하고, Outline을 먼저 작성해 보는 게 좋아.

* 브레인스토밍(Brain+storming) : 머릿속에서 폭풍이 치듯 자유롭게 아이디어를 내는 Prewriting 방법

 브레인스토밍 – 챠팅(Charting)

챠팅은 하나의 주제를 두고 두 가지 다른 의견을 내서 분류해 보는 브레인스토밍 방법이야. 이 방법은 두 개의 상반된 의견을 비교/분석해 결론으로 도달하는 방법으로 장/단점 주제에 대한 아이디어 구상에 적합한 방법이야. 주어진 주제에 대해 자유롭게 생각해 보고 서로 반대되는 의견을 한번 정리해 봐.

장점 (Advantages)	주제 (Topic)	단점 (Disadvantages)

챠팅(Charting) 예시

Nowadays many students have the opportunity to study for part or all of their courses in foreign countries. While studying abroad brings many benefits to individual students, it also has a number of disadvantages. <u>Do the advantages of studying overseas outweigh the drawbacks?</u>

요즘에 많은 학생들이 외국에서 유학을 하고 있다. 유학은 학생들에게 많은 장점을 제공하지만, 많은 단점들도 존재한다. <u>당신은 유학의 장점이 단점보다 많다고 생각하는가?</u>

장점 (Advantages)	주제 (Topic)	단점 (Disadvantages)
Prestigious university		Homesickness
Better facilities		Financial burden
Better courses	Studying abroad	Language barrier
Qualifications		Culture shock
Foreign language skill		Loneliness
Wider horizons		Emotional suffering

2 아웃라인 만들기

자, Step 1에서 아이디어를 다 모았으면 이제 아웃라인(Outline) 작성으로 넘어가 보자! Outline은 앞에서 모은 아이디어를 바탕으로 주장에 대한 동의 또는 동의하지 않음을 결정하고, 그 입장에 대한 이유와 설명 또는 예시를 제시할 수 있도록 구조를 짜 보는 거야.

> **Nowadays many students have the opportunity to study for part or all of their courses in foreign countries. While studying abroad brings many benefits to individual students, it also has a number of disadvantages. <u>Do the advantages of studying overseas outweigh the drawbacks?</u>**
>
> 요즘에 많은 학생들이 외국에서 유학을 하고 있다. 유학은 학생들에게 많은 장점을 제공하지만, 많은 단점들도 존재한다. <u>당신은 유학의 장점이 단점보다 많다고 생각하는가?</u>

아웃라인 작성 예시

Introduction
유학의 장점은 단점보다 많다.

Body 1(Advantages)
- 유학생들은 더 나은 시설과 교육과정을 통해 교육 받을 수 있다.
- 다양한 전공 과정을 선택할 수 있다.
- 더 나은 직장에 취직할 수 있는 학위를 얻을 수 있다.
- 다양한 문화를 체험하며 넓은 식견을 갖게 된다.

Body 2(Disadvantages)
- 유학생들은 향수병을 겪게 된다.
- 유학은 많은 비용이 소요된다.
- 언어 장벽은 학업과 생활에 지장을 준다.

Conclusion
유학의 단점도 있지만, 장점이 더 많다.

Vocabulary

교육 환경 learning environment　전공 majors　자격증, 학위 qualifications
단점들 drawbacks　향수병 homesick　재정적 부담 financial burden
언어 장벽 language barrier

3 표현 정리하기

1. distance learning 원거리 학습

Nowadays, many universities are offering **distance learning** programmes.
요즘에 많은 대학교에서 **원거리 학습 프로그램**을 제공한다.

2. gap year 갭이어(고등학교 졸업 후 대학 입학 전에 일 년 정도 일이나 여행을 하는 것)

Taking a **gap year** can be appealing for students who finish school education.
갭이어를 갖는 것은 고등학교를 마친 학생들에게 매력적일 수 있다.

3. curriculum 교과 과정

School **curriculum** should include subjects like Art and Music.
학교 **교과 과정**은 미술과 음악을 포함해야 한다.

4. higher education 대학교육

Some people believe that **higher education** is essential to have a successful career.
몇몇 사람들은 **대학교육**이 성공적인 직업을 얻는 데 필수라는 주장을 한다.

5. school subject 학교 교과과목

There should be various **school subjects** on the curriculum.
교과 과정에는 다양한 **학교 교과과목**이 포함되어야 한다.

6. expand knowledge 지식을 넓히다

Students can **expand** their **knowledge** while studying abroad.
학생들은 유학하는 동안 **지식을 넓힐** 수 있다.

7. academic qualification 학위

People who have **academic qualifications** are likely to get a better job opportunity.
학위가 있는 사람들은 더 나은 직업의 기회를 가질 수 있다.

8. lack of discipline 훈육의 부족

Due to **lack of discipline**, students are becoming disruptive.
부족한 훈육 때문에, 학생들이 점점 더 불량해진다.

9. role of teacher 선생님의 역할

Computers will replace the **role of teachers** in the future.
미래엔 컴퓨터가 **선생님의 역할**을 대체할 것이다.

10, **studying abroad**   유학

Studying abroad has some obvious benefits.
유학은 다양한 장점들을 갖는다.

11, **social skills**   사회 능력; 기술

School education should improve **social skills** of students.
학교 교육은 학생들의 **사회 능력**을 향상시켜야 한다.

12, **literacy and numeracy**   읽고 쓸 줄 아는 능력 및 산술 능력

The rate of **literacy and numeracy** in some countries is decreasing.
몇몇 나라의 **문맹률과 산술 능력률**이 감소하고 있다.

13, **physical education**   체육 수업

There are many advantages to having **physical education** in school curriculum.
교과 과정에서 **체육수업**을 채택하는 것은 많은 장점이 있다.

14, **private school**   사립학교

Families who send their children to **private schools** should not be required to pay taxes that support the state education system.
아이들을 **사립학교**에 보내는 부모들은 공립학교 시스템을 지원하는 세금을 낼 필요가 없다.

WRITING

대부분의 에세이는 서론, 본론, 결론으로 구성되지. 서론에서 본인의 입장을 분명하게 밝히고, 본론에서는 본인의 입장을 뒷받침하는 의견과 예를 들어 주어 구성을 탄탄하게 하지. 그리고 마지막으로 본인의 입장이 일관될 수 있도록 결론에서는 본인의 의견을 다시 한번 언급해 주면 일관성 있는 탄탄한 에세이를 완성할 수 있어.

Nowadays many students have the opportunity to study for part or all of their courses in foreign countries. While studying abroad brings many benefits to individual students, it also has a number of disadvantages. <u>Do the advantages of studying overseas outweigh the drawbacks?</u>

요즘에 많은 학생들이 외국에서 유학을 하고 있다. 유학은 학생들에게 많은 장점을 제공하지만, 많은 단점들도 존재한다. 당신은 유학의 장점이 단점보다 많다고 생각하는가?

STEP 1   Introduction

서론(Introduction):
도입문 + 대주제문
GENERAL STATEMENT (GS) + THESIS STATEMENT (TSS)

주어진 주제의 장/단점을 다루는 Advantage/Disadvantage 유형에서 서론은 글쓴이의 주장을 꼭 담아야 해. 일반적으로, '**장점이 단점보다 많다**'라고 하거나 '**단점이 장점보다 많다**'는 식의 자신의 입장을 표현해 주면 돼. **서론은 크게 도입문(General Statement(GS))과 대주제문(Thesis Statement(TSS))으로 구성되고, 필요하다면 부가문(Additional Statement(AS))을 추가하면 돼.** 도입문에서는 문제에서 언급된 주제의 일반적인 내용을 적어주면 되고, 대주제문에서는 그 주제에 대한 자신의 입장을 적어주면 돼.

(1) 아웃라인

> 많은 학생들이 해외유학을 선택한다. 유학에는 단점보다 더 많은 장점들이 있다.
> Students studying abroad are increasing. There are more advantages than disadvantages.

(2) Your Writing

(3) Sample Writing

> In recent years, there has been a vast increase in the number of students choosing to study abroad. Although foreign study is not suitable for every student, I am of the opinion that there are more benefits than drawbacks.

— 도입문 (GS)
— 대주제문 (TSS)

최근 몇 년 동안 해외 유학을 선택하는 학생 수가 크게 증가했다. 외국에서 공부하는 것이 모든 학생들에게 적합한 것은 아니지만, 나는 그 단점보다는 혜택이 더 크다고 생각한다.

STEP 2 | Body

본론 (Body):

Body 1:
소주제문 1 + 뒷받침 의견 (설명과 예시)
Topic Sentence (TPS) 1 + Supporting Ideas (SI)

Body 2:
소주제문 2 + 뒷받침 의견 (설명과 예시)
Topic Sentence (TPS) 2 + Supporting Ideas (SI)

에세이에서 Body(본론) 파트는 각 단락별로 주제문(Topic Sentence (TPS))과 뒷받침 의견(Supporting Ideas (SI))으로 구성할 수 있어. 이 유형의 Body(본론) 파트는 주제문인 첫 문장에서 다양한 장점들이나 단점들을 하나씩 나열하면 돼. 그리고 각각의 장점 또는 단점들을 뒷받침하는 문장들을 구성하는데 이 문장들은 주로 주제에 대한 부연 설명과 예시들을 제시하면 돼.

(1) 아웃라인

> **BODY 1 (장점)**
> - 더 나은 시설과 교육과정을 통해 교육 받을 수 있다. better facilities, curriculum and learning, environment
> - 다양한 전공 과정을 선택할 수 있다. access to various courses and majors
> - 더 나은 직장에 취직할 수 있는 학위를 얻을 수 있다. qualifications for better job opportunities
> - 다양한 문화를 체험하며 넓은 식견을 갖게 된다. exposure to different cultures broadens horizons
>
> **BODY 2 (단점)**
> - 향수병을 겪게 된다. feel homesick
> - 많은 비용이 소요된다. expensive / financial burden

(2) Your Writing

BODY 1

➔ _____

_____

_____

_____

_____

_____

BODY 2

➔ _____

_____

_____

_____

_____

_____

(3) Sample Writing

BODY 1

Studying overseas has a number of advantages. Firstly, the students may have access to better facilities such as laboratories, libraries and learning environment than those in their home country. Secondly, while studying abroad, they may find a wider range of courses than those offered in their country's universities, and therefore can expand their knowledge and gain qualifications that open doors to better job opportunities. Moreover, as overseas students are exposed to different cultures and customs when they live and work with students of various nationalities, a period of study abroad can also broaden students' horizons.

소주제문 (TPS) 1
뒷받침 의견 (SI) 1
뒷받침 의견 (SI) 2
뒷받침 의견 (SI) 3

해석

해외 유학에는 여러 가지 장점이 있다. 첫째, 학생들은 모국에 있는 것보다 더 나은 실험실과 도서관 같은 시설, 그리고 학습 환경을 누릴 수 있다. 둘째, 해외 유학 중 자신의 국가 대학에서 제공하는 것보다 더 광범위한 과정을 찾을 수 있으므로 더 나은 취업 기회를 얻을 수 있는 지식을 넓히고 자격을 획득할 수 있다. 또한 유학생들이 다양한 국적의 다른 학생들과 함께 생활하고 일할 때 다양한 문화와 관습에 노출되므로 유학 기간동안 학생들의 시야 또한 넓힐 수 있다.

BODY 2

On the other hand, students studying abroad have personal and professional problems. First of all, students may feel homesick because they have to leave their family and friends for a long period. Another disadvantage is that learning in a foreign country is almost always more expensive than studying in their home country. In addition, students often have to study in a foreign language, which may limit their performance and mean they do not attain their true level. Finally, the language barrier can be a problem when students have to find accommodation and pay bills.

소주제문 (TPS) 2
뒷받침 의견 (SI) 1
뒷받침 의견 (SI) 2
뒷받침 의견 (SI) 3
뒷받침 의견 (SI) 4

해석

반면에, 유학 생활을 하는 학생들은 개인적, 전문적인 문제를 겪는다. 우선, 학생들은 오랜 기간 동안 가족과 친구들을 떠나야 하기 때문에 향수병을 느낄 수 있다. 또 다른 단점은 거의 항상 외국에서 공부하는 것이 모국에서 공부하는 것보다 더 비쌀 수 있다는 것이다. 게다가, 학생들은 종종 외국어로 공부해야 하며, 이는 그들의 실력을 제한할 수 있으며 진정한 수준으로 도달하지 못할 수도 있다는 것을 의미한다. 마지막으로, 언어 장벽은 학생이 숙소를 찾고 청구서를 지불해야 할 때 문제가 될 수 있다.

STEP 3   Conclusion

결론 (Conclusion):
종결문 + 요약문
Concluding Sentence (CS) + Summing-up Sentence (SS)

결론에서는 서론과 본론에서 밝힌 본인 입장을 정리하면서 에세이 전체를 마무리하면 돼. 즉, 결론은 **서론에서 나온 대주제문을 paraphrasing 해주는 종결문(Concluding Sentence (CS))과 전체적인 내용을 summarizing 해주는 요약문 Summing-up Sentence (SS)을 붙여 구성할 수 있어**. 최대한 간단, 명료하게 쓰되, 20자 안팎으로 구성하면 적당해. 같이 한번 살펴볼까?

(1) 아웃라인

> 결론은, 유학에 대한 여러 단점들이 있지만, 더 많은 장점들이 존재한다.
> In conclusion, the disadvantages of studying overseas are outweighed by its advantages.

(2) Your Writing

○ _____

(3) Sample Writing

> In conclusion, there are understandable worries about going overseas for university study. — 종결문 (CS)
> Nonetheless, it is my belief that the advantages far outweigh the difficulties. — 요약문 (SS)

결론적으로, 대학 진학을 위해 해외로 나가는 것에 대한 이해할 만한 우려는 있다. 하지만 장점들이 어려움을 훨씬 넘어선다는 것이 나의 믿음이다.

ⓘ 완성된 모델 에세이 확인은 p.325

CHAPTER 8
ENVIRONMENT

TASK 2

환경 토픽에서는 주로 환경 문제들은 어떤 것들이 있는지, 또 그 원인과 해결책은 어떤 것들이 있는지에 대해서 물어보는 게 일반적이야.

ENVIRONMENT 08

PREVIEW

여러 환경문제들 중에, 특히 지구온난화와 야생 동식물 멸종, 쓰레기 문제들이 시험에서 자주 출제되고 있어. 환경문제의 해결 방법들에 대한 여러 찬반주장들이 등장하고, 각각의 문제에 대한 원인과 해결책에 대한 질문이 자주 출제되고 있으니, 그런 질문에 대한 답변을 잘 정리해 둘 필요가 있어. 자, 그럼 본격적인 공부에 들어가기 전에 ENVIRONMENT 주제와 관련해 많이 출제되는 문제 유형과 빈출 문제를 한번 살펴보고 갈까?

유형별 ENVIRONMENT 관련 빈출 문제

AGREE & DISAGREE I

Q1 The best way to solve the world's environmental problems is to increase the cost of fuel. Do you agree or disagree?

세계 환경 문제를 해결하는 최고의 방법은 기름값 상승이다. (해당 주장에) 당신은 동의하는가, 또는 동의하지 않는가?

AGREE & DISAGREE II

Q1 Reducing global environmental damage should be handled by governments rather than individuals. To what extent do you agree or disagree?

세계 환경 문제를 해결하는 것은 개인보다는 정부의 역할이 중요하다. (해당 주장에 대해) 당신은 어느 정도 동의 또는 동의하지 않는가?

Q2 The exploration and development of safe alternatives to fossil fuels should be the most important global priority today. To what extent do you agree or disagree?

화석 연료의 대체 에너지를 찾고 개발하는 것이 무엇보다 가장 중요한 세계적 과제이다. (해당 주장에 대해) 당신은 어느 정도 동의 또는 동의하지 않는가?

Q3 As water is a valuable resource, governments all over the world should control how much water their citizens use. To what extent do you agree or disagree with this statement?

물은 귀한 자원이므로, 세상 모든 정부가 시민들이 쓰는 물의 양을 제한해야 한다는 주장을 한다. (해당 주장에 대해) 당신은 어느 정도 동의 또는 동의하지 않는가?

ADVANTAGE/DISADVANTAGE

Q1 Explain some of the ways in which humans are damaging the environment. What can governments do to address these problems? What can individual people do?

인간들이 환경을 파괴하는 여러 가지 방식들을 설명하시오. 정부는 그 문제들을 해결하기 위해서 무엇을 할 수 있고, 개인들은 무엇을 할 수 있는지 설명하시오.

ENVIRONMENT

환경 문제를 보다 효율적으로 해결하기 위해선 정부뿐만 아니라 개인에게도 중요한 역할이 요구되어지는데, 그 부분에 대한 여러 주장이 등장해. 자, 우리는 그럼 AGREE & DISAGREE I 유형 Q. 1 빈출 문제로 한번 작성해 볼까?

WRITING TASK 2

You should spend about 40 minutes on this task. Write about the following topic:

해당 과제를 약 40분에 걸쳐 완성하시오.

> ***The best way to solve the world's environmental problems is to increase the cost of fuel. Do you agree or disagree?***
>
> 세계 환경 문제를 해결하는 최고의 방법은 기름값 상승이다. (해당 주장에) 당신은 동의하는가, 또는 동의하지 않는가?

Give reasons for your answer and include any relevant examples from your own knowledge or experience.

본인의 지식과 경험으로부터 나온 적절한 예시들과 함께 당신의 의견에 대한 이유를 제시하시오.

Write at least 250 words.

최소 250자 내로 답하세요.

PREWRITING

매력적인 답변을 작성하려면 브레인스토밍(Brainstorming)*을 통해 쓸 내용에 대해 구상하고, Outline을 먼저 작성해 보는 게 좋아.

* 브레인스토밍(Brain+storming) : 머릿속에서 폭풍이 치듯 자유롭게 아이디어를 내는 Prewriting 방법

 1 브레인스토밍 – 마인드 매핑(Mind Mapping)

Mind mapping은 중심 아이디어를 바탕으로 가지치기 하듯 적어 내려가는 Brainstorming 방법이야. 이 방법은 주제와 연관된 단어들 위주로 적어 내려가면서 아이디어를 확장할 수 있지. 머리에 떠오르는 아이디어를 한글, 영어 등 형식의 제한 없이 자신이 편한 방식으로 자유롭게 써 봐.

The best way to solve the world's environmental problems is to increase the cost of fuel. Do you agree or disagree?

세계 환경 문제를 해결하는 최고의 방법은 기름값 상승이다. (해당 주장에) 당신은 동의하는가, 또는 동의하지 않는가?

아웃라인 작성 예시

2 아웃라인 만들기

자, Step 1에서 아이디어를 다 모았으면 이제 아웃라인(Outline) 작성으로 넘어가보자! Outline은 앞에서 모은 아이디어를 바탕으로 주장에 대한 동의 또는 동의하지 않음을 결정하고, 그 입장에 대한 이유와 설명 또는 예시를 제시할 수 있도록 구조를 짜 보는 거야.

> **The best way to solve the world's environmental problems is to increase the cost of fuel. Do you agree or disagree?**
> 세계 환경 문제를 해결하는 최고의 방법은 기름값 상승이다. (해당 주장에) 당신은 동의하는가, 또는 동의하지 않는가?

아웃라인 작성 예시

Introduction
여러 환경문제 해결에 기름값 인상은 효과적이지 않다.

Body 1(이유 1)
- 연료 사용으로 초래되는 환경문제보다 다른 문제들이 더 많음
- 수질오염이나 쓰레기문제에는 별 도움이 안됨
- 이런 문제들을 위해선 다른 해결책들이 필요함

Body 2 (이유 2)
- 대부분의 환경문제들은 개인들에 의해 야기됨
- 사람들이 친환경적인 생활방식을 취해야 함
- 일회용 사용 자제와 재활용 같은 노력이 더 효과적임
- 사람들은 적절한 교육을 통해서 환경문제에 대해 인식해야 함

Conclusion
- 기름값 인상은 단기적인 해결책이다. 교육이 더 나은 해결책이 될 것이다.

Vocabulary

환경문제 environmental problems 기름값 the price of fuel 태우다 burn 탄소가스 carbon dioxide
지구온난화 global warming 대기 오염 air pollution 수질 오염 water pollution 쓰레기 문제 waste problem
멸종 extinction 야생동식물 wildlife 적절한 해결책 appropriate approach 개인의 individual
장기적인 long-term 지속적인 lasting 친환경적인 greener 일회용품 disposable items 재활용 recycling

3 표현 정리하기

1/ environment 환경

There has been serious damage to the **environment**.
심각한 **환경** 피해가 있어 왔다.

2/ pollution 오염

One of the major reasons for air **pollution** is the increasing use of automobiles.
대기 **오염**의 여러 원인들 중 하나는 자동차 사용의 증가이다.

3/ destroy 파괴하다

Humans are **destroying** wildlife habitats.
인간들이 야생 동식물 서식지를 파괴하고 있다.

4/ human activities 인간의 활동

Various **human activities** have obviously caused serious damage to the environment.
다양한 인간의 활동이 분명히 심각한 환경 파괴를 해왔다.

5/ carbon emissions 탄소 배출 가스

Factories and vehicles produce **carbon emissions** and exhaust fumes.
공장과 운송 수단들이 **탄소 배출 가스**와 매연을 배출한다.

6/ fossil fuels 화석 연료

Fossil fuels like oil and gas are running out.
기름과 가스 같은 **화석 연료**는 고갈되고 있다.

7/ wildlife extinction 야생 동식물 멸종

Human activity is responsible for **wildlife extinction** in many parts of the world.
인간의 활동은 세계 여러 곳의 **야생 동식물 멸종**에 책임이 있다.

8/ waste / rubbish 쓰레기

The most effective way to reduce **waste** is to recycle as much as possible.
쓰레기를 줄이는 가장 효과적인 방법은 우리가 최대한 재활용하는 것이다.

9/ **alternative energy** 대체 에너지

Nuclear power can be an **alternative energy** to fossil fuels.
원자력은 화석 연료의 **대체에너지**가 될 수 있다.

10/ **eco-friendly** 친환경적인

Governments should invest in **eco-friendly** energy from solar, wind or water power.
정부는 태양열, 풍력, 수력과 같은 **친환경** 에너지에 투자해야 한다.

11/ **disposable products** 일회용 제품

People should use durable and reusable **products** rather than **disposable** ones.
사람들은 일회용 제품보다는 내구성 강하고 재사용 가능한 제품들을 사용해야 한다.

12/ **eco-system** 생태계

Chemical waste kills plants and fish, having a devastating effect on the **eco-system**.
화학 폐기물은 식물과 어류를 죽이고, 생태계에 끔찍한 영향을 미친다.

13/ **extreme weather conditions** 극심한 기후 상태

Extreme weather conditions such as flooding and droughts may become more common.
홍수와 가뭄 같은 극심한 기후 상태가 점점 흔해지고 있다.

14/ **contaminate** 오염시키다

Domestic and industrial waste has **contaminated** rivers and seas.
가정 쓰레기와 산업 쓰레기가 강과 바다를 **오염시켜** 왔다.

15/ **global warming** 지구 온난화

Although many governments have made great efforts to address **global warming**, the results are not quite satisfying.
많은 정부에서 **지구 온난화**를 막기 위한 엄청난 노력을 해왔지만, 그 결과들은 그리 만족스럽지 못하다.

WRITING

대부분의 에세이는 서론, 본론, 결론으로 구성되지. 서론에서 본인의 입장을 분명하게 밝히고, 본론에서는 본인의 입장을 뒷받침하는 의견과 예를 들어 주어 구성을 탄탄하게 하지. 그리고 마지막으로 본인의 입장이 일관될 수 있도록 결론에서는 본인의 의견을 다시 한번 언급해 주면 일관성 있는 탄탄한 에세이를 완성할 수 있어.

The best way to solve the world's environmental problems is to increase the cost of fuel. <u>Do you agree or disagree?</u>

세계 환경 문제를 해결하는 최고의 방법은 기름값 상승이다. <u>(해당 주장에)</u> 당신은 동의하는가, 또는 동의하지 않는가?

STEP 1 | Introduction

서론(Introduction):
도입문 + 대주제문
GENERAL STATEMENT (GS) + THESIS STATEMENT (TSS)

서론은 크게 도입문(General Statement(GS))과 대주제문(Thesis Statement(TSS))으로 구성되고, 필요하다면 부가문(Additional Statement(AS))을 추가하면 돼. 도입문에서는 문제에서 언급된 주제의 일반적인 내용을 적어주면 되고, 대주제문에서는 그 주제에 대한 자신의 입장을 적어주면 돼.

(1) 아웃라인

> 기름값 인상은 효과적이지 않다.
> I disagree with the statement.

(2) Your Writing

(3) Sample Writing

> It is suggested that the best way to deal with these issues is for governments to raise the price of fuel. However, I am not sure that this is necessarily the case.

— 도입문 (GS)
— 대주제문 (TSS)

인류가 직면한 다양한 환경 문제들이 있다. 몇몇 사람들은 이 문제를 해결하기 위한 최고의 방법이 기름값을 상승시키는 것이라고 한다. 하지만, 나는 이게 최고가 아니라고 생각한다.

STEP 2 Body

본론 (Body):

Body 1:

소주제문 1 + 뒷받침 의견 (설명과 예시)

Topic Sentence (TPS) 1 + Supporting Ideas (SI)

Body 2:

소주제문 2 + 뒷받침 의견 (설명과 예시)

Topic Sentence (TPS) 2 + Supporting Ideas (SI)

에세이에서 Body(본론) 파트는 각 단락별로 주제문(Topic Sentence (TPS))과 뒷받침 의견(Supporting Ideas (SI))으로 구성할 수 있어. 주제문은 해당 단락의 제목에 해당하는 주장 또는 내용이 되어야 하고, 그 주제문을 구체화하기 위해서 뒷받침할 수 있는 이유와 설명들로 그 단락의 나머지를 구성해야 해. 즉, 본론은 주제문과 함께 부연설명 또는 예시문으로 구성하면 돼.

(1) 아웃라인

BODY 1 (이유 1)
- 연료 사용으로 초래되는 환경문제보다 다른 문제들이 더 많음
  many other environmental problems than the damage caused by burning fossil fuels
- 수질오염이나 쓰레기문제에는 별 도움이 안됨
  would not help with water pollution or waste problem
- 이런 문제들을 위해선 다른 해결책들이 필요함
  find other solutions

BODY 2 (이유 2)
- 대부분의 환경문제들은 개인들에 의해 야기됨   most environmental damages, caused by individuals
- 사람들이 친환경적인 생활방식을 취해야 함   need to adopt a greener lifestyle
- 일회용 사용 자제와 재활용 같은 노력이 더 효과적임   reducing the use of disposable items or recycling is more helpful
- 사람들은 적절한 교육을 통해서 환경문제에 대해 인식해야 함   need proper education

(2) Your Writing

BODY 1

BODY 2

(3) Sample Writing

BODY 1

In my view, one reason why this approach may be ineffective is that there are many other environmental problems the world faces today than the damage caused by burning fossil fuels. If governments did make fuel more expensive, it might well help reduce the amount of carbon dioxide we produce, curbing global warming and air pollution. However, it would not help with other major problems such as water pollution, waste problem, the extinction of wildlife. For these problems we need to find other solutions.

— 소주제문 (TPS) 1
— 뒷받침 의견 (SI) 1
— 뒷받침 의견 (SI) 2

해석

기름값을 인상하는 게 효과적이지 못하다는 이유는, 연료 사용으로 인해 발생된 환경 문제들보다 더 많은 환경 문제들이 존재하기 때문이다. 만약 정부가 기름값을 인상한다면, 탄소 배출가스를 줄여서 지구 온난화와 대기 오염을 막을 수는 있을 것이다. 하지만, 수질오염, 쓰레기, 야생 동식물 멸종 같은 다른 환경문제 해결엔 도움이 되지 않는다. 이런 문제들을 해결하려면, 다른 해결책들이 필요하다.

BODY 2

Another reason why this policy may not be the most appropriate is that most environmental damages should be handled by not only governments but also individuals. This is because most problems are the result of individual lifestyles. In order to find a long-term and lasting solution to them, we need to adopt a greener lifestyle. For example, reducing the use of disposable items or recycling would do more to help tackle the waste problem than taxation on fuels. Moreover, governments need to ensure that people of all ages can be aware of the environmental consequences of their actions through proper education.

— 소주제문 (TPS) 2
— 뒷받침 의견 (SI) 1
— 뒷받침 의견 (SI) 2

해석

기름값 인상이 적절치 못한 해결책이라는 또 다른 이유는, 환경 문제는 정부뿐만 아니라 개인들의 참여에 의해서 해결되어야 한다는 것이다. 왜냐하면, 대부분의 환경 문제들은 개인의 생활 방식의 의해서 야기된 것이기 때문이다. 장기적이고 지속적인 해결책을 찾기 위해선, 개인들이 더 친환경적인 삶의 방식을 취해야 할 것이다. 예를 들면, 기름값 인상보다는, 개인들이 일회용품 사용을 줄이거나, 재활용을 하면서 쓰레기를 문제를 해결할 수 있다. 게다가, 정부는 적절한 교육을 통해서 모든 사람들이 본인들이 야기한 환경문제들에 대해서 인식할 수 있게 해야 한다.

STEP 3 Conclusion

결론 (Conclusion):
종결문 + 요약문
Concluding Sentence (CS) + Summing-up Sentence (SS)

 결론에서는 서론과 본론에서 밝힌 본인 입장을 정리하면서 에세이 전체를 마무리하면 돼. 즉, 결론은 **서론에서 나온 대주제문을** paraphrasing 해주는 종결문(Concluding Sentence (CS))과 전체적인 내용을 summarizing 해주는 요약문 Summing-up Sentence (SS)을 붙여 구성할 수 있어. 최대한 간단, 명료하게 쓰되, 20자 안팎으로 구성하면 적당해. 같이 한번 살펴볼까?

(1) 아웃라인

> 기름값 인상은 단기적인 해결책이다. 교육이 더 나은 해결책이 될 것이다.
> increasing the cost of fuel is a short-term solution, proper education will be the key.

(2) Your Writing

➡ _____

(3) Sample Writing

> In conclusion, I believe that increasing the level of taxation on fuel is at best a short-term solution to only one environmental problem. If we wish to solve the damage to the environment more effectively, education will be the key to this. — 종결문 (CS)

 해석
결론은, 기름값 인상 정책은 기껏해야 단기적으로 한 가지 환경문제만 해결할 수 있을 것이라고 생각한다. 만약, 환경문제를 더 효과적으로 해결하고 싶다면, 교육만이 그것에 대한 해결책이 될 수 있을 것이다.

ⓘ 완성된 모델 에세이 확인은 p.326

POST-WRITING

자, 지금까지 배운 내용을 토대로 ENVIRONMENT 주제와 관련된 에세이를 직접 한번 써 보자.

WRITING TASK 2
You should spend about 40 minutes on this task.
Write about the following topic:

> Some people claim that not enough waste from homes is recycled. They say that the only way to increase recycling is for governments to make it a legal requirement. To what extent do you think laws are needed to make people recycle more of their waste?

Give reasons for your answer and include any relevant examples from your own knowledge or experience.

Write at least 250 words.

Brainstorming

Outline

Your Writing

REVIEW

오늘 공부 어땠어? 오늘 배운 내용을 복습하는 의미에서 간단한 퀴즈를 풀어보자!

Vocabulary
다음 빈칸에 들어가기에 알맞은 단어를 찾아 쓰시오.

> public transport   private cars   durable products   waste   air pollution

❶ The increasing use of private cars causes _____.
자동차 사용의 증가가 대기 오염을 야기했다.

❷ People should be encouraged to use _____ more to reduce air pollution.
대기 오염을 줄이기 위해서, 사람들은 더 많이 대중교통을 사용해야 한다.

❸ People should also be encouraged to use _____ to reduce waste.
사람들은 쓰레기를 줄이기 위해서 내구성 강한 제품들을 사용해야 한다.

Error Correction
다음 문장에서 문법적으로 어색한 부분을 찾아 고치고 어법에 맞게 다시 작성해 보시오.

❶ The damage on the environment is increasing.
환경 피해가 점점 늘어나고 있다.

❷ Environmental problems are cause by individuals.
환경문제들은 개인들의 의해서 야기된다.

❸ Government all over the world should impose a heavy tax on the price of petrol.
정부는 기름값에 무거운 세금을 부과해야 한다.

SELF-CHECK
본인의 답변을 Good Example과 비교해서 영역별로 자신의 점수를 체크해 보자.

과제 수행	문법	어휘	일관성
• 주어진 과제에 대한 답을 했는가? • 주어진 시간안에 작성했는가? • 정해진 단어수에 맞게 작성했는가? • 주제를 벗어나지 않은 문장만을 작성했는가?	• 주어 동사를 포함한 완전한 문장을 작성했는가? • 접속사, 관계대명사 등 다양한 문장을 작성했는가? • 올바른 시제/수일치를 사용했는가? • 알맞은 문장부호를 사용했는가?	• 한 단어를 반복 사용하지 않고 동의어를 사용했는가? • 다양한 어휘를 사용했는가? • 주제에 어울리는 정확한 어휘를 사용했는가? • PARAPHRASING한 문장을 사용했는가?	• 다양한 연결어를 사용하여 자연스럽게 작성했는가? • 글의 구조가 명확히 드러나도록 작성했는가? • 각 단락의 첫 문장에 핵심문장을 적었는가? • 본론의 내용이 서론과 긴밀하게 연결되는가?
1 2 3 4 5	1 2 3 4 5	1 2 3 4 5	1 2 3 4 5
1~5	6~10	11~15	16~20	OVERALL GRADE
LIMITED	MODEST	COMPETENT	GOOD	

조용한 전통의 도시 요크

안녕하세요! 영국 맨체스터에서 공부하고 있는 ed:m 통신원 황승주입니다. 이번에는 리버풀만큼 관광으로 유명한 요크에 다녀온 후기를 알려드릴게요. 영국의 지도를 펼쳐 요크를 찾아보면 거의 남북을 정확하게 반으로 나누는 지점에 있는 것을 알 수 있습니다. 세계 어느 나라나 마찬가지로 한 국가의 중심에 있는 도시는 그 국가의 교통의 요지일 가능성이 매우 큽니다. 요크는 맨체스터나 런던에 비하면 굉장히 작은 도시지만, 도시의 크기에 비해서 굉장히 큰 기차역을 가지고 있습니다. 또 그 기차역 바로 옆에는 '국립 철도 박물관'이 있습니다. 영국은 산업혁명과 함께 철도의 발달이 빠르게 이루어졌습니다. 요크 기차역에 내리자마자 가장 먼저 방문한 철도박물관은 현재는 달릴 수 없는 예전의 기차부터 해저터널을 달렸던 유로스타까지 영국의 시대를 풍미했던 기차들을 볼 수 있습니다.

또한 유럽의 도시들은 대부분 도시의 중간에 성당을 가지고 있습니다. 그리고 성당은 그 도시의 얼굴이자 얼마나 번성했던 도시였는지 보여 주는 지표이기도 합니다. 맨체스터는 산업혁명 이후로 커진 도시라 그런지 '대성당'이라고 부르기 조금 민망한 크기의 맨체스터 대성당이 있습니다. 그러나 그 작은 요크에는 영국을 통틀어 손에 꼽히는 어마어마한 규모를 자랑하는 요크 민스터를 볼 수 있습니다. 한때 영국에서 잘 나가던 가문인 요크셔 가문의 힘을 느낄 수 있는 성당이랍니다. 요크는 높은 건물이 거의 없고 특히 성벽 안쪽의 구시가지는 맨체스터와 리버풀 같은 빅토리아풍 건물이 아닌 그 이전 시대의 건물들이 가득해 시내 어디에서나 요크 민스터를 볼 수 있습니다. 요크 민스터는 입장료를 받고 있습니다. 성당만 관람하는 데는 성인 11파운드, 학생 9파운드이고 정상에 올라가는 타워투어 패키지는 성인 16파운드, 학생 14파운드라는 꽤나 큰 금액을 받습니다. 그럼에도 요크 민스터는 그 가격을 내고 볼 가치가 충분하다고 생각합니다. 아름다운 스테인드 글라스와 하늘을 찌를 것처럼 솟아있는 천장, 그리고 지친 다리를 끌고 타워 정상에 올라 내려다보는 요크의 전경은 충분히 그 값을 한다고 생각합니다.

요크 민스터 주위를 둘러보면 유난히 사람들이 많은 골목을 발견할 수 있습니다. 바로 요크에서 요크 민스터 다음으로 유명한 Shambles라는 거리입니다. 이 거리가 유명한 이유는 다름아닌 해리포터 때문입니다. 해리포터가 처음으로 자신의 지팡이를 사러 가는 장면을 기억하시나요? 그 지팡이 가게가 있는 마법사들의 세상 이름이 '다이애건앨리'입니다. 그리고 다이애건앨리의 모티브가 된 곳이 바로 요크의 Shambles라고 합니다. Shambles는 넓지 않은 골목으로 양쪽에 작은 가게들과 작은 티룸, 작은 음식점으로 가득합니다. 간단히 걸어다니며 윈도우 쇼핑을 하는 것만으로도 재밌는 거리입니다. 그러다 분위기 좋은 티룸에서 스콘과 함께 밀크티 한잔을 하면 금상첨화입니다. 요크는 반나절이면 유명한 관광지를 모두 둘러볼 수 있는 작은 도시입니다. 그런데 여태 다녀보았던 영국의 도시 중에서 감히 으뜸으로 뽑고 싶습니다. 영국의 과거 모습을 아주 잘 간직하고 있고 잘 가꾼 도시의 모습에서 아름다움을 느낄 수 있기 때문이죠. 사람들이 느끼는 것은 다 비슷한지 요크를 방문했던 다른 친구들에게도 물어보면 모두 엄지를 치켜세웁니다. 소박하지만 절대 작지 않은 도시인 York, 영국에 오시면 꼭 한번 방문해 보시기를 추천합니다!

CHAPTER 9

TASK 2

HEALTH

건강 관련 토픽에서는 현대인의 식습관과 생활방식에 따른 건강 문제들에 대해서 여러 가지 이슈를 다루게 될 거야.

HEALTH

PREVIEW

아동 비만 문제와 건강을 해치는 여러 가지 요인들에 대한 찬반입장들이 등장하고, 어떤 방법이 효과적으로 건강을 향상시킬 수 있는지를 물어보는 질문들이 주로 출제되고 있어. 자, 그럼 본격적인 공부에 들어가기 전에 HEALTH 주제와 관련해 많이 출제되는 문제 유형과 빈출 문제를 한번 살펴보고 갈까?

유형별 HEALTH 관련 빈출 문제

AGREE & DISAGREE II

Q1 Most developed countries spend a large proportion of their health budgets on expensive medical technology and procedures. This money should be spent instead on health education to keep people well. To what extent do you agree or disagree with this opinion?

대부분의 선진국들은 비싼 의료 기술과 절차에 상당한 예산을 지출하고 있다. 하지만, 이 예산은 그곳에 쓰이는 것 대신에 의료 교육에 쓰이는 게 맞다고 한다. (해당 주장에 대해) 당신은 어느 정도 동의 또는 동의하지 않는가?

Q2 Some people propose that smoking should be banned completely. To what extent do you agree or disagree with this statement?

몇몇 사람들이 흡연은 완전히 금지되어야 한다고 주장합니다. (해당 주장에 대해) 당신은 어느 정도 동의 또는 동의하지 않는가?

DISCUSSION

Q1 Some people say that the best way to improve public health is by increasing the number of sports facilities. Others, however, say that this would have little effect on public health and that other measures are required. Discuss both these views and give your own opinion.

몇몇 사람들이, 국민 건강을 향상시킬 수 있는 최고의 방법은 체육시설을 늘리는 것이라고 주장한다. 반면에, 다른 사람들은 그런 방법은 별 효과가 없을 것이고 다른 방법들이 필요하다고 주장한다. 두 입장을 논하고, 당신의 입장을 밝히시오.

PROBLEM/CAUSE & SOLUTION

Q1 Despite huge improvements in healthcare, the overall standard of physical health in many developed countries is now falling. What could be the reason for this trend, and what can be done to reverse it?

의료분야의 엄청난 발전이 있었음에도 불구하고, 많은 선진국의 건강 수준이 떨어지고 있다. 이런 현상의 이유가 무엇인가? 그리고 해결책은 무엇인가?

Q2 Childhood obesity is becoming a serious problem in many developed countries. Explain the main causes and effects of this problem, and suggest some possible solutions.

많은 선진국에서 아동 비만이 심각한 문제가 되고 있다. 이 현상의 원인과 결과를 설명하고, 해결책을 제시하시오.

HEALTH

많은 나라에서 아동 비만이 심각해지고 있는데, 그 원인과 결과가 무엇이고, 비만문제를 해결하기 위해서 어떤 방법들이 취해져야 하는지를 묻는 문제에 대해서 다뤄 보자. 자, 우리는 그럼 CAUSE/PROBLEM & SOLUTION 유형 Q. 2 빈출 문제로 한번 작성해 볼까?

WRITING TASK 2

You should spend about 40 minutes on this task. Write about the following topic:

해당 과제를 약 40분에 걸쳐 완성하시오.

> ***Childhood obesity is becoming a serious problem in many developed countries. Explain the main causes and effects of this problem, and suggest some possible solutions.***
>
> 많은 선진국에서 아동 비만이 심각한 문제가 되고 있다. 이 현상의 원인과 결과를 설명하고, 해결책을 제시하시오.

Give reasons for your answer and include any relevant examples from your own knowledge or experience.

본인의 지식과 경험으로부터 나온 적절한 예시들과 함께 당신의 의견에 대한 이유를 제시하시오.

Write at least 250 words.

최소 250자 내로 답하세요.

PREWRITING

매력적인 답변을 작성하려면 브레인스토밍(Brainstorming)*을 통해 쓸 내용에 대해 구상하고, Outline을 먼저 작성해 보는 게 좋아.

* 브레인스토밍(Brain+storming) : 머릿속에서 폭풍이 치듯 자유롭게 아이디어를 내는 Prewriting 방법

 브레인스토밍 – 매칭(Matching)

매칭(Matching)은 원인과 해결책을 생각해 내기에 적합한 브레인스토밍 방법이야. 먼저 주어진 현상이나 문제점에 대해 생각해 보고 원인 따로, 해결책 따로 각각 생각나는 대로 적어보자. 그 다음 원인과 적합한 해결책을 서로 매치시켜 보는 거야. 실제 시험에서는 짧은 시간 안에 아이디어를 내야 하기 때문에 원인과 해결책을 맞춰서 동시에 생각하다 보면 어려움이 있을 수 있어. 그렇지만 이렇게 매칭(Matching) 브레인스토밍 방법을 사용하면 짧은 시간 안에 많은 아이디어를 생각해 낼 수 있음과 동시에 풍성한 내용 구성도 가능하지. 자 한번 해 볼까?

매칭(Matching) 예시

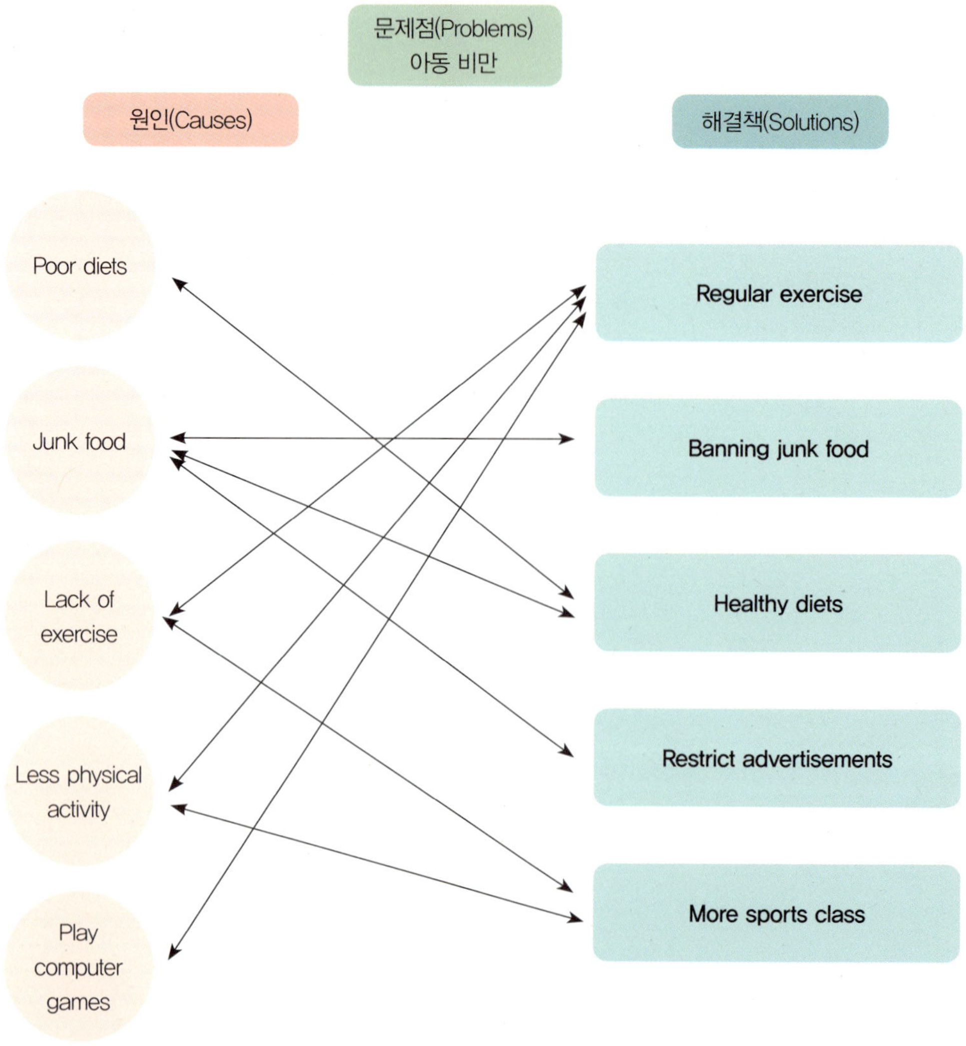

문제점(Problems): 아동 비만

원인(Causes)
- Poor diets
- Junk food
- Lack of exercise
- Less physical activity
- Play computer games

해결책(Solutions)
- Regular exercise
- Banning junk food
- Healthy diets
- Restrict advertisements
- More sports class

2 아웃라인 만들기

자, Step 1에서 아이디어를 다 모았으면 이제 아웃라인(Outline) 작성으로 넘어가보자! Outline은 앞에서 모은 아이디어를 바탕으로 주장에 대한 동의 또는 동의하지 않음을 결정하고, 그 입장에 대한 이유와 설명 또는 예시를 제시할 수 있도록 구조를 짜 보는 거야.

> ***Childhood obesity is becoming a serious problem in many developed countries. Explain the main causes and effects of this problem, and suggest some possible solutions.***
>
> 많은 선진국에서 아동 비만이 심각한 문제가 되고 있다. 이 현상의 원인과 결과를 설명하고, 해결책을 제시하시오.

아웃라인 작성 예시

Introduction
아동 비만의 여러 원인과 해결책이 있다

Body 1 (원인과 결과)
- 아이들이 햄버거 같은 불량 식품을 즐겨 먹는다
- 운동과 육체 활동의 부족
- 컴퓨터 게임을 즐긴다
- 당뇨병 같은 질병의 위험이 높아진다

Body 2 (해결책)
- 운동과 육체 활동을 더 많이 해야 한다
- 정기적으로 운동을 해야 한다
- 정부는 불량식품을 금지하고 광고를 제재해야 한다

Conclusion
아동 비만은 운동과 건강한 식사를 통해서 해결될 수 있다

Vocabulary

아동 비만 childhood obesity   운동 부족 lack of exercise   질병 diseases
당뇨병 diabetes   금지하다 ban   제한하다 limit   광고 advertisements

3 표현 정리하기

1. health problem 건강 문제

There are various **health problems** in developed countries.
선진국들에 다양한 **건강 문제**가 있다.

2. balanced diet 균형잡힌 식단

People should have a **balanced diet** to be healthy.
건강하기 위해서 **균형잡힌 식사**를 해야 한다.

3. physical activity 육체 활동

The lack of **physical activity** causes obesity.
육체 활동의 부족이 비만을 초래했다.

4. indoor activity 실내 활동

Children spend their leisure time doing **indoor activities** such as playing computer games.
아이들은 컴퓨터 게임 같은 **실내 활동**을 하며 여가시간을 보낸다.

5. obesity 비만

Childhood **obesity** is becoming a serious problem in many countries.
아동 **비만**은 많은 나라에서 심각해지고 있다.

6. sedentary lifestyle 좌식 생활

People in modern society lead a **sedentary lifestyle**.
현대인들은 **좌식 생활**을 한다.

7. sports facilities 운동 시설

Governments should provide more **sports facilities** to improve the standard of public health.
정부는 국민의 건강 증진을 위해 더 많은 **운동 시설**을 제공해야 한다.

8. time-saving technology 시간을 절약하는 기술

People rely on **time-saving technology** such as washing machine.
사람들은 세탁기와 같은 **시간을 절약해 주는 기술**에 의존한다.

9/ **unhealthy diets** 해로운 식단

Children have **unhealthy diets** and consume lots of junk food.
아이들은 불량 식품 같은 **해로운 식단**을 취한다.

10/ **regular exercise** 정기적인 운동

Overweight children should try to do **regular exercise**.
비만인 아이들은 **정기적인 운동**을 해야 한다.

11/ **healthcare** 건강관리/의료

There have been huge improvements in **healthcare**.
의료(서비스)의 엄청난 발전이 있었다.

12/ **health education** 보건 교육

Health education can be the most effective solution to health problems.
보건 교육이 건강 문제의 가장 효과적인 해결책일 수 있다.

13/ **physical education** 체육 수업

There should be more **physical education** in school curriculums.
교과 과정에서 **체육 수업**을 더 많이 배정해야 한다.

14/ **diabetes and heart disease** 당뇨병 및 심장 질환

Obese children are exposed to **diabetes and heart disease**.
비만인 아들은 **당뇨병 및 심장 질환**에 노출될 수 있다.

15/ **junk food** 불량 식품

Some people think that governments should ban **junk food** from school menus.
정부가 학교 주변의 **불량식품**을 근절해야 한다는 주장이 있다.

WRITING

대부분의 에세이는 서론, 본론, 결론으로 구성되지. 서론에서 본인의 입장을 분명하게 밝히고, 본론에서는 본인의 입장을 뒷받침하는 의견과 예를 들어 주어 구성을 탄탄하게 하지. 그리고 마지막으로 본인의 입장이 일관될 수 있도록 결론에서는 본인의 의견을 다시 한번 언급해 주면 일관성 있는 탄탄한 에세이를 완성할 수 있어.

> **Childhood obesity is becoming a serious problem in many developed countries. Explain the main causes and effects of this problem, and suggest some possible solutions.**
>
> 많은 선진국에서 아동 비만이 심각한 문제가 되고 있다. <u>이 현상의 원인과 결과를 설명하고, 해결책을 제시하시오.</u>

STEP 1　Introduction

서론(Introduction):
도입문 + 대주제문
GENERAL STATEMENT (GS) + THESIS STATEMENT (TSS)

서론은 크게 도입문(General Statement(GS))과 대주제문(Thesis Statement(TSS))으로 구성되고, 필요하다면 부가문(Additional Statement(AS))을 추가하면 돼. 도입문에서는 문제에서 언급된 주제의 일반적인 내용을 적어주면 되고, 대주제문에서는 그 주제에 대한 자신의 입장을 적어주면 돼.

(1) 아웃라인

> 아동 비만의 여러 원인과 해결책이 있다.
> various causes and solutions to childhood obesity.

(2) Your Writing

▶

(3) Sample Writing

> There has been a significant rise in the number of overweight children in many parts of the developed world. There are several reasons for this problem, and various measures which could be taken by governments and parents to improve the situation.

— 도입문 (GS)
— 대주제문 (TSS)

많은 선진국에서 비만 아동이 상당히 많이 증가해 오고 있다.
이 문제에는 여러 가지 원인이 있지만, 정부와 부모들이 택해서 이 상황을 개선할 수 있는 다양한 수단이 있다.

STEP 2 Body

본론 (Body):

Body 1:

소주제문 1 + 뒷받침 의견 (설명과 예시)
Topic Sentence (TPS) 1 + Supporting Ideas (SI)

Body 2:

소주제문 2 + 뒷받침 의견 (설명과 예시)
Topic Sentence (TPS) 2 + Supporting Ideas (SI)

에세이에서 Body(본론) 파트는 각 단락별로 주제문(Topic Sentence (TPS))과 뒷받침 의견(Supporting Ideas (SI))으로 구성할 수 있어. 주제문은 해당 단락의 제목에 해당하는 주장 또는 내용이 되어야 하고, 그 주제문을 구체화하기 위해서 뒷받침할 수 있는 이유와 설명들로 그 단락의 나머지를 구성해야 해. 즉, 본론은 주제문과 함께 부연설명 또는 예시문으로 구성하면 돼.

(1) 아웃라인

> **BODY 1 (원인과 결과)**
> - 아이들이 햄버거 같은 불량 식품을 즐겨 먹는다: children eat junk food such as hamburgers
> - 운동과 육체 활동의 부족: the lack of exercise and physical activity
> - 컴퓨터 게임을 즐긴다: enjoy playing computer games
> - 당뇨병 같은 질병의 위험이 높아진다: higher risk of diseases such as diabetes
>
> **BODY 2 (해결책)**
> - 운동과 육체 활동을 더 많이 해야 한다: more exercise and be physically active
> - 정기적으로 운동을 해야 한다: should take regular exercise
> - 정부는 불량식품을 금지하고 광고를 제재해야 한다:
>   Governments should ban junk food and limit advertisements

(2) Your Writing

BODY 1

➤ _____

_____

_____

_____

_____

_____

BODY 2

➤ _____

_____

_____

_____

_____

_____

(3) Sample Writing

BODY 1

Various factors can cause childhood obesity. Firstly, a number of children rely on poor diets nowadays. For example, they like to eat junk food such as hamburgers, chips and drink sugary soft drinks. Secondly, they are less active at school and home. As they enjoy playing computer games and chatting on the Internet rather than playing outside or doing sports, the lack of exercise and physical activity contributes to the obesity problem. Consequently, obese children will be exposed to a higher risk of diseases such as diabetes or heart disease. At the same time, this circumstance is likely to put a strain on hospitals in the future.

— 소주제문 (TPS) 1
— 뒷받침 의견 (SI) 1
— 뒷받침 의견 (SI) 2

해석

다양한 원인들이 아동 비만 문제를 초래할 수 있다. 첫 번째는, 많은 아이들이 요즘 건강하지 못한 식단에 의존하는 것이다. 예를 들면, 그들은 햄버거, 감자튀김 또는 청량음료 같은 정크푸드를 좋아한다. 두 번째 이유는, 그들은 학교와 집에서 활동적이지 않다. 그들이 야외활동이나 운동 대신에 컴퓨터 게임이나 인터넷 채팅을 즐기면서, 운동 부족과 육체적 활동의 부족이 비만 문제를 야기한다. 결국엔, 비만 아동들은 당뇨나 심장질환 같은 질병에 노출될 확률이 더 높아진다. 또한, 이 현상은 미래에 병원에 부담을 안기게 될 것이다.

BODY 2

In order to tackle the obesity problem, parents, schools and governments have a vital role to play. The most effective measure taken by parents and schools is that children need to be encouraged to do more exercise and to be physically active. For instance, parents should restrict the time they spend playing computer games and encourage them to take regular exercise. Schools can also help the situation by ensuring that there is enough time for sport on the timetables. In addition, parents and schools should give healthy food and governments can play their part by banning junk food from school menus and limiting junk food advertising on TV.

— 소주제문 (TPS) 2
— 뒷받침 의견 (SI) 1
— 뒷받침 의견 (SI) 2

해석

비만 문제를 해결하기 위해서, 부모님, 학교 그리고 정부는 중요한 역할을 해야 한다. 부모님과 학교가 취할 수 있는 가장 효과적인 방법은 아이들이 운동을 더 많이 하고 더 활동적일 수 있도록 격려해야 한다. 예를 들면, 부모님들은 컴퓨터 게임하는 시간을 제한하고, 규칙적인 운동을 할 수 있게 권장해야 한다. 또한, 학교는 시간표에 충분한 체육수업을 배정하면서 이 상황을 개선할 수 있다. 게다가, 부모님과 학교는 아이들에게 건강한 음식을 제공하고, 정부는 학교에서 정크푸드를 금지하고 TV에서 정크푸드 광고를 규제하는 역할을 해야 한다.

STEP 3   Conclusion

결론 (Conclusion):
종결문 + 요약문
Concluding Sentence (CS) + Summing-up Sentence (SS)

결론에서는 서론과 본론에서 밝힌 본인 입장을 정리하면서 에세이 전체를 마무리하면 돼. 즉, 결론은 **서론에서 나온 대주제문을** paraphrasing **해주는 종결문**(Concluding Sentence (CS))**과 전체적인 내용을** summarizing **해주는 요약문** Summing-up Sentence (SS)**을 붙여 구성할 수 있어**. 최대한 간단, 명료하게 쓰되, 20자 안팎으로 구성하면 적당해. 같이 한번 살펴볼까?

(1) 아웃라인

> 운동과 건강한 식습관을 통해 비만을 해결할 수 있다.
> regular exercise and healthy diets can be the solutions.

(2) Your Writing

(3) Sample Writing

> In conclusion, childhood obesity in developed countries will only improve if ― 종결문 (CS)
> children become more physically active and start to eat more healthily.

결론은, 선진국의 아동 비만은 만약 아이들이 더 활동적이고 더 건강한 식사를 한다면, 분명 개선될 것이다.

완성된 모델 에세이 확인은 p.327

POST-WRITING

자, 지금까지 배운 내용을 토대로 HEALTH 주제와 관련된 에세이를 직접 한번 써 보자.

WRITING TASK 2

You should spend about 40 minutes on this task.
Write about the following topic:

> In spite of the advances made in agriculture, many people around the world still go hungry. Why is this the case? What can be done about this problem?

Give reasons for your answer and include any relevant examples from your own knowledge or experience.

Write at least 250 words.

Brainstorming

Outline

Your Writing

REVIEW

오늘 공부 어땠어? 오늘 배운 내용을 복습하는 의미에서 간단한 퀴즈를 풀어보자!

Vocabulary
다음 빈칸에 들어가기에 알맞은 단어를 찾아 쓰시오.

> regular exercise   health education   junk food   indoor activities   nutrition

❶ Overweight children should do _____.
비만인 아이들은 정기적인 운동을 해야 한다.

❷ One of the solutions to health problems is _____.
건강 문제의 한 가지 해결책은 보건 교육이다.

❸ Children enjoy _____ such as playing computer games and watching TV.
아이들은 컴퓨터 게임과 TV 시청 같은 실내 활동을 즐긴다.

Error Correction
다음 문장에서 문법적으로 어색한 부분을 찾아 고치고 어법에 맞게 다시 작성해 보시오.

❶ There are several reasons of childhood obesity.
아동 비만의 여러 가지 이유가 있다.

❷ Children enjoy eat junk food and play computer games.
아이들은 불량식품 먹기를 좋아하고 컴퓨터 게임을 즐긴다.

❸ Governments should be banned junk food.
정부는 불량식품을 근절해야 한다.

SELF-CHECK
본인의 답변을 Good Example과 비교해서 영역별로 자신의 점수를 체크해 보자.

과제 수행	문법	어휘	일관성
• 주어진 과제에 대한 답을 했는가? • 주어진 시간안에 작성했는가? • 정해진 단어수에 맞게 작성했는가? • 주제를 벗어나지 않은 문장만을 작성했는가?	• 주어 동사를 포함한 완전한 문장을 작성했는가? • 접속사, 관계대명사 등 다양한 문장을 작성했는가? • 올바른 시제/수일치를 사용했는가? • 알맞은 문장부호를 사용했는가?	• 한 단어를 반복 사용하지 않고 동의어를 사용했는가? • 다양한 어휘를 사용했는가? • 주제에 어울리는 정확한 어휘를 사용했는가? • PARAPHRASING한 문장을 사용했는가?	• 다양한 연결어를 사용하여 자연스럽게 작성했는가? • 글의 구조가 명확히 드러나도록 작성했는가? • 각 단락의 첫 문장에 핵심문장을 적었는가? • 본론의 내용이 서론과 긴밀하게 연결되는가?
1 2 3 4 5	1 2 3 4 5	1 2 3 4 5	1 2 3 4 5

1~5	6~10	11~15	16~20	OVERALL GRADE
LIMITED	MODEST	COMPETENT	GOOD	

ed:m 유학스토리

전 세계 ed:m 통신원들을 통해 유학생활 미리 보기

🇬🇧 방 구할 땐 역시 ZIGB… 아니, SPAREROOM!

안녕하세요!! ed:m Manchester 통신원 황덕주입니다. 한국에서 자취하시는 분 많으신가요? 영국에 유학 오시는 분들의 큰 고민 중 하나가 조금 비싸도 기숙사 혹은 홈스테이에서 사느냐, 아니면 돈을 아끼기 위해서 직접 집을 구해서 사느냐 이 사이에서 고민을 할 거라고 생각합니다. 영국에서 집을 구할 때 많이 사용하는 사이트로는 검트리, 스페어룸, 라잇무브 등등 많지만 그중 가장 매물이 많고 활발한 것은 아무래도 개인간 거래를 할 수 있는 스페어룸이 아닐까 싶습니다. 저도 스페어룸을 이용해서 방을 구했습니다.

스페어룸에서 방을 찾는 방법은 굉장히 쉽습니다. 검색을 할 수 있는 곳에 본인이 살고 있는 지역을 검색하면 많은 매물들을 찾을 수 있습니다. 조금 더 설정을 자세하게 할 수도 있습니다. 검색한 지역에서 몇 마일까지 검색이 되게 할 것인지, 싱글룸, 더블룸 혹은 화장실 포함, 화장실 불포함 등 방의 유형, 일주일에 얼마인지 한 달에 얼마인지, 세금이 포함된 가격인지 아닌지, 심지어는 룸메이트의 흡연 유무 등도 선택을 할 수 있습니다.
Free to Contact라고 적혀 있는 매물들은 매물이 등록된 지 일주일이 넘어 주인에게 바로 메시지를 보낼 수 있는 매물입니다.
Early Bird라고 적혀있는 매물들은 등록된 지 얼

마 안 되어 유료 이용권을 구입해야만 메시지를 보낼 수 있습니다. 스페어룸에서 방을 구할 때 팁으로는 일단 내게 한정된 예산이 얼마인가를 정하고 어느 정도 거리에서 살 것인지를 정한 뒤, 그에 부합하는 매물에 모두 메시지를 보내는 것입니다. 제가 방을 찾을 때 20명이 넘는 사람한테 메시지를 보냈지만 단, 10통도 답장이 안 오는 극악의 회신률을 보여 주기 때문에 일단 많은 사람들에게 메시지를 보내서 기회를 잡는 것이 중요합니다. 어차피 주인이 올려준 사진으로는 실제 방이 어떤지 알기도 어렵고 보통 계약 전에 약속을 잡고 방을 보러 가는 것이 일반적이기 때문에 최대한 많은 사람들에게 메시지를 넣는 것을 추천합니다.
집주인에게 메시지를 보낼 때는 간단한 자기소개를 첨부하시면 됩니다. 이름이 뭐고, 나이는 몇 살이고, 학생인지 일을 하는지, 어떤 방을 원하는지를 간단하게 작성해서 보내면 되고 굳이 격식을 차려 보낼 필요는 없습니다. 답장이 왔다면 보통 집을 실제로 언제 보러 갈 것인지 약속을 잡습니다. 방이 마음에 들어 계약을 하게 되면 한국과 마찬가지로 계약서를 잘 읽어보는 것이 중요합니다. (간혹 계약서 없이 계약을 하는 경우도 있다고 하는데 추천하지 않습니다.) 월세는 매월 언제 어떤 방식으로 내는지, 보증금은 언제 돌려받을 수 있는지 등 조항들을 잘 확인하고 사인을 하면 드디어 영국에서 방을 구할 수 있습니다! 저는 현재 시티 센터에서 걸어서 약 20분 정도 걸리는 위치에 살고 있습니다. 월세는 한 달에 세금 포함 550파운드이고 화장실이 포함된 더블룸입니다. 집주인은 같이 살지 않으며 2층 집으로 조용한 새로 지은 빌리지에 위치하고 있습니다. 지금까지는 하우스메이트가 없어서 2층 집을 단독으로 거의 제 집처럼 편안하게 살았지만 곧 박사과정 공부를 하는 중국인 학생이 들어오기로 했다고 합니다. 사실 모든 게 처음이라 어려운 것이지 실제로 해보면 절대 어렵지 않습니다. 방을 구할 때도 한국에서 들었던 것처럼 난방은 잘 되는지, 수압은 적당한지, 주변이 너무 시끄럽지는 않은지 등등 상식적으로 아는 부분을 체크하면 충분합니다. 여러분도 너무 두려워하지 말고 직접 방을 구해서 조금 더 경제적으로 부담을 줄이고 자취를 해보는 경험을 해보셨으면 좋겠습니다.

CHAPTER 10

TASK 2

GLOBALIZATION

운송수단과 인터넷의 발전과 더불어 거의 모든 분야에서 세계화가 진행중이야. 세계화 현상에 따른 여러 가지 긍정 또는 부정적인 결과들에 대해서 알아보자.

GLOBALIZATION

PREVIEW

세계화는 경제적, 문화적, 환경적, 사회적인 다양한 결과를 만들어 내고 있는데, 그 결과들이 우리에게 미치는 영향이 긍정적인지 부정적인지에 대해서 의견을 물어볼 거야. 자, 그럼 본격적인 공부에 들어가기 전에 GLOBALIZATION 주제와 관련해 많이 출제되는 문제 유형과 빈출 문제를 한번 살펴보고 갈까?

유형별 GLOBALIZATION 관련 빈출 문제

AGREE & DISAGREE II

Q1 In most countries multinational companies and their products are becoming more and more important. This trend is seriously damaging our lives. To what extent do you agree or disagree?

대부분의 나라에서, 다국적 기업과 그들의 제품들이 점점 더 중요해지고 있다. 이런 현상은 우리의 삶에 심각한 피해를 입히게 될 것이다. (해당 주장에 대해) 당신은 어느 정도 동의 또는 동의하지 않는가?

DISCUSSION

Q1 Some people say that globalization affects the world's economies in a very positive way, while others argue that its negative side should not be forgotten. Discuss both views and give your opinion.

몇몇 사람들은 세계화가 경제에 긍정적인 영향을 미친다고 주장하고, 다른 이들은 세계화의 부정적인 측면들을 간과하면 안 된다고 주장한다. 두 입장을 논하고, 본인의 입장을 밝히시오.

ADVANTAGE/DISADVANTAGE

Q1 It is obvious that the world is becoming a global village in which there are no boundaries to trade and communication. Do the benefits of globalisation outweigh the drawbacks?

세계가 점점 무역과 의사소통의 경계가 없는 지구촌화 되어 간다. 이런 세계화의 장점이 단점보다 많은가?

Q2 Differences between countries become less evident each year. Nowadays, all over the world people share the same fashions, advertising, brands, eating habits and TV channels. Do the advantages outweigh the disadvantages of this?

매년 국가들간에 격차가 좁혀지고 있다. 요즘엔 전 세계 인구가 같은 유행, 상표, 그리고 TV 채널까지 공유하고 있다. 이런 현상의 장점이 단점보다 많은가?

Q3 Increasing global trade has led to the use of many items, including everyday items, produced in other countries which must be transported long distances. Do the advantages of this outweigh the disadvantages?

국제 무역이 증가하면서, 장거리 운송이 불가피한 많은 해외 생산 제품의 구매와 사용이 생겨났다. 이런 현상의 장점이 단점보다 많은가?

GLOBALIZATION

세계화가 각 나라의 경제에 미치는 영향이 긍정적인지 또는 부정적인지에 대해서 여러 주장이 있는데, 다국적 기업들의 해외 진출로 인해서 불거진 결과들을 중심으로 에세이를 작성하면 쉽게 풀어갈 수 있어. 자, 우리는 그럼 DISCUSSION 유형 Q. 1 빈출 문제로 한번 작성해 볼까?

WRITING TASK 2

You should spend about 40 minutes on this task. Write about the following topic:

해당 과제를 약 40분에 걸쳐 완성하시오.

> *Some people say that globalization affects the world's economies in a very positive way, while others argue that its negative side should not be forgotten.* **Discuss both views and give your opinion.**
>
> 몇몇 사람들은 세계화가 경제에 긍정적인 영향을 미친다고 주장하고, 다른 이들은 세계화의 부정적인 측면들을 간과하면 안된다고 주장한다. 두 입장을 논하고, 본인의 입장을 밝히시오.

Give reasons for your answer and include any relevant examples from your own knowledge or experience.

본인의 지식과 경험으로부터 나온 적절한 예시들과 함께 당신의 의견에 대한 이유를 제시하시오.

Write at least 250 words.

최소 250자 내로 답하세요.

PREWRITING

매력적인 답변을 작성하려면 브레인스토밍(Brainstorming)*을 통해 쓸 내용에 대해 구상하고, Outline을 먼저 작성해 보는 게 좋아.

* 브레인스토밍(Brain+storming) : 머릿속에서 폭풍이 치듯 자유롭게 아이디어를 내는 Prewriting 방법

 브레인스토밍 - 챠팅(Charting)

챠팅(Charting)은 하나의 주제를 두고 두 가지 다른 의견을 내서 분류해 보는 브레인스토밍 방법이야. 이 방법은 두 개의 다른 의견을 비교/분석해 결론으로 도달하는 방법으로 디스커션 주제에 대한 아이디어 구상에 적합한 방법이야. 주어진 주제에 대해 자유롭게 생각해 보고 서로 반대되는 의견을 한번 정리해 봐.

동의	주제 (Topic)	반대

챠팅(Charting) 예시

> **Some people say that globalization affects the world's economies in a very positive way, while others argue that its negative side should not be forgotten. Discuss both views and give your opinion.**
>
> 몇몇 사람들은 세계화가 경제에 긍정적인 영향을 미친다고 주장하고, 다른 이들은 세계화의 부정적인 측면들을 간과하면 안 된다고 주장한다. 두 입장을 논하고, 본인의 입장을 밝히시오.

동의 (Positive Effects)	주제 (Topic)	반대 (Negative Effects)
Global market		Unemployment in rich nations
Multinational companies		Negative impacts on local business
Make more profits	Globalization	Exploitation
Employment in poor nations		Poor working condition
Investment		Lower salary
Economic benefits		Global regulations

2 아웃라인 만들기

자, Step 1에서 아이디어를 다 모았으면 이제 아웃라인(Outline) 작성으로 넘어가 보자! Outline은 앞에서 모은 아이디어를 바탕으로 주장에 대한 동의 또는 동의하지 않음을 결정하고, 그 입장에 대한 이유와 설명 또는 예시를 제시할 수 있도록 구조를 짜 보는 거야.

> **Some people say that globalization affects the world's economies in a very positive way, while others argue that its negative side should not be forgotten. Discuss both views and give your opinion.**
>
> 몇몇 사람들은 세계화가 경제에 긍정적인 영향을 미친다고 주장하고, 다른 이들은 세계화의 부정적인 측면들을 간과하면 안된다고 주장한다. 두 입장을 논하고, 본인의 입장을 밝히시오.

아웃라인 작성 예시

Introduction
나는 세계화가 여러모로 부정적이라고 생각한다.

Body 1 (Benefits)
- 기업들은 전 세계에서 사업이 가능하다
- 이익을 창출할 수 있는 더 많은 기회가 있다
- 소비자들은 더 좋은 제품을 구할 수 있게 되었다
- 다국적 기업들은 후진국에서 고용 창출을 한다

Body 2 (Drawbacks)
- 선진국에서 실업이 발생한다
- 다국적 기업들은 노동자들을 착취한다
- 더 낮은 임금과 더 열악한 근무 환경을 제공한다

Conclusion
세계화는 부정적인 측면을 개선하면서 진행되어야 한다.

Vocabulary

부정적인 결과 negative effects   사업하다 do business   이익 profits
소비자 customers   질 좋은 제품 quality products   고용을 창출하다 create employment
실업 unemployment   다국적 기업 global companies   열악한 근무환경 poor working conditions

3 표현 정리하기

1/ globalization 세계화

Globalization has caused a great deal of economic problems.
세계화는 다양한 경제 문제를 야기했다.

2/ global trade 국제 무역

Increasing **global trade** leads to environmental damages.
증가하는 **국제 무역**은 환경문제를 발생시켰다.

3/ multinational companies 다국적 기업들

Multinational companies create employment in developing countries.
다국적 기업들은 개발도상국에서 고용을 창출한다.

4/ transport 운송수단

The advances in **transport** technology allow more people to travel abroad.
운송수단의 발전은 더 많은 사람들이 해외 여행을 할 수 있게 해주었다.

5/ employment 고용

The rate of **employment** in poor countries is rising due to globalization.
후진국의 **고용률**이 세계화 때문에 증가했다.

6/ developing countries 개발도상국

Globalization could reduce poverty in **developing countries**.
세계화는 **개발도상국**의 빈곤을 해결해 주었다.

7/ cheap labour 저임금

Several companies from the more developed countries take advantage of **cheap labor** in the poorer countries
선진국의 회사들은 후진국에서 **저임금**의 이점을 취한다.

8/ immigrants 이민자들

Many **immigrants** have skills that are needed in the country they move to.
많은 **이민자들**은 그들이 이주하는 나라에서 필요로 하는 기술을 가지고 있다.

9/ **cultural minorities** 소수 문화

As English has become an international language, this would obviously have a negative effect on **cultural minorities** because the new dominant language would bring its own culture with it.
영어가 세계어가 되어 가면서, **소수 문화**에 부정적인 영향을 미친다. 그 이유는 그 새로운 지배적인 언어가 그들의 문화를 담아오기 때문이다.

10/ **local companies** 토종 기업들

When powerful multinational companies invade local markets with their goods, they often force **local companies** with fewer resources to go out of business.
강력한 다국적 기업이 그들의 제품과 함께 **지역시장**에 진출하면, 자원과 인력이 부족한 토종 기업들은 망할 수밖에 없다.

11/ **exploit** 착취하다

Some international companies **exploit** their employees in developing countries.
몇몇 다국적 기업들은 개발도상국에서 그들의 노동자들을 **착취하고** 있다.

12/ **cultural diversity** 문화 다양성

Immigration can create **cultural diversity** in the society.
이민은 그 사회의 **문화 다양성**을 창출한다.

13/ **investment** 투자

Global companies provide more of an influx of cash or **investment** in the less developed countries.
다국적 기업들은 후진국에 현금의 유입과 **투자**를 유치한다.

14/ **multicultural** 다문화의

The lack of integration in **multicultural** societies can lead to racial tensions.
다문화 사회에서, 통합의 부족은 인종간에 긴장을 초래한다.

15/ **global warming** 지구 온난화

Global trade also creates excessive waste and **global warming**.
국제 무역은 또한 엄청난 쓰레기와 **지구 온난화** 문제를 초래했다.

WRITING

대부분의 에세이는 서론, 본론, 결론으로 구성되지. 서론에서 본인의 입장을 분명하게 밝히고, 본론에서는 본인의 입장을 뒷받침하는 의견과 예를 들어 주어 구성을 탄탄하게 하지. 그리고 마지막으로 본인의 입장이 일관될 수 있도록 결론에서는 본인의 의견을 다시 한번 언급해 주면 일관성 있는 탄탄한 에세이를 완성할 수 있어.

> *Some people say that globalization affects the world's economies in a very positive way, while others argue that its negative side should not be forgotten. <u>Discuss both views and give your opinion.</u>*
>
> 몇몇 사람들은 세계화가 경제에 긍정적인 영향을 미친다고 주장하고, 다른 이들은 세계화의 부정적인 측면들을 간과하면 안 된다고 주장한다. 두 입장을 논하고, 본인의 입장을 밝히시오.

STEP 1 Introduction

서론(Introduction):

도입문 + 대주제문

GENERAL STATEMENT (GS) + THESIS STATEMENT (TSS)

서론은 크게 도입문(General Statement(GS))과 대주제문(Thesis Statement(TSS))으로 구성되고, 필요하다면 부가문(Additional Statement(AS))을 추가하면 돼. 도입문에서는 문제에서 언급된 주제의 일반적인 내용을 적어주면 되고, 대주제문에서는 그 주제에 대한 자신의 입장을 적어주면 돼.

(1) 아웃라인

> 나는 세계화가 여러모로 부정적이라고 생각한다.
> globalization can be harmful in some ways

(2) Your Writing

POST-WRITING

자, 지금까지 배운 내용을 토대로 GLOBALIZATION 주제와 관련된 에세이를 직접 한번 써 보자.

WRITING TASK 2
You should spend about 40 minutes on this task.
Write about the following topic:

> Today more and more tourists are visiting places where conditions are difficult, such as the Sahara Desert or the Antarctic. What are the benefits and disadvantages for tourists who visit such places?

Give reasons for your answer and include any relevant examples from your own knowledge or experience.

Write at least 250 words.

Brainstorming

Outline

Your Writing

REVIEW

오늘 공부 어땠어? 오늘 배운 내용을 복습하는 의미에서 간단한 퀴즈를 풀어보자!

Vocabulary
다음 빈칸에 들어가기에 알맞은 단어를 찾아 쓰시오.

> globalization   employment   multinational companies   cheap labour   air pollution

❶ _____ have built their factories in the developing world.
다국적 기업들은 개발도상국에 그들의 생산시설을 건설해 왔다.

❷ Global trade has led to serious environmental problems such as _____.
무역은 대기오염 같은 심각한 환경 오염들 초래했다.

❸ Multinational companies create _____ in poor nations.
다국적 기업들은 후진국에서 고용을 창출한다.

Error Correction
다음 문장에서 문법적으로 어색한 부분을 찾아 고치고 어법에 맞게 다시 작성해 보시오.

❶ The negative effects which globalization have cannot be ignored.
세계화의 부정적인 측면들을 무시하면 안 된다.

❷ Some global companies exploit their employers in developing nations.
몇몇 다국적 기업들이 개발도상국에서 그들의 직원들을 착취하고 있다.

❸ The world has become integrate economically.
세계는 경제적으로 통합되어 왔다.

SELF-CHECK
본인의 답변을 Good Example과 비교해서 영역별로 자신의 점수를 체크해 보자.

과제 수행	문법	어휘	일관성
• 주어진 과제에 대한 답을 했는가? • 주어진 시간안에 작성했는가? • 정해진 단어수에 맞게 작성했는가? • 주제를 벗어나지 않은 문장만을 작성했는가?	• 주어 동사를 포함한 완전한 문장을 작성했는가? • 접속사, 관계대명사 등 다양한 문장을 작성했는가? • 올바른 시제/수일치를 사용했는가? • 알맞은 문장부호를 사용했는가?	• 한 단어를 반복 사용하지 않고 동의어를 사용했는가? • 다양한 어휘를 사용했는가? • 주제에 어울리는 정확한 어휘를 사용했는가? • PARAPHRASING한 문장을 사용했는가?	• 다양한 연결어를 사용하여 자연스럽게 작성했는가? • 글의 구조가 명확히 드러나도록 작성했는가? • 각 단락의 첫 문장에 핵심문장을 적었는가? • 본론의 내용이 서론과 긴밀하게 연결되는가?
1 2 3 4 5	1 2 3 4 5	1 2 3 4 5	1 2 3 4 5

1~5	6~10	11~15	16~20	OVERALL GRADE
LIMITED	MODEST	COMPETENT	GOOD	

ed:m 유학스토리
전 세계 ed:m 통신원들을 통해 유학생활 미리 보기

지금까지 이런 버거는 없었다, FIVE GUYS

안녕하세요. ed:m 통신원 이혜린입니다. 오늘은 보스턴의 다운타운의 맛집을 소개해 드리려고 합니다. 제가 이곳에서 햄버거를 먹고, 햄버거가 이렇게 맛있을 수가 있구나라고 느낀 순간이었습니다. 우리나라에 있는 맥도날드나 롯데리아 등은 미국에서 와서 그런지 우리나라 사람들 인식으로는 인기 많고, 일반적이고, 많이 먹고 하는 그런 인식인데 미국에 있는 맥도날드는 인지도는 많지만, 우리나라보단 취급을 못받는(?) 그런 패스트푸드 점이더라구요. 미국에는 햄버거, 피자, 샌드위치, 치즈, 에그 이런 게 정말 많구요. 차이나타운 쪽으로 가면 아시안 음식들이 많아요. 그래서 햄버거 가게, 피자 가게 이런 가게들이 정말 많고, 프랜차이즈, 개인 가게라 할 것 없이 정말 많은 것 같아요. 그래서 다양한 재료와 다양한 맛의 피자, 햄버거 등 패스트푸드를 맛볼 수 있답니다. 자, 그럼 본격적으로 보스턴 다운타운 햄버거 맛집 Five Guys의 방문기를 소개해드리겠습니다.

보스턴 다운타운에 위치한 Five Guys는 오전 7시에 문을 열고 (토, 일요일은 오전 8시) 오후 10시까지 영업한답니다. 제가 이번에 주문한 것은 Milk Shake와 감자튀김, 햄버거인데요. 이곳에서는 토핑이 정말 많아요! 버섯, 상추, 양파, 토마토, 올리브 등 10가지가 넘어요. 그래서 추가하고 싶은 것만 얘기해도 되고 다 추가 하시고 싶으면 "All toping, please."라고 해요. 저는 무조건 다 추가해요. 버섯이 들어간 버거는 정말 신세계더라구요. 진짜 정말 정말 추천 강추 정말 맛있어요! 감자튀김은 그냥 일반적인 감자튀김인데 햄버거의 종류에는 크기도 선택할 수 있고 다양하게 선택할 수 있어서 좋답니다. 버거의 종류에는 CHEESE, VEGE, CHEESEBACON, BACON 등이 있습니다. 저는 무조건 CHEESE BURGER로 주문합니다. 치즈가 들어가야 맛있는 것 같아요. 참, 햄버거는 크기가 정말 커서 플라스틱 칼로 잘라먹어야 해요. 저 같은 경우는 항상 나이프를 사용해서 갈라 먹어요. 친구와 함께 가서 수다 떨면서 먹어서 더 맛있는 햄버거!

그리고 음료로 주문한 Milk Shake는 그냥 그랬던 것 같아요. 슬러시 같은 건데 너무 달아서... 역시 미국 음식이구나 했어요... Milk Shake에도 Oreo, Chocolate, Strawberry, Original 다양한 Flavor 옵션이 있답니다. 저는 그냥 Oreo로! 생각보다 빨리 녹는다는 게 아쉬웠고 많이 달았다는 게 아쉬웠지만 정말 맛있었답니다. 가격은 한국보단 조금 비싸요. 평균적으로 $9 이상 정도는 하는 것 같네요. 저렴한 편은 아니지만 그래도 맛있으니까 종종 먹게 된답니다.

Five Guys만의 특징! 땅콩이 무료예요! 매장 옆에 가보면 땅콩 꾸러미(?)가 있는데 작은 상자에 담겨 있고 셀프로 마음껏 먹을 수 있어서 Five Guyes를 가는 또 하나의 재미랍니다. 여기까지 Five Guys 였습니다! 미국에 오시면 꼭 다양한 버거를 맛보세요!

CHAPTER 11

TV, INTERNET, AND PHONES

TASK 2

미디어와 의사소통 수단의 발전이 사회에 다양한 영향을 미치고 있어. 이런 변화속에서 우리는 편리함과 이점을 얻고 있지만 여러 가지 문제점들도 예상되지. 의사소통 기술의 발전이 우리에게 어떤 장점과 단점이 있는지에 대해 살펴볼 거야.

TV, INTERNET, AND PHONES

PREVIEW

우리는 일상 생활에서 TV, 인터넷, 휴대전화를 즐겨 사용하고 있는데, 이런 기술들은 우리에게 재미와 편리함만 가져다 준 게 아니라 여러 가지 소통 부재와 건강 문제까지 가져다 주었지. 그런 현상에 대해서 본인의 입장을 물어보는 문제가 자주 출제되고 있어. 자, 그럼 본격적인 공부에 들어가기 전에 TV, Internet, and Phones 주제와 관련해 많이 출제되는 문제 유형과 빈출 문제를 한번 살펴보고 갈까?

유형별 TV, Internet, and Phones 관련 빈출 문제

AGREE & DISAGREE II

Q1 Television has had a significant influence on the culture of many societies. To what extent would you say that television has positively or negatively affected the cultural development of your society?

TV가 많은 문화에 엄청난 영향을 미친다. 당신은 TV가 당신 나라의 문화에 어느 정도 긍정 또는 부정적인 영향을 미친다고 생각하는가?

Q2 Television can not replace books as a learning tool, which is why children are less well educated today. To what extent do you agree or disagree with this statement?

TV가 학습도구로써 책을 대체할 수 없는 것은 요즘 아이들이 전보다 덜 학습되어 있기 때문이다. 해당 주장에 대해 당신은 어느 정도 동의 또는 동의하지 않는가?

ADVANTAGE/DISADVANTAGE

Q1 Buying things on the Internet, such as books, air tickets and groceries, is becoming more and more popular. Do the advantages of shopping in this way outweigh the disadvantages?

인터넷에서 책, 항공권 그리고 생활 잡화와 같은 물건들을 사는 것이 점점 일반화되고 있다. 당신은 인터넷 쇼핑의 장점이 단점보다 많다고 생각하는가?

Q2 Some people regard video games as harmless fun, or even as a useful educational tool. Others, however, believe that videos games are having an adverse effect on the people who play them. In your opinion, do the drawbacks of video games outweigh the benefits?

몇몇 사람들은 비디오 게임이 무해하고, 심지어 유용한 학습 도구라고 주장한다. 그러나 다른 사람들은 비디오게임이 사용자에게 부정적인 영향을 미친다고 주장한다. 당신은 비디오 게임의 단점이 장점보다 많다고 생각하는가?

Q3 Mobile telephones have brought many benefits but they have also had negative effects. Do the disadvantages of having mobile phones outweigh the advantages?

휴대전화는 많은 혜택을 가져왔지만, 또한 부정적인 결과도 가져왔다. 휴대전화의 단점이 장점보다 많다고 생각하는가?

TV, INTERNET, AND PHONES

인터넷의 발전은 우리에게 많은 혜택을 가져다 주었지. 특히 온라인쇼핑은 우리의 소비방식에 큰 변화를 가져다 주었는데, 과연 그게 좋은 점만 있는지 살펴보자. 자. 우리는 그럼 ADVANTAGE / DISADVANTAGE 유형 Q. 1 빈출 문제로 한번 작성해 볼까?

WRITING TASK 2

You should spend about 40 minutes on this task. Write about the following topic:

해당 과제를 약 40분에 걸쳐 완성하시오.

> **Buying things on the Internet, such as books, air tickets and groceries, is becoming more and more popular. <u>Do the advantages of shopping in this way outweigh the disadvantages?</u>**
>
> 인터넷에서 책, 항공권 그리고 생활 잡화와 같은 물건들을 사는 것이 점점 일반화되고 있다. <u>당신은 인터넷 쇼핑의 장점이 단점보다 많다고 생각하는가?</u>

Give reasons for your answer and include any relevant examples from your own knowledge or experience.

본인의 지식과 경험으로부터 나온 적절한 예시들과 함께 당신의 의견에 대한 이유를 제시하시오.

Write at least 250 words.

최소 250자 내로 답하세요.

PREWRITING

매력적인 답변을 작성하려면 브레인스토밍(Brainstorming)*을 통해 쓸 내용에 대해 구상하고, Outline을 먼저 작성해 보는 게 좋아.

* 브레인스토밍(Brain+storming) : 머릿속에서 폭풍이 치듯 자유롭게 아이디어를 내는 Prewriting 방법

 브레인스토밍 – 챠팅(Charting)

챠팅은 하나의 주제를 두고 두 가지 다른 의견을 내서 분류해 보는 브레인스토밍 방법이야. 이 방법은 두 개의 상반된 의견을 비교/분석해 결론으로 도달하는 방법으로 장/단점 주제에 대한 아이디어 구상에 적합한 방법이야. 주어진 주제에 대해 자유롭게 생각해 보고 서로 반대되는 의견을 한번 정리해 봐.

장점 (Advantages)	주제 (Topic)	단점 (Disadvantages)

챠팅(Charting) 예시

> **Buying things on the Internet, such as books, air tickets and groceries, is becoming more and more popular. Do the advantages of shopping in this way outweigh the disadvantages?**
> 인터넷에서 책, 항공권 그리고 생활 잡화와 같은 물건들을 사는 것이 점점 일반화되고 있다. 당신은 인터넷 쇼핑의 장점이 단점보다 많다고 생각하는가?

장점 (Advantages)	주제 (Topic)	단점 (Disadvantages)
positive effects		Negative effects
Cheaper goods		Websites are insecure
No need for visiting	Internet shopping	Hackers can steal your money
Buy goods anytime		Impossible to see and touch the items
Convenient		Internet fraud
Compare prices at home		Limited items

2 아웃라인 만들기

자, Step 1에서 아이디어를 다 모았으면 이제 아웃라인(Outline) 작성으로 넘어가 보자! Outline은 앞에서 모은 아이디어를 바탕으로 주장에 대한 동의 또는 동의하지 않음을 결정하고, 그 입장에 대한 이유와 설명 또는 예시를 제시할 수 있도록 구조를 짜 보는 거야.

> ***Buying things on the Internet, such as books, air tickets and groceries, is becoming more and more popular. <u>Do the advantages of shopping in this way outweigh the disadvantages?</u>***
>
> 인터넷에서 책, 항공권 그리고 생활 잡화와 같은 물건들을 사는 것이 점점 일반화되고 있다. <u>당신은 인터넷 쇼핑의 장점이 단점보다 많다고 생각하는가?</u>

아웃라인 작성 예시

Introduction
인터넷 쇼핑은 단점보다 더 많은 장점이 있다.

Body 1 (Disadvantages)
- 인터넷 사기와 같은 문제가 생길 수 있다.
- 몇몇 웹사이트는 안전하지 않다.
- 해커가 당신의 돈을 훔쳐갈 수 있다.
- 소비자는 구매전에 제품을 확인할 수 없다.

Body 2 (Advantages)
- 인터넷 쇼핑은 편리하다.
- 사람들은 집에서 제품과 가격을 비교할 수 있다.
- 언제 어디서나 쇼핑을 할 수 있다.
- 인터넷 기업은 더 싼 물건들을 판다.

Conclusion
결론은, 인터넷 쇼핑의 장점이 단점보다 많다.

Vocabulary

인터넷 사기 internet fraud   불안전한 insecure   해커 hackers
소비자 customers   편리한 convenient   비교하다 compare   구매(하다) purchase

3 표현 정리하기

1/ TV programme   TV 프로그램

Some **TV programmes** can be informative and educational.
몇몇 TV **프로그램**은 정보를 제공하고 교육적일 수 있다.

2/ violent behaviour   폭력적인 행동들

Children can copy **violent behaviours** on TV.
아이들은 TV 속의 **폭력적인 행동들**을 흉내낼 수 있다.

3/ sexual content   선정적인 내용

TV programmes which contain **sexual contents** should be censored.
선정적인 내용을 포함한 TV 프로그램들은 검열될 필요가 있다.

4/ documentaries   다큐멘터리

Documentaries can make learning more interesting.
다큐멘터리 프로그램은 학습을 더 재밌게 만들어 줄 수 있다.

5/ social networks   사회 관계망

Nowadays young people make friends via **social networks**.
요즘 젊은 사람들은 **사회 관계망**을 통해서 친구를 사귄다.

6/ passive activity   수동적인 행위

Watching TV is a **passive activity**.
TV 시청은 **수동적인 행위**이다.

7/ a waste of time   시간 낭비

Watching poor TV programmes can be **a waste of time**.
수준 떨어지는 TV 프로그램을 시청하는 것은 **시간 낭비**이다.

8/ addictive   중독적인

Television and the Internet can be **addictive**.
TV와 인터넷은 **중독**될 수 있다.

9/ **have an impact on~** ~에 영향을 미치다

The advent of television **has a** strong **impact on** our lives.
TV의 등장은 우리 삶에 큰 **영향을 미쳤다**.

10/ **youth crime** 청소년 범죄

Some people link violence on TV with **youth crimes** in the real world.
몇몇 사람들은 TV의 폭력성이 **청소년 범죄**와 연관성이 있다고 한다.

11/ **advertising** 광고

Advertising during children's programmes should be controlled.
아이들 프로그램 중에 방영되는 **광고**는 규제되어야 한다.

12/ **internet shopping** 인터넷 쇼핑

Internet shopping is becoming more and more popular.
인터넷 쇼핑은 점점 더 일반화되고 있다.

13/ **mobile phones** 휴대폰

Mobile phones can be a problem in some public places.
휴대폰은 공공장소에서 문제가 될 수 있다.

14/ **video games** 비디오 게임

Videos games have a negative effect on the people who play them.
비디오 게임은 사용자에게 부정적인 영향을 미친다.

15/ **invention** 발명품

The computer is an important **invention** and it has had a huge impact on our lives.
컴퓨터는 중요한 **발명품**이고, 우리 삶에 엄청난 영향을 미쳐 왔다.

WRITING

대부분의 에세이는 서론, 본론, 결론으로 구성되지. 서론에서 본인의 입장을 분명하게 밝히고, 본론에서는 본인의 입장을 뒷받침하는 의견과 예를 들어 주어 구성을 탄탄하게 하지. 그리고 마지막으로 본인의 입장이 일관될 수 있도록 결론에서는 본인의 의견을 다시 한번 언급해 주면 일관성 있는 탄탄한 에세이를 완성할 수 있어.

Buying things on the Internet, such as books, air tickets and groceries, is becoming more and more popular. <u>Do the advantages of shopping in this way outweigh the disadvantages?</u>

인터넷에서 책, 항공권 그리고 생활 잡화와 같은 물건들을 사는 것이 점점 일반화되고 있다. <u>당신은 인터넷 쇼핑의 장점이 단점보다 많다고 생각하는가?</u>

STEP 1　Introduction

서론(Introduction):
도입문 + 대주제문
GENERAL STATEMENT (GS) + THESIS STATEMENT (TSS)

서론은 크게 도입문(General Statement(GS))과 대주제문(Thesis Statement(TSS))으로 구성되고, 필요하다면 부가문(Additional Statement(AS))을 추가하면 돼. 도입문에서는 문제에서 언급된 주제의 일반적인 내용을 적어주면 되고, 대주제문에서는 그 주제에 대한 자신의 입장을 적어주면 돼.

(1) 아웃라인

> 인터넷 쇼핑은 단점보다 더 많은 장점이 있다.
> positive effects of internet shopping can offset its disadvantages

(2) Your Writing

(3) Sample Writing

> It is true that it is becoming increasingly common for people to go online to buy what they need rather than going to a shop. It is my belief that the positive effects of this trend can offset its disadvantages.

— 도입문 (GS)
— 대주제문 (TSS)

사람들은 점점 그들이 필요한 물건을 매장보다는 온라인에서 구매하는게 흔해 지고 있다. 나는 이런 현상의 긍정적인 결과들이 부정적인 점보다 많다고 생각한다.

STEP 2   Body

본론 (Body):

Body 1:

소주제문 1 + 뒷받침 의견 (설명과 예시)
Topic Sentence (TPS) 1 + Supporting Ideas (SI)

Body 2:

소주제문 2 + 뒷받침 의견 (설명과 예시)
Topic Sentence (TPS) 2 + Supporting Ideas (SI)

에세이에서 Body(본론) 파트는 각 단락별로 주제문(Topic Sentence (TPS))과 뒷받침 의견(Supporting Ideas (SI))으로 구성할 수 있어. 주제문은 해당 단락의 제목에 해당하는 주장 또는 내용이 되어야 하고, 그 주제문을 구체화하기 위해서 뒷받침할 수 있는 이유와 설명들로 그 단락의 나머지를 구성해야 해. 즉, 본론은 주제문과 함께 부연설명 또는 예시문으로 구성하면 돼.

(1) 아웃라인

BODY 1 (DISADVANTAGES)
- 인터넷 사기와 같은 문제가 생길 수 있다. can cause some problems such as internet fraud.
- 몇몇 웹사이트는 안전하지 않다. some websites are insecure
- 해커가 당신의 돈을 훔쳐갈 수 있다. hackers may steal your money
- 구매 전에 제품을 확인할 수 없다. consumers can not see and touch the items before buying them

BODY 2 (ADVANTAGES)
- 인터넷 쇼핑은 편리하다. convenient
- 사람들은 집에서 제품과 가격을 비교할 수 있다. can compare products and prices at home
- 언제 어디서나 쇼핑을 할 수 있다. purchase anytime and anywhere
- 더 싼 물건들 cheaper products

(2) Your Writing

BODY 1

BODY 2

(3) Sample Writing

BODY 1

On the one hand, there are two main disadvantages to buying things on the Internet. One of the drawbacks is that people can encounter some problems such as internet fraud. For example, unless the website is secure, hackers may be able to copy your credit card details and steal your money. A further disadvantage is that you cannot examine what you are buying online. For instance, someone who wants to buy clothes should visit shops because they need to see and touch them before buying them, which is not possible online.

— 소주제문 (TPS) 1
— 뒷받침 의견 (SI) 1
— 뒷받침 의견 (SI) 2

[해석]
온라인에서 제품을 구매하는 것은 두 가지 단점들이 있다. 첫 번째는, 온라인쇼핑은 인터넷 사기 같은 문제를 초래할 수 있다는 것이다. 예를 들면, 웹사이트가 안전하지 않는 한, 해커들은 당신의 신용카드 정보를 복사해서 당신의 돈을 훔쳐 갈 수 있다. 또 다른 문제는, 당신은 온라인에서 구매하는 물건을 실질적으로 살펴볼 수가 없다. 예를 들면, 의류를 구매하고 싶은 고객은 매장을 방문해야 한다. 왜냐면, 그들은 구매 전에 옷을 보거나 만져볼 수 있어야 하는데, 이것은 온라인쇼핑에서는 불가능하다.

BODY 2

On the other hand, I believe that shopping for certain items on the Internet has several points in it's favour. The main one is that it can be convenient. People who want to compare products and prices can look at all this information on a website without having to go from shop to shop. Also, they can make their purchases at any time of day or night and from any part of the world. The other advantage is that because internet companies do not need a shop, the products which they sell are often cheaper.

— 소주제문 (TPS) 2
— 뒷받침 의견 (SI) 1
— 뒷받침 의견 (SI) 2

[해석]
하지만, 온라인쇼핑이 여러 가지 긍정적인 측면들이 있다고 생각한다. 첫 번째는, 온라인 쇼핑은 편리하다. 제품과 가격을 비교하고 싶은 구매자들은 매장을 돌아다닐 필요없이 한 웹사이트에서 모든 정보를 살펴 볼 수 있다. 또한, 그들은 시간과 장소에 상관없이 구매를 할 수 있다. 또 다른 장점은, 인터넷 기업들은 매장이 필요 없기 때문에 제품 가격이 일반적으로 저렴하다.

| STEP 3 | Conclusion |

결론 (Conclusion):
종결문 + 요약문
Concluding Sentence (CS) + Summing-up Sentence (SS)

 결론에서는 서론과 본론에서 밝힌 본인 입장을 정리하면서 에세이 전체를 마무리하면 돼. 즉, 결론은 **서론에서 나온 대주제문을** paraphrasing 해주는 종결문(Concluding Sentence (CS))과 전체적인 내용을 summarizing 해주는 요약문 Summing-up Sentence (SS)을 붙여 구성할 수 있어. 최대한 간단, 명료하게 쓰되, 20자 안팎으로 구성하면 적당해. 같이 한번 살펴볼까?

(1) 아웃라인

> 인터넷 쇼핑의 장점이 단점보다 많다.
> there are more benefits of shopping on the internet than its drawback.

(2) Your Writing

○ _____

(3) Sample Writing

> In conclusion, I feel that the advantages of using the Internet for buying things ― 종결문 (CS)
> such as books, computers and air tickets are greater than the disadvantages.

결론은, 책, 컴퓨터 또는 항공권 같은 걸 구매할 때, 인터넷 쇼핑의 장점이 단점보다 더 많다고 생각한다.

완성된 모델 에세이 확인은 p.330

POST-WRITING

자, 지금까지 배운 내용을 토대로 TV, Internet, and Phones 주제와 관련된 에세이를 직접 한번 써 보자.

WRITING TASK 2
You should spend about 40 minutes on this task.
Write about the following topic:

> Mobile telephones have brought many benefits but they have also had negative effects. Do the disadvantages of having mobile phones outweigh the advantages?

Give reasons for your answer and include any relevant examples from your own knowledge or experience.

Write at least 250 words.

Brainstorming

Outline

Your Writing

REVIEW

오늘 공부 어땠어? 오늘 배운 내용을 복습하는 의미에서 간단한 퀴즈를 풀어보자!

Vocabulary
다음 빈칸에 들어가기에 알맞은 단어를 찾아 쓰시오.

> although   rather than   unless   than   greater

① _____ the website is secure, hackers may copy your credit card details.
웹사이트가 안전하지 않으면, 해커들이 당신의 신용 정보를 훔칠 수 있다.

② The advantages of using the Internet for buying things are greater _____ the disadvantages.
인터넷 쇼핑의 장점들은 단점보다 더 많다.

③ It is becoming common for people to go online to buy things _____ going to a shop.
매장에 직접 가서 구매하는 것보다 온라인 쇼핑을 하는 사람들이 더 흔해지고 있다.

Error Correction
다음 문장에서 문법적으로 어색한 부분을 찾아 고치고 어법에 맞게 다시 작성해 보시오.

① There are more benefits of internet shopping rather than its drawbacks.
인터넷 쇼핑의 장점이 단점보다 많다.

② Shopping things on the internet are convenient.
인터넷 쇼핑은 편리하다.

③ You cannot examine what you buying online.
당신은 온라인에서 무엇을 구매하는지 살펴볼 수 있다.

SELF-CHECK
본인의 답변을 Good Example과 비교해서 영역별로 자신의 점수를 체크해 보자.

과제 수행	문법	어휘	일관성
• 주어진 과제에 대한 답을 했는 가? • 주어진 시간안에 작성했는가? • 정해진 단어수에 맞게 작성했는 가? • 주제를 벗어나지 않은 문장만을 작성했는가?	• 주어 동사를 포함한 완전한 문장을 작성했는가? • 접속사, 관계대명사 등 다양한 문장을 작성했는가? • 올바른 시제/수일치를 사용했는 가? • 알맞은 문장부호를 사용했는가?	• 한 단어를 반복 사용하지 않고 동의어를 사용했는가? • 다양한 어휘를 사용했는가? • 주제에 어울리는 정확한 어휘를 사용했는가? • PARAPHRASING한 문장을 사용했는가?	• 다양한 연결어를 사용하여 자연스럽게 작성했는가? • 글의 구조가 명확히 드러나도록 작성했는가? • 각 단락의 첫 문장에 핵심문장을 적었는가? • 본론의 내용이 서론과 긴밀하게 연결되는가?
1 2 3 4 5	1 2 3 4 5	1 2 3 4 5	1 2 3 4 5
1~5	6~10	11~15	16~20	OVERALL GRADE
LIMITED	MODEST	COMPETENT	GOOD	

웰링턴의 ORIENTAL BAY BEACH를 소개합니다~

안녕하세요? 뉴질랜드 웰링턴에서 공부하고 있는 ed:m 통신원 안수영입니다! 오늘은 웰링턴에 처음와서 구경하다가 가보게 된 Oriental bay를 소개해 드리려고 해요! 제가 지금 다니고 있는 어학원은 매주 월요일이 시작 날인데 저는 웰링턴에 목요일에 도착해서 시간이 많이 남더라구요. 그 시간에 이곳저곳 많이 돌아다녔는데 그중에서 가장 가깝고 가볼 만한 곳이 바로 Oriental bay였답니다! 처음에는 '오클랜드 하버와 비슷하게 생겼네~' 하고 주변만 돌아다녔었는데 아래로 더 내려가니 모래사장이 있는 해변이 있더라구요! 집에서 걸어다닐 수 있는 거리에 이런 비치가 있으니까 정말 좋았어요! 구글에 Oriental bay를 쳐서 나오는 곳을 따라 간 곳인데 나이트마켓도 열리고 여러 액세서리나 이것저것 판매하는 곳도 있답니다! 맛있는 젤라또 집도 있고 푸드트럭도 있는 광장이었어요.

오리엔탈 베이 근처에 있는 건물은 어떤 건물인지는 모르겠지만 이렇게 가는 곳곳마다 귀엽고 아기자기하고 예쁜 건물들이 너무 많아서 사진을 안 찍을 수가 없었어요. 웰링턴은 정말 건축물들이 예쁘고 아기자기한 조형물들도 많아요! 오클랜드는 공사하는 곳들이 너무 많아서 항상 공사중인 건물이나 그냥 도시 느낌인데 웰링턴은 여유롭고 평화롭고 마치 여행을 온 것 같은 느낌이 들어요!! 그래서 카메라를 항상 꺼내놓게 되죠. 카페도 정말 많은데 인테리어도 예쁘고 커피도 정말 맛있답니다. (다음 번에는 카페투어를 다녀와서 포스팅할 계획이에요.)

가는 길에 이렇게 피아노도 있었는데 정말 뜬금없이 하나가 있었지만 아기들, 지나가던 분들 모두 한 번씩 쳐보길래 저도 한번 쳐봤는데 바다를 보면서 피아노를 두드려 보니 신나더라구요. 피아노를 조금 더 잘 쳤더라면 즐길 수 있었을 텐데 아쉬워요. 그래도 신경쓰는 사람도 없어서 같이 간 친구와 함께 동영상도 찍고 젓가락 행진곡도 함께 쳐봤답니다. 이렇게 웰링턴에는 곳곳에 신기한 것들이 많아요!! 쿠바 스트릿에 물이 떨어지는 조형물 같은 신기한 것들이 많은 재밌는 곳이에요. 신호등도 웰링턴은 설명이 포함된 포스터가 붙어 있답니다. 참 친절하죠??

웰링턴은 여름에도 물이 너무 차가워서 들어가기가 쉽지 않은데요. 그런데 여기 사는 분들은 그냥 막 들어가서 수영하고 즐기더라구요. 제가 갔던 날은 바람도 많이 불고 추웠지만 날씨가 좋을 때 간다면 산책하기도 좋고 정말 맑고 깨끗한 바다 색을 즐길 수 있답니다. 제가 이곳을 올 때 미리 집앞에 있는 fish&chips에서 먹을 것을 포장해서 왔어요. 비치 근처 벤치에 앉아서 먹는데 맛있는 음식과 멋진 광경이 눈앞에 있으니 집 근처에 이런 곳이 있다는 게 정말 감사하더라구요! 다들 맛있는 음식들 챙겨서 웰링턴 오리엔탈 베이 비치에 꼭 한번 방문해 보세요!! 이상 뉴질랜드 웰링턴에서 안수영이었습니다. 감사합니다!

부록

- Actual Test
- 정답 및 해석

WRITING TASK 1

You should spend about 20 minutes on this task.

The bar chart below shows the money spent per week on public transport by age group in Malaysia in the year 2008.

Summarise the information by selecting and reporting the main features, and make comparisons where relevant.

Write at least 150 words.

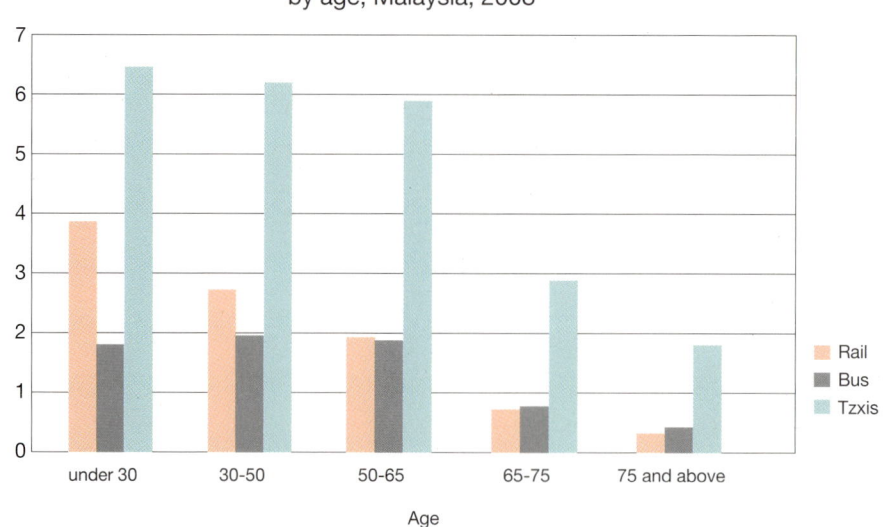

WRITING TASK 2

You should spend about 40 minutes on this task.
Write about the following topic:

> Many people believe that the increasing gap between rich and poor people has a negative impact on society. What are the reasons for rising inequality and what problems could it cause?

Give reasons for your answer and include any relevant examples from your own knowledge or experience.
Write at least 250 words.

WRITING TASK 1

You should spend about 20 minutes on this task.

These pie charts show the main reasons for studying English amongst the four most prevalent nationalities at a language school in the UK in 2017.

Summarise the information by selecting and reporting the main features, and make comparisons where necessary.

Write at least 150 words.

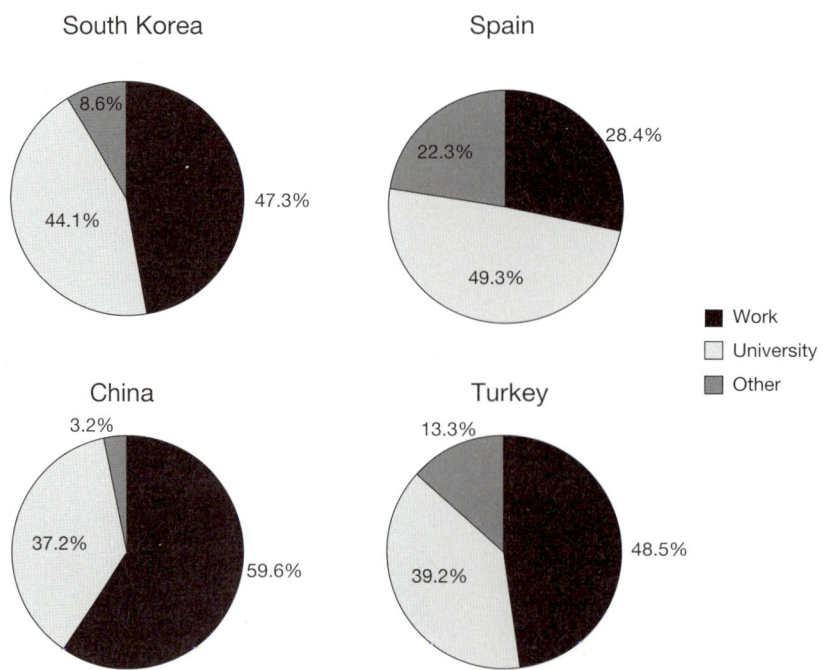

WRITING TASK 2

You should spend about 40 minutes on this task.
Write about the following topic:

> Nowadays many students have the opportunity to study for part or all of their courses in foreign countries.
> While studying abroad brings many benefits to individual students, it also has a number of disadvantages.
> Do you agree or disagree?

Give reasons for your answer and include any relevant examples from your own knowledge or experience.
Write at least 250 words.

정답 및 해석

Task 1

INTRODUCTION. 분석의 재발견

예시 1 : 변화가 없는 유형

Model Answer:
The data provided illustrates how the popularity of music differed among men and women.
In general, similar preference of music can be seen in the data and it seems that females loved music more than their counterparts from the data.
The first thing to talk about is that just about one in two males responded that they liked R&B music the most. The figure goes higher among females as about seven in ten said that they like the same genre of music.
The second most popular style of music among boys was hip-hop as a third of the total male respondents selected that genre. However, hip-hop was the least popular style of music among girls as only 7% of the female participants chose it.
It is interesting to see that more females liked dance music than males with the figures of 22% and 10%, respectively. The latter figure stood for the least popularity in music among males.

해석
이 데이터는 음악의 인기도가 남녀 사이에 어떻게 다른지를 보여 준다.
전반적으로 보면, 데이터 상 음악의 선호도가 비슷함을 볼 수 있는데, 여성이 그 반대쪽보다 음악을 더욱 좋아하는 것처럼 보인다.
첫 번째로 얘기할 것은 데이터상 남성 두 명 중 약 한 명이 R&B 음악을 가장 좋아한다고 응답했다는 것이다. 이 수치는 여성 그룹쪽으로 가며 더 높아지는데, 약 10명 중 7명이 같은 장르의 음악을 좋아한다고 말했다.
남성들에게 있어서 두 번째로 인기 있는 음악은 힙합인데, 데이터 상 전체 남자의 3분의 1이 이 장르를 골랐다. 하지만 힙합은 여자들 사이에서 가장 인기가 없었고 데이터 상 전체 여성 중 단 7%만이 이를 골랐다.
흥미로운 것은 여자들이 남자들보다 더 댄스 음악을 좋아했다는 것인데 그 수치가 각각 22%와 10% 였다. 후자의 수치는 남자들 사이에서 가장 낮은 수준의 음악의 인기도였다.

예시 2 : 변화가 있는 유형

Model Answer:
The given data shows how the popularity of different genres of music changed over three years from 1999 to 2001.
Overall, the general popularity of music has improved across all genres in the data except for dance music.
At the beginning of the period, the most popular musical genre in the data was R&B with 75% of respondents expressing a preference for it. However hip-hop and dance were not very popular at that time with figures of 32% and 25%, respectively.
The popularity of R&B saw a slight fall in 2000 before a dramatic improvement in popularity a year later with a popularity rating of 95% at the end. Similarly, hip-hop gained in popularity constantly over the period with an ending figure of 77%.
However, an opposite trend can be seen regarding dance music where a constant decrease in popularity was witnessed over time. Subsequently, a mere 5% of people in the survey said that they liked dance music.

해석
주어진 데이터는 여러 음악 장르의 인기도가 1999년부터 2001년까지 3년에 걸쳐 어떻게 변화되었는지를 보여 준다.
전반적으로 보면, 전체적인 음악의 인기도는, 댄스뮤직만 제외하고 데이터 상 올라갔다.
초창기에는, 데이터 상 가장 인기있는 음악 장르는 R&B로 75%를 기록했다. 하지만 힙합과 댄스는 그 당시에 인기가 아주 높지 않아서, 각각 32%와 25%의 수치를 보여 주었다.
R&B의 인기도는 2000년도에 약간 떨어졌는데 그 후 1년 뒤에 드라마틱한 인기의 성장세를 보이다가 그 비율이 95%에 도달하며 마쳤다. 비슷하게도, 힙합은 기간 중 계속 인기가 늘어나다가, 77%의 수치를 보여 주며 마쳤다.
그러나, 댄스음악은 대조적인 트렌드를 보이는데 인기가 가면 갈수록 감소됨을 보여 준다. 마침내, 데이터 상 단지 5%의 사람들만이 댄스 음악을 좋아한다고 말했다.

CHAPTER 1. LINE

WRITING

Model Essay:
The line graph given reveals the average methane emissions in four different cities over a 4-decade period from 1970 to 2010. Overall, all four given cities saw significant changes in the methane emissions throughout the years.
Initially, methane emissions in Beijing accounted for about 14%, making it the highest among the other cities. The rate remained unchanged for the next

decade before going through a constant fall until the end of the period. The final rate stood at about 8%. For New York city, the initial methane emission rate per person was about 3% less than that of Beijing. There was a significant fall to 8% in 1980 before regaining the figure at the beginning. Although it levelled off during the remaining period, it marked the highest figure at the end. As far as the other cities are concerned, people in London emitted about 7% of methane at the beginning before a dramatic fall by about 5% in 1990. It should also be noted that the ratio did not change much over time, marking the lowest ending figure of all cities. In the meantime, Seoul had a modest figure at about 2% in 1970. The figure ascended gradually for the next three decades to about 5% before a further increase to about 7%.

해석

주어진 선 그래프는 4개의 다른 도시에서 1970년부터 2010년까지 40년에 걸쳐 발생한 메탄가스 평균 배출량을 보여 준다. 전반적으로, 주어진 4개의 도시들은 해가 바뀜에 따라 메탄가스 배출량에 있어 상당한 변화가 있었다. 초기에는, 베이징이 메탄 배출량을 약 14%대를 보이며 다른 도시들보다 가장 높게 나왔다. 이 수치는 그 후 10년 동안은 변동이 없다가, 기간이 끝나는 지점까지 지속적으로 감소한다. 최종 수치는 약 8% 대에 머물게 되었다. 뉴욕 같은 경우, 초기 메탄 배출량(1인당)이 베이징에 비해 약 3% 정도 낮았다. 1980년도에는 8%까지 크게 떨어졌다가 이후 다시 초기의 수치로 되돌아갔다. 비록 남은 기간 동안 그 수준을 유지했지만, 마지막엔 가장 높은 수치로 마치게 된다. 다른 도시들 같은 경우, 런던에 사는 사람들은 약 7%대의 메탄을 초기에 배출하다가 1990년도에는 급격히 감소하여 약 5%대까지 떨어졌다. 또한 특이한 점은 그 비율이 시간이 지나도 크게 변하지 않아서 모든 도시들보다 가장 낮은 수치로 마친다는 것이다. 반면, 서울은 1970년도에 약 2%로 미미한 수치를 보여 주었다. 이 수치는 그 후 30년 동안 점차 증가하여 5%대에 달하다가 더 증가해 약 7%대에 이르게 되었다.

POST-WRITING

Outline:

Introduction:	The email registration rate(이메일 등록률)의 변화
Overall Trend:	남한의 등록률(큰 증가), 일본이 가까이 따라옴, 노르웨이 내 이메일 등록률은 많은 변화 없음
Body 1:	남한과 일본 내 등록률로 시작하여 끝나는 지점의 수치를 자세히 표현
Body 2:	노르웨이 내의 등록률을 자세히 표현

Model Essay:
This line graph shows how the email registration rate varied from 1994 to 1998 in three countries: Japan, Norway and South Korea.

In general, South Korea underwent the most dramatic increase in the rate over the period followed by Japan, while Norway ended at a similar level as it had in 1994 with minor fluctuations in the amount of email registrations over the period.

It is immediately apparent that email registration in Japan and South Korea started off at below 20% and 10% respectively, showing more than twofold gain in Japan, and a slight increase to just over 10% in South Korea in 1995. Japan finished with the second highest email registration level at around 45% amongst the three countries, after showing a significant decrease of about 20% in 1996, whereas South Korea experienced a skyrocketing ascent to around 57% in 1998.

Norway initiated its email registration rate at just below 30% before stagnating at about 24% over the next two years. It then plunged to their lowest figure at just under 20% in 1997. Subsequently, it rose back up to a similar level in the year 1994, although it had the lowest email registration level among the three countries.

해석

이 라인 그래프는 1994년도부터 1998년도까지 일본, 노르웨이, 대한민국의 이메일 등록률이얼마나 다른 지를 보여 주고 있다.
일반적으로 대한민국이 가장 큰 변화를 보여 주며 일본은 그 다음으로 큰 변화를 보였다. 반면 노르웨이는 이메일 등록률에 있어 끝나는 기간의 비율과 시작한 비율이 비슷한 수준을 보였다.
일단 명백한 것은 일본과 대한민국에서 이메일 등록률은 20% 이하 그리고 10% 이하로 시작을 하였으며, 1995년도에는 일본에서는 2배 그리고 대한민국에서는 약간의 증가율을 보여 준다. 일본은 1996년도 약 20% 대로 매우 큰 감소를 보여 주지만 두 번째로 높은 등록률(45% 정도)을 보여 주며 데이터를 마감한다. 반면, 대한민국은 하늘을 치솟는 증가 약 57% 정도의 등록률을 보여 주며 1998년 데이터를 마감한다.
노르웨이의 이메일 등록률은 30% 이하 대로 시작을 하여 2년 후에는 24%대로 떨어지지만 그동안 정적인 경향을 보여 준다. 1997년, 노르웨이에서는 이메일 등록률이 가장 낮았던 시점이었으며 약 20%대였다. 결국에는 다시 등록률이 1994 시작점과 비슷한 레벨 (30%대 이하)로 오르기는 하지만 세 나라를 비교했을 시 가장 낮은 이메일 등록률을 보여 준다.

REVIEW

Vocabulary
1. reveals
2. went through

Scrambled Sentences
1. Despite a marked drop, the UK was the biggest contributor in the methane emissions.

2. Although there was a significant decline, Spain was the least influential one compared to other countries.

CHAPTER 2. TABLE

WRITING

Model Essay:
The table chart represents the data on the number of commuters who used different types of transport in Seoul in 2005 and 2015. On the whole, it is evident that more and more commuters travelled over the years and one particular means of transport seems undoubtedly outstanding. Concerning car, subway and local bus, they had noticeably more users throughout the years. Car was obviously the most used means of transport, since the number of commuters travelling by car was overwhelmingly dominant with almost 13,300 people in 2005 and the number nearly doubled in 2015. It is notable that the number of subway users closely followed what it was for car initially, however, it gained slightly more popularity. A similar pattern can be seen in the usage of buses with the initial number, 10,130.
Turning to train and taxi, these means witnessed an opposite pattern in general. In particular, it was taxi that lost popularity; the number of people who commuted by taxi dropped from 429 to 274 commuters on average across the years. It is of note that the number of commuters who used trains was threefold of what it was for taxi in 2005 and the figure almost doubled later. The remaining category called 'other' means was used by about 450 commuters in 2005 and the figure had a gradual increase by about 130 in 2015.

해석
이 테이블 표는 2005년과 2015년 사이 서울에서 다른 교통수단을 이용한 통근자수에 대한 데이터를 나타낸다.
전체적으로 보면, 해가 바뀌면서 이동하는 통근자들이 더욱 더 늘어난 것과 하나의 특정 교통수단이 의심할 여지 없이 월등히 많은 것은 분명하다. 자동차, 지하철, 그리고 지역버스를 같은 경우, 확연히 더 많은 사람들이 기간동안 이들 교통수단을 이용하였다. 자동차는 명백히 가장 많이 이용되었던 교통수단이었는데, 이는 자동차를 이용하는 통근객들의 수가 2005년도에는 거의 13,000명 가까이 그리고 2015년도에는 그 수가 거의 두 배로 뛰면서 확고하게 지배적이었기 때문이다. 주목할 만한 점은 지하철 이용객의 수가 초기에는 자동차 이용객의 수를 거의 따라잡았다는 점인데, 하지만 그 뒤에는 인기가 아주 조금씩 밖에 늘지 않았다. 비슷한 패턴을 버스 이용에서 볼 수 있는데 초기의 이용객 수는 10,130명이다. 기차와 택시의 같은 경우, 이 수단들은 일반적으로 정 반대의 패턴을 보여 주었다. 특히 택시는 인기를 잃었다; 택시를 이용해 출근하는 사람들의 수는 기간 동안 평균 429명에서 274명으로 떨어졌다. 특이한 점은 기차를 이용하는 통근자의 수가 2005년도에 택시 이용자의 세 배였는데 그 후에 그 수치가 거의 두 배가 되었다는 것이다. "others"라고 불리는 남은 카테고리는 2005년도에 약 450명의 통근자가 이용하였고 그 수는 점차 늘어 2015년도까지 약 130명이나 증가하였다.

POST-WRITING

Introduction:	연간 여행 거리 (여러 타입의 기차)
Overall Trend:	기차 이용객이 늘어났으며 어느 특정한 타입이 특히 인기가 많다.
Body 1:	KTX 위주의 데이터 분석으로 공략
Body 2:	SRT 데이터 분석을 해주며, 'others' 타입의 기차 분석으로 간략하게 마무리

Model Essay:
The table chart compares the yearly distance travelled by different types of trains in South Korea from 2000 to 2010.
All in all, it is evident that more and more people travelled over the years and one particular type of train seems outstandingly more popular than the others.
To begin with, subway, KTX and SRT showed upward trends in the annual distance travelled throughout the years. However, it was Subway that was obviously the most remarkable category in the chart, since the distance travelled was overwhelmingly dominant with almost 6000 km in 2000 and 7000 km in 2010. Without a doubt, subway enjoyed by far the most popularity with South Korean people over the years. Meanwhile, KTX saw approximately a twofold increase from the figure to the one in 2000 (1956 km).
Turning to SRT, it witnessed a dramatic rise in general. The distance covered by SRT tripled from 509 to 1498 km on average across the years. Lastly, the remaining one: 'others' were not as popular as the other trains previously mentioned. There was a marginal improvement in the mileage over time with the initial figure at just 79km.

해석
이 테이블은 2000년과 2010년 사이 대한 민국에서 다른 여러 기차 타입에 의해 여행한 연중 여행 거리를 비교하고 있다.
전반적으로 보면, 여러 해에 걸쳐 더 많은 사람들이 기차 여행을 하였고 특히, 한 가지 타입의 기차가 의심할 여지없이 대단한 인기를 가지고 있다.
시작해 보면, KTX 와 SRT는 기간에 걸쳐 연중 여행 거리상에서 상승 추세를 보여 주었다. 하지만, 지하철이 가장 대단한 수치를 보여 주었다. 그 거리상 수치는 압도적으로 2000년에는 약 6000킬로미터, 2010년에는 약 7000킬로미터의 연중 여행 거리를 보여 주었다. 의심할 여지없이, 지하철은 대한민국 이용객으로부터 가장 높은 이용도를 구가하고 있다. 동시에, KTX는 2000년도에 1956킬로미터 거리를 시작으로 약 2배 이상으로 여행 거리가 증가하였다.

SRT로 넘어오면, 급격한 증가가 보여진다. 사실, SRT로 여행한 이동 거리는 509킬로미터에서 1498킬로미터, 즉 약 3배로 뛰었다. 마지막으로, 남아있는 기차 타입 "others"에 포함되어 있는 수단들은 기존에 언급되었던 것들보다는 인기가 없다. 하지만, 매우 미약한 발전이 그 거리 수치상에서 보여진다. 이들의 초반 여행 거리는 79킬로미터였다.

REVIEW

Vocabulary
1. twofold
2. enjoyed, popularity

Scrambled Sentences
1. The market shares for company A and B are 10% and 20% respectively.
2. The unemployment rates in countries A and B in 2000 were more than 5% and 7% respectively.

CHAPTER 3. PIE

WRITING

Model Essay:
The pie charts given compare different SNS channels used by people in three selected regions. As is generally seen in the charts, the most popular SNS channel varies among the cities. To begin with, an opposite trend can be seen among data in Tokyo and Seoul. Nearly half the total
SNS users in Tokyo preferred using Instagram meanwhile, about 13% enjoyed Kakao. In contrast, just about one in two people in Seoul used Kakao as their most preferred SNS channel, while about 15% went for Instagram. For Facebook channel in Seoul, the figure was almost twofold of what it was for Instagram. In Japan, however, the rate of Facebook users accounted for slightly more than a third of the total SNS users, which was more than that of Seoul. As far as the data of Beijing is concerned, the trend was quite different from the other cities. About seven in ten SNS users in Beijing followed a channel called 'Wechat', which was a Chinese-only channel in the data. Facebook in Beijing was used by 17% of the total users and the figure almost halved for Instagram. The last thing to talk about is the remaining category called 'other' which had the market share ranging between 3 to 5% in the three cities.

해석

주어진 파이 차트들은 지정된 3개 지역에서 사람들이 이용한 각기 다른 SNS 채널을 비교하고 있다. 차트를 통해 일반적으로 볼 수 있는 점은, 도시마다 가장 인기 있는 SNS 채널이 다양하다는 것이다.

먼저, 도쿄와 서울의 데이터를 보면 정반대의 트렌드를 볼 수 있다. 도쿄에서는 전체 SNS 이용자 중 거의 절반에 가까운 수가 인스타그램을 선호했던 반면, 약 13%만이 카카오를 애용했다. 반대로, 서울에서는 거의 두 명중 한 명이 카카오를 가장 선호하는 SNS 채널이라고 했던 반면 약 15%만이 인스타그램을 썼다. 서울의 페이스북 채널 같은 경우에는, 그 수치가 인스타그램의 수치의 거의 두 배에 달했다. 하지만 일본은, 페이스북 사용자의 비율은 전체 SNS 유저의 3분의 1을 약간 넘었는데, 이는 서울보다 더 많은 수준이었다. 베이징의 데이터와 같은 경우, 트렌드가 다른 도시들과 꽤나 다르다. 베이징시의 SNS유저 중 10명 중 약 7명이 '위챗'이라 불리는 채널을 팔로우 했는데, 이는 데이터 중 오직 중국인들만 사용할 수 있는 채널이었다. 베이징의 페이스북은 전체 유저 중 17%가 사용하였는데, 이 수치는 인스타그램으로 오면 거의 절반이 된다. 마지막으로 언급할 남은 카테고리는 "other"라고 불리는데, 이 세 도시에서 점유율이 3%에서 5%사이를 보여 주었다.

POST-WRITING

Outline:

Introduction:	한 초등학교의 남녀학생을 위한 여러 방과 후 수업들에 대한 데이터
Overall Trend:	가장 인기 있는 상위 두개는 같아도, 데이터 상 큰 차이
Body 1:	영어 과목이 가장 많이 선택한 수업을 시작으로 남학생 데이터 공략
Body 2:	여학생이 좋아하는 방과후 수업 데이터 공략

Model Essay:
The pie charts unfold the data on different after-school classes for both genders in a primary school in Seoul. Overall, the classes boys and girls take after school differ greatly although the two most popular ones are the same.

To begin with, English study was voted as the most popular class by both boys and girls among extra curriculum. The figures accounted for about a third of the total and more than a quarter of the data, respectively. Just about one in four boys responded that they would go to Math class after school and about one in five girls said the same about Math class. Moreover, the next most popular after-school class among boys was soccer with the rate at 17% which was followed by Taekwondo at 11%. Piano, however, was as popular as Taewondo among boys. Furthermore, the least popular cultural activity among boys was writing which accounts for only two percent of the data.

Moving on to the girls' data, piano was chosen as much as ballet with the figure at around 15%. A similar pattern can be seen in Dancing and Drawing classes as only one in ten girls chose those subjects in school.

해석

이 파이 차트들은 서울의 한 초등학교의 남녀학생을 위한 여러 방과 후 수업들에 대한 데이터를 보여 준다.

전반적으로 보면, 남녀 학생들이 듣는 방과 후 수업은, 비록 가장 인기 있는 상위 두 개는 같았어도, 데이터 상 큰 차이를 보여 준다.

우선, 영어 과목이 다른 모든 과정들 보다 남녀 학생 모두가 가장 많이 선택한 수업으로 뽑혔다.

그 수치는 각각 전체의 약 3분의 1, 데이터의 25% 이상이었다. 4명 중 1명의 남학생은 방과 후 수학 수업을 듣겠다고 응답했고, 5명의 여학생들 중 1 명 정도가 수학 수업을 원했다. 게다가, 남학생들에게 그 다음으로 인기 있는 방과 후 과목은 17%인 축구였으며, 태권도가 11%로 뒤를 이었다. 의외로, 남학생들 사이에서 피아노도 태권도 만큼이나 인기가 있었다. 조금 더 보면, 남학생들 사이에서 가장 인기가 없는 문화 활동은 글짓기였는데, 데이터 상 불과 2%에 지나지 않았다.

여학생 데이터로 이동하면, 피아노와 발레가 비슷한 수치인 15%를 나타낸다. 비슷한 패턴이 댄싱과 미술 수업에서도 보여지는데, 10명의 여학생 중 1명만이 이들 과목을 선택했다.

🔍 REVIEW

Vocabulary
1. a fifth
2. two thirds

Scrambled Sentences
1. Most coffee produced in Ethiopia is checked by the fair-trade union.
2. The majority of the students in my school can speak English and Korean.

CHAPTER 4. BAR

✏️ WRITING

Model Essay:

The given charts illustrate the reasons why people go overseas among different age groups and percentages of people who stayed abroad for three months or longer in 2010. In general, the opposite trend can be seen among age groups in terms of reasons for going abroad with an exception and the young adult group in the data showed the highest interests in staying overseas. To begin with, the younger they were, the more popular academic purpose was for them whereas some variations can be seen in older groups. In detail, 80% of the students aged 15-24 went overseas to study whereas no one in the group saw the opportunity for migration. In stark contrast, just about 45% of the people who were between 55 and 64 years old went overseas to migrate with only about 20% in the age bracket going for academic study. It is interesting to note that for the age group 35-54, migration purpose was significantly more important when it comes to going abroad. The rate stood at about 70%. Moreover, six in ten people in the age group 25-34 said that they went overseas to study. This was the only group that showed a slight dominance over the other purpose. Moving on to the second graph, the second youngest group aged 25-34 showed the highest proportion (58%) among the other groups that stayed overseas longer than three months in 2010. Interestingly, the figure halved for the group aged 55-64 showing the minimum interest in staying abroad longer. The final point to make here is that about one in two visitors aged 35-54 enjoyed a long visit abroad although the youngest group aged 15-24 seemed to have less interest in that regard.

해석

제공된 차트들은 연령별로 해외에 나가는 이유와 2010년도에 3개월 이상 해외 체류했던 사람들의 연령에 따른 비율을 보여 준다. 전체적으로 보면, 해외에 나가는 이유에 대해 연령 그룹에 따라 예외가 있긴 하지만, 정반대의 트렌드를 보여 주는데,, 데이터 상 젊은 성인 연령대가 해외에 체류하는 것에 대해 가장 큰 관심을 갖고 있었다. 우선, 나이가 젊으면 젊을수록 더욱 더 학업을 목적으로 하였던 반면 반대로 나이 많은 연령대에서는 약간의 다른 부분들을 볼 수 있다. 자세히 들여다 보면, 15-24세의 학생들의 80%가 학업을 목적으로 해외에 나간 반면, 이 나이 때의 어느 누구도 이민을 기회를 찾지 않았다. 이와 정반대로, 55-64세 사이의 사람들 중 약 45%가 이민을 위해 해외로 떠났으며, 단지 20%만이 학업을 위해 해외로 나갔다. 흥미로운 점은 35-54세의 연령그룹에게는, 해외로 나감에 있어서 이민 목적이 훨씬 더 중요했다는 것이었다. 그 비율은 약 70%에 달했다. 뿐만 아니라, 25세-34세 연령대의 10명 중 6명은 학업을 위해 해외에 나간다고 응답했다. 이는 다른 목적에 비해 미세한 우위를 보여 주었던 유일한 그룹이었다. 두 번째 그래프로 넘어가면, 두 번째로 어린 연령내인 25-34세가 2010년도에 해외에 3개월 이상 체류한 다른 연령대들에 비해 가장 높은 비율인 58%를 보여 주었다. 흥미롭게도, 이 수치는 55세-64세 그룹에서는 반으로 줄어, 장기 해외 체류에 대해 가장 적은 관심을 보여 주게 되었다. 마지막으로 하나 짚고 넘어갈 점은 35-54세의 연령대 방문자 2명 중 1명 꼴로 긴 해외여행을 좋아했다는 점인데 하지만 가장 어린 연령대인 15-24세는 이 부분에 대해서 적은 관심을 보이는 것 같았다.

POST-WRITING

Outline:

Introduction:	두 신발 제조사의 2015년도 12주 판매량과 새 신발을 구입한 연령대를 비교
Overall Trend:	신발 매출은 EDM 이 앞섰고, 가장 나이가 어린 층이 신발을 많이 샀음
Body 1:	신발 매출에서 감소 패턴을 보여 준다, EDM 회사 매출 공략
Body 2:	ABC 회사는 5,6 주차에 EDM 을 앞섰다 ABC 회사 매출 분석 및 연령대 분석

Model Essay:

The given charts compare the sales of two shoe manufacturers in South Korea over 12 weeks in 2015 and the different age groups who bought the new shoes.

In general, EDM outperformed ABC for most of the period in regard to the shoe sales and the youngest group contributed significantly in the shoe market.

To begin with, the sales for both companies show decreasing patterns during the surveyed period. Initially, week1 sales for EDM and ABC were about 600 and 420 pairs respectively. During the given period, EDM shoe company dominated the other company except for two periods; week5 and week6

In detail, the sales for the former company underwent a gradual descent until week5 when the sales levelled off at 250 pairs and the stagnant sales continued for the next two weeks before a further drop in sales to the lowest point at just more than 100 pairs in week11. It is of note that the sales saw a dramatic threefold increase in a week.

Moving on to the company, ABC, gradual decreases can be seen until week6 when the sales dropped to about 300 pairs. During weeks 5 and 6, ABC company sold slightly more pairs of shoes than their counterpart. It then continued struggling in the market for the remaining period with the final sales figure being less than 100 pairs.

Moreover, people aged 15-25 bought the new shoes in the surveyed year taking up about a half the total shoe sales in the market. The remaining sales were made by the age groups 26-35 and 36-45 with the ratio at 32% and 17% accordingly.

해석

주어진 차트는 대한민국의 두 신발 제조사의 2015년도 12주 판매량과 새 신발을 구입한 연령대를 비교해 준다.

전체적으로 보면, EDM은 신발 매출에 있어서 대부분의 기간동안 ABC를 앞섰고, 가장 나이가 어린 층이 신발 시장에 크게 기여했다.

먼저, 두 회사는 조사된 기간 동안 매출의 감소 패턴을 보여 준다. 가장 먼저 1주차의 매출에 있어서 EDM과 ABC는 각각 600 그리고 420켤레의 신발을 팔았다. 주어진 기간 동안, EDM 신발 회사는 다른 회사를 5주차와 6주차, 단 2주를 제외하고 판매량에 있어서 압도했다. 자세히 보면, 앞선 회사의 매출은 5주까지는 점진적으로 감소하다가 매출량이 250켤레가 되었고 그 후 2주 동안 매출이 침체되다가 11주에는 매출이 급격히 떨어져서 100켤레를 간신히 넘긴 최저 매출을 보였다. 흥미로운 사실은 매출이 한 주만에 드라마틱하게 3배나 증가한 것이다.

ABC회사로 넘어가보면, 6주 때까지 매출이 점진적인 감소를 보이다가 판매가 약 300켤레까지 떨어진다. 5주차와 6주차에는 ABC 회사는 경쟁사보다 약간 더 많은 신발을 팔았다. 그 후로 계속 남은 기간 동안 시장에서 고전하다가 매출 100켤레 미만으로 마친다. 덧붙이자면, 15-25세 연령대의 사람들이, 조사된 해에 구입한 새 신발이 시장 전체 판매량의 약 절반을 차지했다. 남은 절반의 판매량은 26-35세와 36-45세가 각각 32%와 17%를 차지했다.

REVIEW

Vocabulary
1. one in ten
2. stands at
3. final point

Scrambled Sentences
1. The sales of the two companies increased until the year 2000; however, the opposite was true after that.
2. Quite a few people go abroad to study although they are over 40 years old. / Although they are over 40 years old, quite a few people go abroad to study.

CHAPTER 5. MAP

WRITING

Model Essay:

The depicted maps represent how Namgang town has changed its layout.

Overall, a great deal of adjustments can be seen in the current town as more facilities and amenities have been added. Looking at the map in the past, the main road lay horizontally from west to east in the centre of the town and was surrounded by an industrial zone as well as Greenland. There were two bus stops at both ends of the main road. The industrial zone was situated to the North of the main road whereas the opposite side was occupied by Greenland along with a pedestrian-only road.

As far as the current layout is concerned, the town

has a completely new scene. The biggest change is a double-route that surrounds the whole town and connects from west to east as well. There are two types of route; one for cars and the other for trams. In the central area, the existing main road has been designed for pedestrians as well as bikers only. The Industrial zone to the north of the town has been replaced by a shopping centre, a city hall and a bus station that combined the two old ones. Moreover, the greenland has been transformed into a sport complex and a park.

해석

보여지는 지도는 Namgang 타운의 외형이 어떻게 변화했는지를 나타낸다.
전체적으로 보면, 더 많은 시설들과 생활 편의시설이 생긴 것 같이 상당히 많은 변화들이 현재 지도에서 보여진다. 과거의 지도를 보면, 메인 로드가 서쪽으로부터 동쪽으로 도시 중심에 가로로 놓이고, 산업 지역과 그린랜드로 둘러져 있다. 메인 로드 양 끝 쪽에는 두 개의 버스 정류장이 있었다. 산업지역은 메인 로드의 북쪽에 위치했었던 반면 그 반대편에는 그린랜드와 보행자 도로가 함께 자리하고 있었다. 현재의 형태를 보면, 타운은 완전히 새롭게 탈바꿈 했다. 가장 큰 변화로는 타운 전체를 감싸는 양방향 도로인데 이 도로는 또한 서쪽에서 동쪽으로도 이어져 있다. 2개의 길이 있는데, 하나는 자동차, 다른 하나는 Tram을 위한 것이다. 시내 중심부로 오면, 기존의 메인 도로가 보행자와 자전거 이용자만 사용할 수 있게 디자인되었다. 도시의 북쪽 지역의 산업지역은 쇼핑센터, 시청, 그리고 기존의 2 개의 버스 정류장을 통합한 버스 정류장으로 대체되었다. 게다가, 그린랜드는 스포츠 콤플렉스와 공원으로 변모되었다.

POST-WRITING
Outline:

Introduction:	Thorndike 타운이 현재의 모습과 변화된 모습(미래)
Overall Trend:	더 많은 시설 및 구조가 생길 것이다.
Body 1:	교통신호가 있는 육거리 중심으로 동서남북에 뭐가 있는가 (현재)
Body 2:	새로운 지도에서 누개의 회전도로를 중심으로 변화된 모습 분석 (미래)

Model Essay:
The depicted maps demonstrate how Thorndike town would change its layout from the current one.
In general, a number of changes would be made in the new plan and there would be more facilities and amenities in the town.
The first thing to talk about is that there is a six-way intersection with a traffic light in the centre of the town. On the north side of the intersection, there are residential zones, however, on the opposite side of the junction a main road runs from north to south vertically. Shops lie to the west of the main road and a park and a school are situated on the other side of the road.
Moving on to the new plan of the town, the town would have a completely new face. The biggest change would be the removal of the traffic lights. There would be two roundabouts in the centre of the town instead. On both sides of the roundabouts, there would be a new bus stop next to a new residential zone. Although existing housing zones would secure the location, the main road to the south of the main intersection would be converted into a pedestrian-only road. The area to the west of the road would transform into a shopping precinct with a shopping centre and a park being added.

해석

보여지는 지도들은 Thorndike 타운이 현재의 모습에서 어떻게 변할 예정인지를 보여 주고 있다.
전체적으로 보면, 여러가지 많은 변화가 새로운 계획에서 이루어질 것이며, 더 많은 시설 및 구조가 생길 것이다.
첫 번째로 얘기할 것은 바로, 교통신호가 있는 육거리가 타운 중심에 있다는 것이다. 이 육거리 북쪽으로는 거주지역이 있지만, 반대쪽에는 메인 로드가 북에서 남쪽으로 수직으로 지나가고 있다. 그 메인 로드 서쪽으로 상점들이 즐비어 있고 공원과 학교는 정 반대쪽에 있다.
새로운 계획의 지도로 가보면, 그 타운은 완전히 새로운 얼굴을 가질 것이다. 가장 큰 변화는 교통신호의 제거이다. 대신에 그곳에는 두개의 회전 도로가 있을 예정이다. 그 회전 도로 양쪽으로는 버스 정류장과 새로운 거주 지역이 생겨날 예정이다. 비록 기존의 거주 지역은 본래의 위치를 고수하지만, 육거리 남부쪽 메인 로드는 보행자 도로로 변환될 예정이다. 그 도로의 서쪽지역은 쇼핑센터와 공원이 추가적으로 들어오면서 쇼핑 구역으로 변모할 예정이다.

REVIEW
Vocabulary
1. in the south
2. to the south
3. at both ends

Scrambled Sentences
1. The south of the town was occupied by industrial plants.
2. The town was converted into an industrial city.

CHAPTER 6. PROCESS

✍ WRITING
Model Essay:
The flow chart illustrates a range of processes in order to produce canned fruit jam.
Overall, the whole process begins with harvesting and undergoes various stages like washing, boiling and sterilizing before arriving in a market for customers. At first, fruit is hand-picked in a farm before being washed. Then, it goes an inspection process like weighing, grading and sorting for quality checking purpose and it also goes by fruit colour, ripeness and taste. The next step is that fruit is mashed or chopped to form fruit pulp before being seasoned with water, juice and caramelized sugar. Fruit is then boiled at 104 degrees for a couple of hours to kill off any micro-organisms. Subsequently, it undergoes a cooling process where the boiled jam is left for 24 hours. In the packaging process, a bottle is filled with jam after the jars themselves are sterilized. Once the jam bottle is vacuum sealed, it is labelled. Finally, it goes to the market.

해석
이 흐름도는 과일캔을 만들기 위한 여러 가지 과정들을 보여 주고 있다. 전체적으로 보면, 이 과정은 수확으로부터 시작하여 시장에서 소비자에게 팔리기 전까지 여러 가지 단계(세척, 가열 및 소독)들을 거치게 된다. 첫 번째 스텝으로서, 과일이 농장에서 씻기기 전에 손으로 딴다. 그리고나서, 그것은 품질 검사 과정을 지나는데, 무게 재기, 등급, 그리고 분별 등, 품질 체크 목적이다. 그리고, 그 과정은 또한, 과일의 색감, 익은 정도, 맛도 함께 체크된다. 그 다음 스텝으로는 과일이 분쇄 및 조각으로 되어 과육으로 된다. 이 과정은 물, 주스 및 당도 설탕이 첨가 되기 전의 일이다. 과일은 그 다음에는 104도씨에 약 2-3시간 동안 가열된다. 이것은 미생물을 제거하기 위함이다. 순차적으로, 그것은 24시간동안 잼이 그대로 두어 지는 쿨링 단계로 접어든다. 포장 단계에서는 잼 병들이 소독된 이후에 잼이 병에 담아진다. 일단, 잼 병이 진공포장이 되면, 상표가 붙여진다. 마지막으로는 그 잼 상점으로 향한다.

🔍 POST-WRITING
Outline:

Introduction:	생선캔이 어떤 공정을 거치는가?
Overall Trend:	전반적인 스텝을 시작에서 끝까지 보여 주기
Body 1:	물고기 수확, 저장 및 건조 단계
Body 2:	생선캔이 되는 과정을 매우 자세히 언급

Model Essay:
The given diagram depicts how fish cans are produced.
In general, the whole process begins with catching and undergoes various stages like washing, cooking and canning before arriving in a market for customers. To start with, fish is caught before being rinsed. Once it is sorted, weighed and graded, it is pre-cooked anywhere between 45 minutes to three hours either through deep-frying or steam cooking method. The next step is that it is cleaned and filtered to separate dark lateral blood fish because it is for pet food. It is then dried for 24-36 hours.
After the drying process, it undergoes a canning stage where fish is packed with various additives like olive, sunflower, soybean oil, water, tomato, chilli or mustard sauce. The packaging process also involves a vacuum sealing procedure before cans are cooked again for 2-4 hours at 116-130 degrees for the sterilization process. Lastly, it is labelled to be delivered in the market for consumers.

해석
주어진 다이어그램은 생선캔이 어떻게 만들어지는 지를 보여 준다.
전체적으로 보면, 모든 공정은 포획으로부터 시작하며 세척, 요리, 그리고 캔화와 같은 다양한 단계를 거치고 그 후 소비자를 위해 시장에 도착하게 된다.
시작해보면, 물고기가 잡혀서 세척이 된다. 일단 분류, 무게재기, 등급 매기기가 끝나면, 그것은 약 45분에서 3시간 가량 기름에 튀기거나 스팀 방식으로 1차적으로 조리된다. 그 다음 단계에서는 요리된 물고기는 깨끗하게 씻겨지고 필터링을 지나게 되는 데, 이는 검은 측면 피를 가진 물고기를 구분해 내기 위함이다. 왜냐하면, 그것들은 애완 동물의 음식이 되기 때문이다. 그리고 나서는 약 24-36시간 동안 건조가 된다.
건조단계 이후에는, 그것은 캔화 단계를 거치는데 여기서 생선은 올리브, 해바라기, 및 간장기름, 물, 토마토, 칠리 혹은 머스타드 소스와 같은 다양한 첨가물과 함께 포장된다. 포장 공정은 또한 진공포장의 과정도 포함한다 그 이 후 캔들은 소독을 위해 116-130도 온도로 2-4시간 동안 다시 한번 가열된다. 마지막으로, 그것은 상표를 달고 소비자를 위해 시장으로 운송된다.

🔍 REVIEW
Vocabulary
1. the first stage
2. Subsequently
3. Consequently

Scrambled Sentences
1. Fruit is hand-picked in a farm before being transported.
2. The fifth step is canning process where water is added.

Task 2

CHAPTER 1. AGREE & DISAGREE I

📝 WRITING

1. 동의할 경우

Model Essay:
It is true that international tourism is becoming a big industry in many countries. I completely agree that foreign tourists should be charged more than local visitors for cultural and historical sites. There are several reasons why foreign tourists should be charged more than local visitors. First of all, there has been serious damage to on cultural and historical heritages sites all over the world which have been caused by numerous visitors. Therefore, to deal with this wear and tear, state subsidies would be essential for the authorities to maintain and repair them. This means that the local population must pay money to these sites through the tax system. This is because, most old palaces and temples in my country can hardly be maintained and repaired regularly without the government financial support. Secondly, local people, especially young residents, should be given more of a chance to learn about their culture and history. This is because local residents should have an easy access to such places where they can enrich their cultural identity and experience their own traditions. Thus, lower prices for the entrance to these sites could encourage more people in the host country to visit them. In this way, the awareness of these precious buildings can be raised and they can be preserved for the next generation. In conclusion, I strongly feel that tourists from overseas should be charged more than local residents to visit important sites and monuments. Otherwise, the maintenance and preservation of these buildings can be challenging in various ways.

해설
국제 관광이 많은 나라에서 큰 산업으로 부상하고 있는 것은 사실이다. 나는 외국인 관광객들이 문화 및 역사 유적지 방문시 현지 관광객들보다 더 많은 비용을 지불해야 한다는 것에 전적으로 동의한다. 외국인 관광객들이 현지 관광객들보다 더 많은 비용을 부과해야만 하는 데에는 몇 가지 이유가 있다.
첫째로, 수많은 관광객들이 세계의 관광 명소에서 문화 및 역사적 유산에 심각한 피해를 일으키고 있다. 따라서, 정부 보조금은 당국이 이러한 마모에 대한 유지보수를 진행하는데 필수적이다. 즉, 현지 주민들은 이미 세금 시스템을 통해 이러한 유적지에 돈을 지불하고 있다. 왜냐하면, 우리나라에 있는 대부분의 오래된 궁전과 사원은 정부의 재정 지원없이는 유지 보수가 거의 불가능하기 때문이다. 두 번째로, 지역 주민, 특히 젊은 주민들은 자신의 문화와 역사를 배우는 보다 쉬운 기회가 주어져야 한다. 이는 지역 주민들이 자신들의 문화적 정체성을 풍부하게 하고 그들만의 전통을 경험할 수 있는 장소에 쉽게 방문할 수 있어야 하기 때문이다. 따라서, 이러한 장소 방문을 위한 저렴한 입장료는 주최국의 더 많은 사람들이 이곳을 방문하도록 장려할 수 있다. 이러한 방법으로, 이런 귀중한 건축물에 대한 인식이 커질 수 있으며, 다음 세대를 위해 보존될 수 있다. 결론적으로, 해외 관광객들이 주요 관광지 및 유적지 방문을 위해 현지 주민보다 더 많은 비용을 지불해야 한다고 생각한다. 그렇지 않으면, 다방면으로 이러한 건축물들의 유지 보수 및 보존이 어려울 수 있다.

2. 동의하지 않을 경우

It is true that international tourism is becoming a big industry in many countries. I completely disagree that foreign tourists should be charged more than local visitors for cultural and historical sites. There are several reasons why foreign tourists should not be charged more than local visitors.
First of all, overseas visitors already contribute to the economy of the host country. This is because while travelling, they usually spend much money on a range of goods and services including food, souvenirs and accommodation. In this way, local businesses could earn foreign currency and create employment in the region. Therefore, governments and inhabitants of every country should be happy to subsidise cultural and historical sites to attract foreign tourists from the rest of the world. Secondly, charging more prices on foreigners affects negatively the host city. In many cities, cultural facilities attract people from all over the world thus making them popular locations to work and visit. For instance, the popularity of London is partly due to the famous galleries and museums. Consequently, I believe that cultural attraction draws a skilled workforce and makes a city an attractive destination for tourists. However, if overseas tourists would decide not to go to that city due to higher prices, the tourism industry would decline and many related jobs which rely on visitors coming to the country would also disappear. In conclusion, I strongly feel that tourists from overseas should not be charged more than local residents to visit important sites and monuments. Every effort should be made to attract tourists from overseas, and it would be counterproductive to make them pay more than local residents.

해설
국제 관광이 많은 나라에서 큰 산업으로 부상하고 있는 것은 사실이다. 나는 외국인 관광객들이 문화 및 역사 유적지 방문시 현지 관광객들보다 더 많은 비용을 지불해야 한다는 것에 전적으로 반대한다. 외국인 관광객들이 현지 관광객들보다 더 많이 비용을 부과하지 않아야 하는 데에는 몇 가지 이유가 있다. 첫째로, 해외 관광객들은 이미 주최국의 경제에 기여하고 있다. 왜냐하면 여행 중에는 음식, 기념품 및 숙박 시설을 포함한 다양한 상품 및 서비스에 주로 많은 돈을 지출하기 때문이다. 이 방법으로 현지 사업자들은 외화를 벌어들여 해당 지역 내 고용을 창출할 수 있다. 따라서 모든 국가의 정부와 거주자들은 타 국가로부터 외국 관광객들을 유치하기 위해 문화 및 역사 유적지에 보조금을 지원해야 한다. 두 번째로, 외국인들에게 더 많은 비용을 부과하는 것은 주최 도시에 부정적인 영향을 미친다. 많은 도시에서 문화 시설은 세계 곳곳의 사람들을 끌어 들임으로써 해당 도시를 일하기 좋고 방문하기 좋은 곳으로 만들고 있다. 예를 들면, 런던의 인기는 부분적으로 유명한 갤러리와 박물관 때문이다. 따라서, 문화적 매력은 숙련된 인력을 끌어들이고 도시를 관광객에게 매력적인 곳으로 만든다. 그러나 해외 관광객들이 가격 상승으로 그 도시에 가지 않기로 결정한다면 관광 산업은 줄어들 것이고 그 나라에 오는 방문객들에게 의존하는 많은 관련 일자리도 사라질 것이다. 결론적으로, 해외 관광객들이 주요 관광지와 유적지 방문을 위해 현지 주민보다 더 많은 비용을 지불해서는 안된다. 해외 관광객을 유치하기 위해 모든 노력을 기울여야 하며, 해외 관광객들에게 현지 주민보다 더 많은 돈을 지불하게 하는 것은 비생산적이다.

POST-WRITING

Model Essay:

These days, we live in a globalised world and it is becoming more common for people to work or study in foreign countries where they are required to speak a foreign language. Some people emphasise the social and practical problems that are caused by this situation, while others are less concerned. I completely agree with the former camp and think that living in a country with a foreign language is very problematic.

There are a number of social issues that people face when living in a country that necessitates speaking in a second language. The first dilemma relates to etiquette. This is because languages work in different ways that reflect the values of the home nation. For example, in Korea there is a strict hierarchy based on age which is reflected in our language. This means that we use a more polite form of speech when talking to our elders. So if a foreign resident were to speak to a senior without the necessary honorifics, it's possible they would cause offence. This demonstrates that not fully understanding how a language works can cause many social problems.

Another dilemma that can arise from having to speak a foreign tongue on a day-to-day basis is misunderstanding people. When someone is talking a foreign language, they can easily misconstrue what people say to them which can have terrible consequences. They might miss a deadline for a college assignment or some crucial instructions in the workplace.

In conclusion, living in a country that requires speaking in a foreign language is undoubtedly very challenging if you are not fluent in the language due to the nuances of etiquette and the misunderstandings that can occur. However, I do not believe that these challenges are insurmountable if the person is open-minded and has a positive attitude.

해석

최근 들어, 우리는 지구촌화된 세상에 살고 있어서 외국어를 해야 살 수 있는 타국에서 일하거나 공부하는 일이 점점 흔해지고 있다. 어떤 사람들은 이러한 상황이 야기하는 사회적 그리고 실질적인 문제를 부각시키지만 반면, 다른 이들은 크게 걱정하지 않는다. 나는 전적으로 전자와 동의하고, 외국어를 써야 하는 나라에 사는 것은 큰 문제라고 생각한다.

제 2 외국어를 써야 하는 나라에서 살 때에 사람들이 겪는 사회적 문제가 많다. 그 첫 번째 딜레마가 에티켓과 관련된다. 왜냐하면 모국의 가치를 반영하는 언어가 다른 방식으로 통하기 때문이다. 예를 들어, 한국에서는 그 언어 속에 나이에 따른 엄격한 위계질서가 반영되어 있다. 다시 말해 우리는 연장자와 이야기할 때 더 예의 바른 말을 쓴다. 따라서, 만약 외국인 거주자가 연장자에게 마땅한 예를 갖추지 않으면, 문제가 될 소지가 있다. 이는 언어가 작용하는 방식을 완전히 이해하지 못하는 것이 얼마나 많은 사회문제를 일으킬 수 있는 가를 보여 준다.

외국말을 해야만 하는 것 때문에 생기는 일상 속의 다른 딜레마는 사람을 오해할 수 있다는 것이다. 만약 누군가가 외국어를 쓴다면, 그들은 사람들이 하는 말을 쉽게 오해할 수 있는데, 이는 끔찍한 결과로 이어질 수 있다. 그들은 대학교 숙제의 마감일을 놓치거나, 혹은 직장에서 몇몇 필수적인 지시사항들을 놓칠 수 있다. 결론적으로, 외국말을 해야 하는 나라에서 사는 것은 만약 언어에 능통하지 않는다면, 에티켓의 뉘앙스 부분과 오해의 발생으로 인해 의심할 여지없이 굉장히 어렵다. 하지만, 나는 만약 사람들이 열린 마음과 긍정적인 자세를 취한다면 이러한 어려움들이 극복할 수 없다고 보지 않는다.

REVIEW

Vocabulary
1. subsidies
2. damage
3. cultural attractions

Error Correction
1. I agree **that** local visitors should be charged less.
2. There **have** been serious damages to historical buildings.
3. Foreign tourists spend much money **on** a range of services.

CHAPTER 2. AGREE & DISAGREE II

WRITING

Model Essay:

It is true that the damage to the environment is increasing at an alarming rate. Although I believe that individuals should have a major role to play in minimising global environmental hazards, I also feel that greater efforts should be made by governments of the world. It is my belief that environmental damage is caused mainly by individuals. One of the major reasons is that the uncontrolled use of private vehicles has led to air pollution. If individuals can make a conscious effort to change their lifestyle, by cutting down on their use of private cars and using more public transport, it would substantially reduce the burning of fossil fuels. For instance, serious attempts should be made by individuals to travel regularly by buses and trains. The lack of public support can seriously hamper any government endeavour towards the reduction of pollution. Another reason can be that people use enormous amounts of plastic in daily life, which is a hazardous pollutant of the soil. Individuals can make a great contribution to the protection of the environment, by opting for eco-friendly substitutes. An ideal way to do this is by using paper and reusable bags instead of plastic in supermarkets.

On the other hand, I also believe that some global environmental issues can be handled more effectively by governments than on an individual level. Firstly, governments should restrict excessive consumption, which has greatly contributed to the exploitation of natural resources and created a serious waste problem. This means that they should encourage people to use durable and reusable products rather than disposable ones, through public campaigns or regulations. Secondly, in order to address air pollution and global warming, they could impose a heavier tax on the use of private cars as well as the price of petrol. Also, the quality of public transport service needs to be improved. In this way, the atmosphere problems could be tackled more efficiently. In conclusion, I partly accept that governments have a more crucial role in reducing the harm caused to the environment than individuals have.

[해석]

환경에 대한 피해가 놀라울 정도로 커지고 있는 것은 사실이다. 나는 개개인이 지구 환경 위험을 최소화하는 데 중요한 역할을 해야 한다고 생각하지만, 세계의 정부가 더 큰 노력을 기울여야 한다고 생각한다. 나는 환경 피해가 주로 개인에 의해 발생한다고 믿는다. 주된 이유 중 하나는 개인 차량의 통제되지 않은 사용으로 인해 대기 오염이 발생했다는 것이다. 개개인이 자신의 라이프 스타일을 바꾸려는 의식적 노력을 기울일 수 있다면, 개인 차량 사용을 줄이고 대중 교통 수단을 많이 사용함으로써 화석 연료의 연소를 상당히 줄일 수 있다. 예를 들어, 개개인이 정기적으로 버스와 기차를 이용하려는 진지한 시도를 해야만 한다. 대중의 지원이 부족하면 오염을 줄이기 위한 정부의 노력을 심각하게 저해할 수 있다. 또 다른 이유는 사람들이 일상 생활에서 엄청난 양의 플라스틱을 사용한다는 것이다. 플라스틱은 위험한 토양 오염 물질이다. 개개인은 친환경 대체물을 선택해 환경 보호에 크게 기여할 수 있다. 이것을 하기 위한 이상적인 방법은 슈퍼마켓에서 플라스틱 대신 종이와 재사용 가능한 봉투를 사용하는 것이다. 다른 한편으로, 나는 일부 지구 환경 문제가 개인 차원보다 정부에 의해 보다 효과적으로 다뤄질 수 있다고도 믿는다. 첫째로, 정부는 과도한 소비를 제한해야 하고, 이것은 천연 자원 개발과 심각한 폐기물 문제에 크게 기여해 오고 있다. 이것은 공공 캠페인이나 규정을 통해 사람들이 일회용 제품이 아닌 튼튼하고 재사용이 가능한 제품을 사용하도록 권장해야 함을 의미한다. 두 번째로, 대기 오염 및 지구 온난화 문제를 해결하기 위해 가솔린 가격 뿐만 아니라 개인 차량 사용에 더 많은 세금을 부과 할 수 있다. 또한 대중 교통 서비스의 품질을 향상시켜야 한다. 이러한 방법으로 대기 문제가 보다 효율적으로 해결될 수 있다. 결론적으로, 나는 정부가 개인보다 환경에 미치는 피해를 줄이는 데 더 중요한 역할을 한다는 점을 부분적으로 인정한다.

POST-WRITING

Model Essay:

These days, there seems to be more variety in many respects. This has led some people to claim that we live in an age of unprecedented choice in our lives. I mostly agree with this opinion.

On the one hand, we definitely seem to have a great deal of choice nowadays. One reason for this increase in options is the internet which has opened up many new possibilities. It has allowed us to order items from the other side of the world which would previously have been unavailable to us. It has also enabled us to meet people that were inaccessible so far, through online applications like Skype. So the internet has undoubtedly increased our options with regards to retail and socializing. Another reason why we have more choice in our lives is the development of motor technology, such as airplanes and rapid trains. This means that it has never been easier to travel or even migrate.

On the other hand, it could be argued that people these days have limited choice. First of all, many people still live in poverty or with limited financial means. As a result, increased choice in retail options make little actual difference to the lives of many individuals because they do not have money to spend. In addition, many citizens suffer because of unfavourable market conditions, such as inflation in the housing market. For example, contrary to people in my father's generation who had a range of housing options and were generally able to own a house by the time they were thirty years old, most thirtysomethings these days are not able to afford their own house due to changes in the market.

In conclusion, people these days are undoubtedly able to enjoy a great deal of choice in relation to things such as shopping, travel and meeting people.

해석

요즘엔, 여러 면에서 다양성이 더욱 커지는 것 같다. 그러기에 몇몇 사람들이 우리는 삶에서 전례 없는 선택의 시대를 살고 있다고 주장한다. 나는 이 의견에 대부분 동의한다.

한편으로, 요즘은 확실히 우리가 많은 선택을 할 수 있는 것처럼 보인다. 이 옵션의 증가의 하나의 이유로는 많은 새로운 기회를 열어준 인터넷을 들 수 있다. 그것은 우리가 지구 반대편에서 물건을 주문할 수 있게 해주었는데, 이전에는 불가능한 것이었다. 그것은 또한 Skype와 같은 온라인 앱을 통해서 우리가 이제껏 접촉할 수 없었던 사람들을 만날 수 있게 해주었다. 이렇게 인터넷은 의심할 여지없이 소비와 사회생활에 관련된 우리의 선택을 증가시켰다. 우리가 삶에서 더 많은 선택을 할 수 있는 다른 이유는 모터 기술의 발전인데, 비행기나 고속열차와 같은 것들이다. 다른 말로 이렇게 편리하게 여행하거나 이동할 수 있었던 적이 없었다는 것이다.

다른 한편으로는, 요즘 사람들의 선택이 제한되어 있다고도 볼 수 있겠다. 먼저, 많은 사람들이 여전히 가난하게 살거나 부족한 재정을 가지고 살아간다. 그 결과, 물건 구입에 있어서의 선택의 증가는 사실 많은 사람들에게 큰 영향을 주지 못하는데, 이는 그들이 지출할 수 있는 돈이 없기 때문이다. 게다가, 많은 시민들이 주택시장의 거품과 같은 불리한 시장 조건 때문에 힘들어 하고 있다. 예를 들어, 다양한 내 집 마련의 옵션이 있었고 또한 일반적으로 30세 정도에 집을 소유할 수 있었던 아버지 세대와 다르게, 요즘 대부분의 30대들은 변화된 시장으로 인해 내 집 마련을 할 수 없다.

결론을 짓자면, 요즘 사람들은 분명 쇼핑, 여행, 그리고 사람을 만나는 것에 관련해서는 아주 다양한 선택을 즐길 수 있다는 것이다.

REVIEW

Vocabulary
1. tackle
2. private vehicles
3. eco-friendly substitute

Error Correction
1. Governments have to **make** great effort to solve global warming.
2. Governments could **impose** a heavier tax on the use of private cars.
3. The quality of public transport service needs to **be improved**.

CHAPTER 3. DISCUSSION

WRITING

Model Essay:

There is some controversy about how farming has been revolutionised in the past decades. While it is possible to claim that the effect of these changes has been for the benefit of mankind, my view is that the disadvantages outweigh the advantages. There are several reasons why some people insist that these innovations in agriculture can be said to be positive. One reason is that as the world's population has exploded within the past century, traditional methods of agriculture can not provide sufficient food for everyone. This means that we need more efficient methods of farming because many countries in Asia and Africa suffer from regular famines and droughts and, thus, the people would starve without genetically modified crops that are drought resistant. Another reason is that these agricultural developments have a positive impact on farmers. For instance, the quality of life of farmers has been improved by using machines such as tractors which save their labour and they can make more profits due to the mass production as well. On the other hand, it is my belief that traditional farming methods such as smaller scale and more organic farming can have a positive impact on health and the environment. Firstly, research has shown that a variety of diseases stem from conditions in factory farms. For example, bird flu caused by factory farming accours almost every year which can pose a threat to people in the local vicinity. Secondly, there are concerns about the lack of research into how genetically modified crops might affect the ecosystem for the worse. For instance, GM crops have broken food chains around farm lands. Therefore, organic food is much healthier for humans and the environment. To sum up, it seems to me that we should be extremely cautious about the long-term dangers of these developments. I suggest that there should be more investment in traditional farming methods to make them more efficient and that there should be stronger legislation to ensure that both factory farms and GM crops are safe.

해석

지난 수십 년 동안 농업이 어떻게 혁신되어 왔는지에 대한 논란이 있다. 이러한 변화들로 인한 효과가 인류의 이익을 위한 것이라고 주장할 수 있지만, 나는 장점보다는 단점이 많다고 생각한다. 몇몇 사람들이 이러한 농업 혁신이 긍정적이라고 말할 수 있는 데에는 몇 가지 이유가 있다. 한 가지 이유는 지난 세기에 세계 인구가 폭발적으로 증가함에 따라 전통적인 농업 방식으로는 모든 사람에게 충분한 식량을 제공하지 못했다는 것이다. 이것은 아시아와 아프리카의 많은 나라들이 기근과 가뭄에 시달리게 되어 가뭄에 강하게 유전자 조작된 작물을 먹지 않고는 사람들이 굶어 죽을 것이므로 우리에게 더 효율적인 농사법이 필요하다는 것을 의미한다. 또 다른 이유는 이러한 농업 개발이 농부들에게 긍정적인 영향을 미친다는 것이다. 예를 들어, 농부들의 삶의 질은 노동력을 절약할 수 있는 트랙터와 같은 기계를 사용함으로써 향상되었으며 대량 생산으로부터 더 많은 이익을 얻을 수도 있었다. 하지만 다른 한편으로, 나는 소규모 농업 및 유기농법과 같은 전통적인 농업 방식이 건강과 환경에 긍정적인 영향을 미칠 수 있다고 믿는다. 첫째, 연구 결과에 의하면 다양한 질병이 공장식 농장 환경에 의해 발병되었다. 예를 들어, 매년 공장식 경작으로 인해 현지 인근 사람들에게 위협이 될 수 있는 조류 독감이 발생했다. 둘째, 유전자 조작된 작물이 생태계에 악영향을 미칠 수 있는지에 대한 연구가 부족하다는 우려가 있다. 예를 들면, GM 작물은 농장 주변의 먹이 사슬을 파괴하고 있다. 따라서, 유기농 식품이 사람과 환경에 훨씬 더 건강하다. 요약하자면, 나는 우리가 이런 발전으로 인한 장기적인 위험에 대해 매우 신중해져야 한다고 생각한다. 나는 전통적인 농법을 보다 효율적으로 만들기 위해 그것에 대한 투자가 확대되어야 하고, 공장식 농장과 GM 작물 모두가 안전하다는 것을 확실히 하기 위해 더 강력한 법률이 있어야 한다고 제안하는 바이다.

POST-WRITING

Model Essay:

In recent years, modern societies have almost erased their borders and soon there will be no limits on travelling for both work and pleasure. While some people tend towards the viewpoint that learning a foreign language is only for the purposes of work and travel, I would have to support the idea that languages should be studied for other reasons.

On the one hand, learning a new language for the purpose of working in other countries seems to have become very popular. One of the main reasons can be that the days of employers looking only for capable people have gone. This means that today's employers are looking not only for multi-skilled employees, but they also want people who know more than their mother-tongue. For example, service industries across Asia often require English speaking employees to cater to foreign tourists. Sooner or later, those who neglected more language learning are prone to become jobless. Another reason can be that some workers perceive deficiencies in their home countries. This means that they want to look abroad for work. For instance, economic recessions in western countries (such as the US and the UK) have forced an increasing number of university graduates to move to Asian countries in search of fulfilling employment, which would require them to be proficient in a foreign language.

However, to my mind, a new language should not be learned just for travelling or working in a foreign country. A foreign language should help the learner broaden their mind. By this I mean that the new language should allow us to understand more about the world itself, and maybe even our ancestors' ways of thinking and acting. For instance, through learning the Korean language you can learn the history of King Sejong and his desire to create a simple language, accessible to all citizens. Needless to say, knowing another language will help us when it comes to understanding the human race, because language is the first poem of a country.

In conclusion, it seems to me that learning a different language should not only satisfy our physical needs, like money, but also our intellectual needs.

해석

최근 몇 년 사이에, 현대 사회는 국경을 거의 없앴고, 조만간 일과 즐거움 이 모두를 위해 여행하는 것에 대해 어떤 제약도 없을 것이다. 어떤 사람들은 외국어를 배우는 것이 오로지 일과 여행을 위한 목적이라고 보는 경향이 있는 반면에, 나는 언어를 다른 이유를 위해서라도 공부해야 한다는 생각을 지지한다.

한편으로, 다른 나라에서 일하기 위해 새로운 언어를 배우는 것이 대단한 인기를 누리는 것처럼 보인다. 주된 이유 중 하나가 고용주가 일만 잘하는 사람을 찾는 시대가 지나갔기 때문일 것이다. 다시 말하면, 요즘 고용주들은 다방면이 뛰어난 직원을 찾을 뿐 아니라, 모국어 그 이상을 아는 사람을 또한 원한다. 예를 들어, 아시아 전역의 서비스 업은 종종 외국인 관광객을 상대할 수 있는 영어 구사자를 원한다. 머지 않아, 타국어를 배워야 한다는 것에 무심한 사람들이 직업이 없게 생겼다. 또 다른 이유는 몇몇 노동자들이 자국에서 뭔가 부족함을 느끼기 때문일 것이다. 다시 말해 그들은 해외에서 일하기를 원한다. 예를 들면, 서방국가의 (미국이나 영국) 경제불황은 더 많은 대학교 졸업생들이 일감을 찾아 아시아 국가로 이동하도록 만들었는데, 이는 그들에게 출중한 외국어 실력을 요구한다.

하지만, 내 생각은, 새로운 언어는 여행이나 외국에서의 일을 위해서만 배우는 것이 아니다. 외국어는 학습자의 생각의 지경을 넓혀준다. 바로 이 때문에, 새로운 언어는 세계 그 자체에 대한 이해를 넓혀 주고, 선조들의 사고와 행동까지 도 이해할 수 있게 해준다. 예를 들어, 한국어를 배움으로써 세종대왕의 역사와 모든 백성이 쓸 수 있는 쉬운 언어를 만들고자 했던 그의 열망을 배울 수 있다. 분명히, 다른 언어를 배우는 것은 인류에 대해 이해하는 면에서 우리에게 도움을 줄 것이다, 왜냐하면 언어라는 것은 한 나라의 최초의 시가 되기 때문이다.

결론을 짓자면, 나는 다른 언어를 배우는 것은 우리에게 돈과 같은 물질적인 필요뿐만 아니라, 우리의 지적인 필요를 만족시킨다고 본다.

REVIEW

Vocabulary

1. famine
2. Agricultural developments
3. GM crops

Error Correction
1. There are several reasons **why** some people insist that these innovations in agriculture can be said to be positive.
2. We need more efficient methods of farming **because** many countries in Asia and Africa suffer regular famine and droughts.
3. For instance, the quality of life of farmers has been improved by using machines **such as** tractors.

CHAPTER 4. ADVANTAGE & DISADVANTAGE

WRITING
Model Essay:
It is certainly true that shopping malls where millions of people go every weekend are an inescapable part of modern life, while many small local stores have closed as a result. I believe that having such shopping centres is a positive development despite some negative aspects. There are several drawbacks of the emergence of shopping malls. One of the disadvantages is that a lot of local shops are closing. There have been many stories in the newspapers of family businesses that have been open for decades having to close, causing merchants to lose their livelihoods and homes. Another negative aspect is that they have weakened our communities. This is because people no longer have a personal connection with their butcher or fishmonger that is established through frequently seeing one another in store. As a result, communities have become less friendly and more anonymous. In spite of these negative effects, shopping malls have brought advantages as well. Nowadays, shopping is a popular pastime as everyone wants to have the most up-to-date products. The stores closest to our homes often don't have the products that we want. One obvious advantage of shopping centers is that people who go there are guaranteed to find the items they require. For instance, let's suppose someone wants to buy a pair of sneakers. If they go to a mall, they can choose between four or five shoe stores and choose the right pair and compare prices. Therefore, shopping at a large shopping centre provides a lot of choice. Another positive effect is that people can enjoy a variety of activities at malls. They can eat lunch in a restaurant, have a drink in a café or go to see a movie at a multiplex. If consumers were restricted to smaller shops, then it would be a more mundane experience. To sum up, while there are some obvious drawbacks to shopping in malls, it seems to me that the benefits certainly offset the negative aspects. However, it should not be forgotten that the eradication of artisan stores is having a detrimental effect on our communities and on our planet.

매주 주말 수백만 명이 찾는 쇼핑몰은 현대인의 삶에 필수적인 부분인 반면, 많은 소규모 지역 상점들이 그로 인한 결과로 폐쇄된 것은 분명한 사실이다. 나는 몇 가지 부정적인 측면에도 불구하고 그러한 쇼핑 센터를 갖는 것이 긍정적인 발전이라고 믿는다. 쇼핑몰의 출현에는 몇 가지 단점들이 있다. 그러한 단점들 중 하나는 많은 지역 상점들이 폐쇄되고 있다는 것이다. 신문에 수십 년 동안 운영해 오던 가족 사업이 문을 닫아야만 하고, 그로 인해 상인들이 생계와 집을 잃게 된다는 사연들이 실린다. 또 다른 부정적 측면은 쇼핑몰들이 지역 사회를 약화시켰다는 것이다. 이것은 사람들이 상점에서 정육점 주인이나 생선 장수들과 서로 자주 만나면서 쌓은 개인적 친분을 더 이상 갖고 있지 않기 때문이다. 결과적으로, 지역 사회는 덜 친근하고 더 개성없이 변해 버렸다. 이러한 부정적인 영향들에도 불구하고 쇼핑몰은 장점도 가지고 있다. 모든 사람들이 가장 최신 제품을 갖고 싶어하기에 쇼핑은 최근 인기있는 여가 활동이다. 우리 집에 가장 가까운 상점에는 종종 우리가 원하는 제품이 없다. 쇼핑 센터의 한 가지 분명한 장점은 방문하는 사람들이 원하는 물건들을 꼭 찾을 수 있다는 것이다. 예를 들어, 누군가 운동화 한 켤레를 사고 싶어한다고 가정 해 보자. 그들이 쇼핑몰에 가면 4~5곳의 신발 상점 중 선택할 수 있고 맞는 신발을 고르고 가격을 비교할 수 있다. 따라서 대형 쇼핑 센터에서 쇼핑하는 것은 선택의 폭을 넓혀 준다. 또 다른 긍정적 효과는 사람들이 쇼핑몰에서 다양한 활동을 즐길 수 있다는 것이다. 레스토랑에서 점심을 먹거나 카페에서 음료를 마시거나 멀티플렉스에서 영화를 볼 수도 있다. 소비자가 더 작은 상점밖에 갈 수 없다면, 그것은 좀 더 재미없는 경험이 될 것이다. 요약하자면, 쇼핑몰에서 쇼핑하는 데에는 몇 가지 명백한 단점들이 있지만, 그 혜택은 확실히 부정적인 면을 상쇄한다. 그러나, 장인 상점의 소멸이 우리 공동체와 지구에 해로운 영향을 미치고 있다는 것을 잊어서는 안 된다.

POST-WRITING
Model Essay:
There is no disputing that e-mail has had a profound effect on lives, both in terms of our social interactions and in how we work. But there are some people who believe it has had a negative or positive influence on society. I would argue that the benefits outweigh the drawbacks.
On the one hand, e-mail has certainly had some detrimental effects on our lives. To begin with, it has reduced office productivity. These days, many employees get distracted from their work because they are chatting with their friends. Also, writing e-mails has displaced letter-writing. In days-gone-by, people used to write letters more, either to their lovers, friends or family. Receiving a letter is nice because

they require a level of personal attention. These days however, people generally communicate by e-mail when they need to communicate with people who are far away. Some people even say this is having a negative effect on literacy levels.

On the other hand, e-mail has been tremendously helpful in people's everyday lives. Firstly, it has enabled us to communicate with our loved ones more easily and more often. Consider a person who is either traveling or living away from home. Before e-mail, they would have to send a letter which could take weeks to arrive. Nowadays, they can send a message instantaneously and they can do it every day. Secondly, e-mail has enabled people to save time and money. This is because it allows us to share a variety of media including photographs, MP3 files, Word documents and videos. In times past, these things would have required great time and effort. You would have to copy a song from a CD or copy a video onto a new tape. Now they can be done with ease.

In summary, although some people miss a time when people sent letters and postcards to one another, there is no reason why they can't still do this if they really want to. I believe the merits of e-mail greatly outnumber the downsides.

해석

이메일이 사회적 교류와 일하는 방식에 있어서 우리 삶에 심오한 영향을 주었다는 것은 논란의 여지가 되지 않는다. 하지만 어떤 사람들은 그것이 사회에 부정적인 또는 긍정적인 영향을 끼친다고 믿는다. 나는 장점이 단점보다 많다고 주장하고 싶다.

한편으로는, 이메일이 분명 우리 삶에 몇몇 유해한 영향을 준다. 먼저, 그것은 사무실 생산성을 떨어뜨렸다. 최근에, 많은 직원들이 일하다가 쉽게 집중력을 잃는데 이는 그들이 친구와 채팅을 하고 있기 때문이다. 또한 이메일은 쓰는 것은 손 편지를 대체했다. 지난 날에는, 사람들은 편지를 사랑하는 사람, 친구 혹은 가족들에게 더 자주 썼다. 편지를 받는 것은 기분 좋은 일인데 왜냐하면 그곳에 개인적인 관심을 담기 때문이다. 그러나 요즘 사람들은 멀리 떨어져 있는 사람들과 소통해야 할 때 일반적으로 이메일로 소통한다. 어떤 사람들은 이런 것들이 읽고 쓰는 수준에도 부정적인 영향을 줄 수 있다고도 말한다.

다른 한편으로, 이메일은 사람들의 일상의 삶에 지대한 도움을 주고 있다. 첫째로, 그것은 우리가 사랑하는 사람들과 더 쉽고 더 자주 연락할 수 있게 해주었다. 어떤 사람이 여행 중이거나 집에서 멀리 떨어져 산다고 가정해보라. 이메일이 있기 전에는, 그들은 몇 주가 지나서야 도착하는 편지를 보내야만 했다. 요즘은 즉시로 메시지를 보낼 수 있고 또 매일 보낼 수 있다. 둘째로, 이메일은 사람들의 시간과 돈을 절약할 수 있게 해주었다. 왜냐하면 그것을 통해 우리가 다양한 미디어, 사진, MP3 파일, 워드파일과 비디오 등을 보낼 수 있기 때문이다. 과거에는, 이렇게 하려면 시간과 노력이 많이 들었다. 당신은 CD에서 노래나 비디오를 복사해서 새 테입으로 옮겨야만 했다. 지금은 이런 것들은 쉽게 가능하다.

요약하면, 몇몇 사람들이 서로 편지나 엽서를 보냈던 시절을 그리워하지만, 그들이 원하면 지금이라도 못하라는 법은 없다. 나는 이메일의 장점이 단점보다 훨씬 많다고 본다.

REVIEW

Vocabulary
1. pastime
2. advantage
3. For instance

Error Correction
1. There **are** several drawbacks of the emergence of shopping malls.
2. One of the disadvantages **is** that a lot of local shops are closing.
3. Another positive effect is that people can enjoy a variety of **activities** at malls.

CHAPTER 5. PROBLEM/CAUSE & SOLUTION

WRITING

Model Essay:

A high volume of traffic is a problem experienced in cities all over the world. There are some obvious causes of this problem, and several measures which can be taken by governments to resolve it. There are a couple of reasons why dense traffic has become such a worldwide phenomenon. Firstly, owning a vehicle offers so much personal freedom and allows people to go where they like at whatever time they want. Therefore, it is understandable that many people choose driving over other forms of transportation such as riding on a bus or train. Secondly, the popularity commuting from suburbs to city centres is rising. This means that there are more people needing to work and earn money. Thus, it is natural that there be a high number of people pouring into city areas in their vehicles. There are some solutions to this dilemma. To begin with, a simple solution would be for governments to introduce some measures to deter people from driving in these areas. For instance, they could initiate a toll-booth system at specific points whereby drivers would have to pay for entrance into a designated area. Many cities, including London, are already doing this. But these measures are not enough by themselves. In addition, governments should encourage people to travel by other means. For example, they should build more cycle lanes and pavements which would encourage more people to cycle and walk to work. This was done in the Columbian city of Bogota with great success. In summary, if we want to be more time-efficient and environmentally friendly, it is vital that we tackle the problem of traffic congestion in cities. I believe that we need to deter people from driving while also offering convenient and cheap alternative transportation methods.

해석

많은 양의 교통 정체는 전 세계 도시가 경험하는 문제이다. 이 문제의 명백한 원인이 몇 가지 있으며 이러한 문제를 해결하기 위해 정부가 여러 가지 조치를 취할 수 있다. 교통 체증이이 이렇게 전 세계적인 현상이 된 몇 가지 이유가 있다. 첫째로, 차량을 소유하는 것은 많은 개인적 자유를 제공하고 사람들이 원하는 시간에 가고자 하는 곳에 갈 수 있게 해준다. 따라서, 많은 사람들이 버스나 기차를 타는 것과 같은 다른 형태의 교통 수단 보다 직접 운전하는 것을 선택한다는 것은 이해할 만하다. 둘째, 교외 지역으로부터 도시 중심으로 통근하는 인구가 증가하고 있다. 이것은 일을 하고 돈을 벌 필요가 있는 사람들이 더 많다는 것을 의미한다. 따라서 차량을 가진 많은 사람들이 도시로 유입되는 것은 자연스러운 일이다. 이 딜레마에 대한 몇 가지 해결책들이 있다. 우선, 정부가 사람들을 이 지역에서 운전하는 것을 막기 위해 몇 가지 조치를 도입하는 것이 간단한 해결책이 될 것이다. 예를 들어, 특정 지점에서 요금소 시스템을 시작해 운전자가 지정된 지역으로 입장하기 위해 돈을 지불하도록 할 수 있다. 런던을 포함한 많은 도시가 이미 이것을 시행하고 있다. 그러나 이러한 조치만으로는 충분하지 않다. 그것에 더해, 정부는 사람들이 다른 수단을 이용해 다니도록 권장해야 한다. 예를 들면, 더 많은 사람들이 주기적으로 자전거나 도보로 출퇴근할 수 있도록 더 많은 자전거 도로와 인도를 만들어야 한다. 이것은 콜롬비아의 도시 보고타에서 큰 성공을 거두었다. 요약하자면, 우리가 더 시간적으로 효율적이고 환경 친화적이 되기를 원한다면, 우리는 도시의 교통 체증 문제를 해결해야 한다. 나는 사람들이 운전하는 것을 막 필요가 있고, 또한 편리하고 값싼 대안의 교통 수단을 제공해야 한다고 생각한다.

POST-WRITING

Model Essay:

It is certainly true that numerous wild animals are becoming endangered. There are several reasons for this problem, and various measures could be taken by governments of the world to improve the situation. There are two main factors that have led to wildlife extinction. One of the major causes is the destruction of natural habitats. For example, by cutting down trees and building roads and railways or making farmland or grassland, rainforests are being destroyed. As a result, wild species in the regions have been disappearing. Another cause can be illegal hunting and poaching for commercial purposes. Due to poaching, there are only a few tigers and whales in the world today. This means that they are almost on the verge of the extinction. Human beings should not make money by taking away an animal's life.

There are several actions that governments could take to solve the problems described above. Firstly, anything that puts animals' live in danger should be controlled. Governments can fine hunters or strictly punish them by law. In addition, they should regulate exploitation of natural habitats. Another way to protect animals is to provide safe areas for them to live and breed in. Sometimes special areas are created in forests, such as game reserves in Africa. Also, building animal sanctuaries and taking some animals there to breed would be a simple solution. This is what is happening with the giant panda in China.

In conclusion, I think that there are many ways that we can look after endangered animals. Both governments and individuals have a responsibility to do this.

해석

수많은 야생 동물들이 점점 위험에 빠진다는 것은 분명한 사실이다. 이 문제에 대한 여러 가지 원인이 있고, 이러한 상황을 개선시킬 다양한 방법들이 세계 각 나라 정부에서 나올 수 있다.

야생동물의 소멸하게 되는 두 가지의 주요 요인들이 있다. 주요 원인 중 하나는 자연 서식지의 파괴이다. 예를 들어, 나무를 베어내고 도로나 철길을 내고 혹은 농장이나 초지를 만듦으로 열대우림이 파괴되고 있다. 그 결과, 그 지역의 야생 종들이 사라지고 있다. 다른 원인은 상업을 목적으로 하는 불법 사냥과 밀렵일 것이다. 이러한 밀렵으로, 호랑이와 고래는 오늘날 전 세계에 소수만 존재한다. 다시 말해 그들이 거의 멸종 위기라는 것이다. 인간은 동물의 생명을 앗아감으로 돈을 벌어서는 안된다.

정부들이 위의 열거된 문제를 해결하기 위해 취할 수 있는 여러 방편들이 있다. 먼저, 동물의 생명을 위협하는 모든 것은 통제되어야 한다. 정부는 밀렵꾼에게 벌금을 매기든지, 법으로 엄격하게 처벌할 수 있다. 추가로, 자연 서식지의 착취를 규제해야 한다. 동물을 보호하는 다른 방법은 그들에게 생육할 수 있는 안전한 지대를 제공하는 것이다. 때때로 아프리카 사냥 금지 구역과 같이 숲에 특정 지역을 조성하기도 한다. 또한 동물 불가침구역을 만들고 몇몇 동물을 데려다가 키우는 것이 간단한 해결책이 될 수 있다. 이는 중국에서 팬더곰이 살고 있는 방식이다.

결론적으로, 나는 위험에 빠진 동물들을 돌볼 수 있는 많은 방법들이 있다고 생각한다. 정부와 개인 모두가 이를 시행할 책임이 있다.

REVIEW

Vocabulary
1. toll-booth
2. suburbs
3. pavements

Error Correction
1. There are a couple of reasons **why** dense traffic has become such a worldwide phenomenon.
2. There are some solutions **to** this dilemma.
3. Governments could introduce some measures to deter people **from** driving.

CHAPTER 6. CRIME

WRITING
Model Essay:

Security cameras have become ubiquitous in many public places such as malls, streets, stadiums and bus stations. Although many people feel the surveillance devices violate the personal privacy of innocent people, it is my belief that these cameras can effectively deter possible crimes. Surveillance cameras have several benefits. First of all, criminals in the act can be caught or can be deterred before they commit a crime. Furthermore, CCTV footage provides concrete evidence and decisive clues which can be used in court. This will ensure the safety of society, making the streets safer for ordinary citizens. Secondly, criminals, particularly young offenders or petty criminals, will be deterred. This is because they will not be tempted to commit crimes if they know that they are being recorded. Finally, these cameras are also costeffective and, thus, authorities do not need to spend large amounts of money on police force. On the other hand, security cameras cannot be a perfect solution. The strongest opposition would be that although the cameras are supposed to protect us and deter criminals, they can infringe the public's privacy. This means that innocent people should be free to travel or move around a mall, street or country without being recorded. Due to these devices, they may lose their freedom. This is because they can be watched constantly and photographed like being in jail and should not be treated like criminals. In conclusion, there are obvious advantages to using surveillance cameras, in order to deter potential crimes. However, they should be used while minimizing the infringement on the individual's privacy and freedom.

해석

보안 카메라는 쇼핑몰, 거리, 경기장 및 버스징류징과 같은 많은 공공 장소에서 보편적으로 사용되고 있다. 많은 사람들이 감시 장치가 무고한 사람들의 개인 사생활을 침해한다고 생각하지만, 나는 이런 카메라가 일어날 가능성이 있는 범죄를 효과적으로 막을 수 있다고 믿는다. 감시 카메라가 주는 몇 가지 장점들이 있다. 우선 범죄자가 범죄 행위를 저지르기 전에 붙잡거나 막을 수 있다. 또한 CCTV 영상은 법원에서 사용할 수 있는 구체적인 증거와 결정적인 단서를 제공한다. 이것은 시민들에게 더 안전한 거리를 만들어 주어 사회의 안전을 보장할 것이다. 둘째, 범죄자, 특히 젊은 범죄자나 경범죄자들이 저지당할 것이다. 그들이 녹화되는 것을 안다면 범죄의 유혹을 받지 않을 것이기 때문이다. 마지막으로, 이런 감시 카메라는 가격면에서 효율적이기 때문에 당국은 경찰력에 많은 돈을 쓸 필요가 없다. 한편으로, 보안 카메라는 완벽한 해결책이 될 수는 없다. 가장 강한 반대 의견은 카메라가 우리를 보호하고 범죄자를 제압해야 하지만, 대중의 사생활을 침해할 수 있다는 것이다. 이것은 무고한 사람들이 감시없이 쇼핑몰이나 길거리 또는 국가를 자유롭게 다니거나 여행할 수 있어야 한다는 것을 의미한다. 이러한 장치들로 인해 그들은 자유를 잃을 수도 있다. 그렇게 되면 감옥에 있는 것처럼 끊임없이 촬영당하고 감시당하기 때문이고, 범죄자처럼 여겨져서는 안되기 때문이다. 결론적으로, 잠재적인 범죄를 방지하기 위해 감시 카메라를 사용하는 것에는 명백한 장점이 있다. 하지만, 개인의 사생활과 자유에 대한 침해를 최소화하면서 사용해야 한다.

POST-WRITING
Model Essay:

It is undoubtedly the case that many countries of the world increasingly suffer from a rising rate of crime. There are several reasons for this problem, and various measures could be taken to improve the situation.

There are a variety of different factors that have led to the crime rate. One of the major causes can be the increasing gap between the rich and the poor. The majority of crimes, especially burglary, are being committed by people in need who hardly make a stable living. Moreover, the increasing use of drugs can be another reason. Numerous violent offences are committed by people addicted to drugs. Lastly, the high level of violence and sex on television and in computer games may be responsible for youth crimes. This is because children exposed to such contents are likely to imitate or copy the behaviours on the screen.

Despite some obvious reasons described above, there are several actions that governments could take to solve the problems. Firstly, a simple solution would be for governments to ensure that more jobs are created so that the divide between rich and poor is reduced. In addition, they could also try to ensure that citizens, especially poor people, can get free education. This is because as those who are less educated hardly manage to find a job. Secondly, there should be a strong censorship on the violent programmes on the media to deter juvenile delinquency.

In conclusion, despite some obvious reasons, various measures can be taken to fight against crimes.

해석

의심의 여지도 없이 세계의 다양한 국가들은 증가하는 범죄율로 인해 고통받고 있다. 이 문제에는 몇 가지의 원인이 있고, 이 상황을 완화 시키는데 사용될 수 있는 다양한 방법들이 있다.

범죄율에 귀결되는 다양한 요소들이 있다. 가장 큰 이유들 중 첫 번째로는 빈부격차의 증가를 들 수 있겠다. 대부분의 범죄, 특히 절도는, 안정적 생계를 유지하는 것이 어려운 사람들에 의해서 자행된다. 또한, 마약 사용의 증가도 또 다른 이유가 될 수 있겠다. 많은 폭력적인 범죄가 마약 중독자들로 인해서 벌어진다. 마지막으로, TV와 컴퓨터 게임에서 보여지는 과도한 폭력과 선정성이 청소년 범죄에 한 몫하고 있을 수도 있다. 이것은 이러한 내용에 노출되는 아이들이 스크린에 비치는 행위들을 따라할 가능성이 높기 때문이다.

앞에 서술된 당연한 이유들이 있지만, 이 문제들을 해결하기 위해서 정부들이 시행할 만한 몇 가지 행동들이 있다. 첫 번째로, 간단한 해답은 더 많은 일자리가 생겨나게끔 보장하여 빈부격차를 감소시키는 것이다. 또한, 시민들, 특히 빈곤층이 무료 교육을 받을 수 있게끔 할 수도 있겠다. 이것은 교육율이 낮을수록 취업하기 어렵기 때문이다. 두 번째로, 청소년 범죄를 감소시키기 위해서 폭력적 프로그램에 대한 강력한 검열을 시행하는 것이 좋겠다. 결론적으로, 몇 가지 당연한 이유들이 있지만, 범죄와의 전쟁에는 다양한 수단이 사용될 수 있다.

REVIEW

Vocabulary
1. deter
2. innocent people
3. commit

Error Correction
1. Security cameras <u>have</u> become ubiquitous in public areas.
2. Criminals can be <u>caught</u> before they commit a crime.
3. Due to these device, innocent people may <u>lose</u> their freedom.

CHAPTER 7. EDUCATION

WRITING

Model Essay:
In recent years, there has been a vast increase in the number of students choosing to study abroad. Although foreign study is not suitable for every student, I am of the opinion that there are more benefits than drawbacks. Studying overseas has a number of advantages. Firstly, the students may have access to better facilities such as laboratories, libraries and learning environment than those in their home country. Secondly, while studying abroad, they may find a wider range of courses than those offered in their country's universities, and therefore can expand their knowledge and gain qualifications that open doors to better job opportunities. Moreover, as overseas students are exposed to different cultures and customs when they live and work with students of various nationalities, a period of study abroad can also broaden students' horizons. On the other hand, students studying abroad have personal and professional problems. First of all, students may feel homesick because they have to leave their family and friends for a long period. Another disadvantage is that learning in a foreign country is almost always more expensive than studying in their home country. In addition, students often have to study in a foreign language, which may limit their performance and mean they do not attain their true level. Finally, the language barrier can be a problem when students have to find accommodation and pay bills. In conclusion, there are understandable worries about going overseas for university study. Nonetheless, it is my belief that the advantages far outweigh the difficulties.

해석
최근 몇 년 동안 해외 유학을 선택하는 학생 수가 크게 증가했다. 외국에서 공부하는 것이 모든 학생들에게 적합한 것은 아니지만, 나는 그 단점보다는 혜택이 더 크다고 생각한다. 해외 유학에는 여러 가지 장점이 있다. 첫째, 학생들은 모국에 있는 것보다 더 나은 실험실과 도서관 같은 시설, 그리고 학습 환경을 누릴 수 있다. 둘째, 해외 유학 중 자신의 국가 대학에서 제공하는 것보다 더 광범위한 과정을 찾을 수 있으므로 더 나은 취업 기회를 얻을 수 있는 지식을 넓히고 자격을 획득할 수 있다. 또한 유학생들이 다양한 국적의 다른 학생들과 함께 생활하고 일할 때 다양한 문화와 관습에 노출되므로 유학 기간 동안 학생들의 시야 또한 넓힐 수 있다. 반면에, 유학 생활을 하는 학생들은 개인적, 전문적인 문제를 겪는다. 우선, 학생들은 오랜 기간 동안 가족과 친구들을 떠나야 하기 때문에 향수병을 느낄 수 있다. 또 다른 단점은 거의 항상 외국에서 공부하는 것이 모국에서 공부하는 것보다 더 비쌀 수 있다는 것이다. 게다가, 학생들은 종종 외국어로 공부해야 하며, 이는 그들의 실력을 제한할 수 있으며 진정한 수준으로 도달하지 못할 수도 있다는 것을 의미한다. 마지막으로, 언어 장벽은 학생이 숙소를 찾고 청구서를 지불해야 할 때 문제가 될 수 있다.
결론적으로, 대학 진학을 위해 해외로 나가는 것에 대한 이해할 만한 우려는 있다. 하지만 장점들이 어려움을 훨씬 넘어선다는 것이 나의 믿음이다.

POST-WRITING

Model Essay:
It is true that it has become more and more popular for students to work for a period of time rather than going straight to university. There are obvious advantages to this trend, although it could lead to some problems.
There are two main drawbacks of taking a gap year. One of the obvious disadvantages is that it can break the continuity of education, which can lead to dropouts in university. For example, if young people find a job with a decent salary, they would continue in the job even after the end of the gap year. Although it gives them a temporary financial fulfillment, it denies them the opportunity for further education and a much better job. Another negative aspect is that those taking a gap

year can lose the habit of studying. This means that being away from a formal educational environment for such a long time can affect their discipline, study habits, which can lead to poor academic performance in the university.

On the other hand, there are several benefits to getting a job. The first is that they can become independent financially. For example, those who earn their own money can save some of the money and use it to pay for the tuition fees. Another advantage is that working gives them some time to think about what they would really like to study. This is very useful if they are unsure about their future career.

In conclusion, there are arguments for and against the idea of taking a gap year. Although it has enormous benefits for young people, they should also be aware of the risks they are exposed to.

해석

학생들이 대학으로 바로 들어가지 않고 일정 기간 동안 일을 하는 것이 더욱 더 인기가 높아지고 있는 현실이다. 이러한 트렌드에 분명한 이점들이 있다, 하지만 여러가지 문제의 소지가 있다. 휴학을 하는 것에 대한 두 가지 주된 문제점이 있다. 하나의 분명한 단점은 교육의 연속성을 깨뜨릴 수 있다는 것인데, 이는 대학의 중퇴로 이어질 수 있다. 예를 들어, 만약 젊은 친구들이 괜찮은 월급을 받는 직업을 가지면, 휴학 기간이 끝나도 계속 일을 할 것이다. 이것이 그들에게 일시적인 재정적인 만족을 줄지라도, 그들이 더 교육받을 수 있는 기회와 훨씬 더 괜찮은 직업을 가질 수 있는 기회를 앗아간다. 다른 부정적인 요소는 휴학기간을 갖는 것은 공부의 습관을 망칠 수 있다는 것이다. 이 말은, 공식적인 교육환경에서 꽤 장기간 멀어지게 되면 절제력, 공부습관에 영향을 주어 대학교에서 학업성취의 저하로 이어질 수 있다.

반대로, 직업을 갖는 것의 여러 가지 이점도 있다. 가장 먼저는 재정적으로 독립할 수 있다는 것이다. 예를 들어, 자신의 돈을 벌 수 있는 사람은 약간의 돈을 저축하여 학비를 댈 수 있다. 다른 이점은 일하는 것이 그들에게 자신이 정말 무엇을 공부하고 싶은 지를 생각할 시간을 제공한다는 것이다. 이는 만약 그들이 미래 커리어에 대해 확실하지 않을 경우 굉장히 유익하다.

결론적으로, 휴학을 하는 것에 대해 찬반 의견이 있을 것이다. 젊은 이들에게 커다란 이점을 준다고 할 지라도, 그들은 그들이 처한 리스크에 대해서도 알아야만 한다.

REVIEW

Vocabulary
1. a number of
2. disadvantage
3. In my opinion

Error Correction
1. There are several disadvantages of **studying** abroad.
2. Overseas students are **exposed** to different cultures.
3. Students may feel **homesick**.

CHAPTER 8. ENVIRONMENT

WRITING

Model Essay:
It is suggested that the best way to deal with these issues is for governments to raise the price of fuel. However, I am not sure that this is necessarily the case. In my view, one reason why this approach may be ineffective is that there are many other environmental problems the world faces today than the damage caused by burning fossil fuels. If governments did make fuel more expensive, it might well help reduce the amount of carbon dioxide we produce, curbing global warming and air pollution. However, it would not help with other major problems such as water pollution, waste problem, the extinction of wildlife. For these problems we need to find other solutions. Another reason why this policy may not be the most appropriate is that most environmental damages should be handled by not only governments but also individuals. This is because most problems are the result of individual lifestyles. In order to find a long-term and lasting solution to them, we need to adopt a greener lifestyle. For example, reducing the use of disposable items or recycling would do more to help tackle the waste problem than taxation on fuels. Moreover, governments need to ensure that people of all ages can be aware of the environmental consequences of their actions through proper education. In conclusion, I believe that increasing the level of taxation on fuel is at best a short-term solution to only one environmental problem. If we wish to solve the damage to the environment more effectively, education will be the key to this.

해석

인류가 직면한 다양한 환경 문제들이 있다. 몇몇 사람들은 이 문제를 해결하기 위한 최고의 방법이 기름값을 상승시키는 것이라고 한다. 하지만, 나는 이게 최고가 아니라고 생각한다. 기름값을 인상하는 게 효과적이지 못하다는 이유는, 연료사용으로 인해 발생된 환경 문제들보다 더 많은 환경 문제들이 존재하기 때문이다. 만약 정부가 기름값을 인상한다면, 탄소 배출가스를 줄여서 지구온난화와 대기 오염을 막을 수는 있을 것이다. 하지만, 수질오염, 쓰레기, 야생 동식물 멸종 같은 다른 환경문제 해결엔 도움이 되지 않는다. 이런 문제들을 해결하려면, 다른 해결책들이 필요하다. 기름값 인상이 적절치 못한 해결책이라는 또 다른 이유는, 환경 문제는 정부뿐만 아니라 개인들의 참여에 의해서 해결되어야 한다는 것이다. 왜냐하면, 대부분의 환경 문제들은 개인의 생활 방식의 의해서 야기된 것이기 때문이다. 장기적이고 지속적인 해결책을 찾기 위해선, 개인들이 더 친화적인 삶의 방식을 취해야 할 것이다. 예를 들면, 기름값 인상보다는, 개인들이 일회용품 사용을 줄이거나, 재활용을 하면서 쓰레기를 문제를 해결할 수 있다. 게다가, 정부는 적절한 교육을 통해서 모든 사람들이 본인들이 야기한 환경문제들에 대해서 인식할 수 있게 해야 한다. 결론은, 기름값 인상 정책은 기껏해야 단기적인으로 한가지 환경문제만 해결할 수 있을 것이라고 생각한디. 만약, 환경문제를 더 효과적으로 해결하고 싶다면, 교육만이 그것에 대한 해결책이 될 수 있을 것이다.

POST-WRITING
Model Essay:
Nowadays, more than ten million tons of waste is produced from homes every day. I would have to support the idea that governments should encourage recycling but not punish citizens who fail to do it.

To begin with, it is necessary to say that governments should take action to reduce waste. For example, they could provide rubbish bags to households that would enable families to separate different types of trash. Things like paper, boxes and steel could be sold to the government in exchange for a reduction in council tax. Also, the government should provide a junk bank where residents can deposit reusable waste. Secondly, there could be another way taken by governments to encourage people to recycle. They could create advertising spots on television to educate people on the advantages of recycling. In my country, we have an advertisement that calls on people to perform the "3R"s: Reuse, reduce and recycle. It also suggests some easy ways of doing them, such as reducing our use of plastic bags, reusing old take away boxes or selling some paper.

On the other hand, some people believe laws are needed to make people recycle more of their waste. They believe that the waste problem is so large that a strict law is the only adequate solution to the problem. Only in this way, the amount of household and industrial waste can be guaranteed to be reduced. However, I still think the government should assist with recycling rather than making it compulsory by law. This is because to check on each individuals' disposal habits would be impractical and time-consuming. It would also be very harsh to make citizens individually responsible if the authorities have not provided adequate resources for recycling.

In conclusion, it is imperative that governments begin to take action to inspire people to recycle more. However, I think that governments should encourage and incentivise recycling rather than making it mandatory by law. This can be done through the initiatives I have mentioned: advertising and improved resources in residences.

해석
최근에는, 천만 톤 이상의 쓰레기가 매일 가정으로부터 배출된다. 나는 정부가 재활용을 장려해야 하지만, 그렇게 하지 못하는 시민들을 처벌하지 않는 의견을 지지한다.

먼저, 정부가 쓰레기를 줄이기 위해 액션을 취해야 한다고 말할 필요가 있다. 예를 들어, 그들이 집집마다 쓰레기 봉투를 제공해서 가정들이 쓰레기 종류별로 구분할 수 있게 할 수 있겠다. 종이, 박스 그리고 고철과 같은 것들은 정부에 팔아 지방세를 줄일 수 있겠다. 또한 정부는 거주민들에게 재활용 쓰레기를 버릴 수 있는 쓰레기 수거통을 제공해야 한다. 둘째로, 정부가 사람들의 재활용을 장려하기 위해 취할 수 있는 다른 방법이 있다. TV에 광고를 내서 사람들에게 재활용의 이점을 알리는 것이다. 우리 나라 같은 경우는, 사람들에게 3R을 실천운동을 요구하는 광고가 있다: 재생, 절감 그리고 재활용. 또한 그것은 이를 실천할 수 있는 쉬운 방법을 제시하는데, 플라스틱 포장을 줄이기, 쓰던 옛날 박스를 재사용하기 또는 종이를 파는 것들이다.

반면, 어떤 사람들은 쓰레기 재활용을 높이기 위해 법이 필요하다고 믿는다. 그들은 쓰레기 문제는 너무 방대해서 엄격한 법이 이 문제에 유일한 적당한 방책이라고 믿는다. 이 방법만으로, 가정과 산업 쓰레기의 양이 확실히 줄어들 수 있다. 하지만 나는 여전히 정부가 법으로 강력력을 동원하는 것보다 재활용을 할 수 있도록 보조해야 한다고 생각한다. 이는 개개인의 쓰레기 처리 습관을 통제하는 것이 비현실적이고 소모적이기 때문이다. 또한 만약 당국이 재활용을 위한 적절한 자원을 제공하지 않으면서 시민들 개개인에게 책임을 돌리면, 이는 매우 가혹한 것이다.

결론을 짓자면, 정부는 사람들이 재활용을 더 잘 하도록 자극할 수 있는 액션을 취해야만 한다. 하지만, 나는 정부가 법으로 강제하는 것보다 재활용을 장려하고 독려해야 한다고 생각한다. 이러한 것들은 내가 언급한 촉발제를 통해 이뤄질 수 있다: 광고, 주민들에게 제공하는 자원의 개선.

REVIEW
Vocabulary
1. air pollution
2. public transport
3. durable products

Error Correction
1. The damage **to** the environment is increasing.
2. Environmental problems are **caused** by individuals.
3. **Governments** should impose a heavy tax on the price of petrol.

CHAPTER 9. HEALTH

WRITING
Model Essay:
There has been a significant rise in the number of overweight children in many parts of the developed world. There are several reasons for this problem, and various measures which could be taken by

governments and parents to improve the situation. Various factors can cause childhood obesity. Firstly, a number of children rely on poor diets nowadays. For example, they like to eat junk food such as hamburgers, chips and drink sugary soft drinks. Secondly, they are less active at school and home. As they enjoy playing computer games and chatting on the Internet rather than playing outside or doing sports, the lack of exercise and physical activity contributes to the obesity problem. Consequently, obese children will be exposed to a higher risk of diseases such as diabetes or heart disease. At the same time, this circumstance is likely to put a strain on hospitals in the future. In order to tackle the obesity problem, parents, schools and governments have a vital role to play. The most effective measure taken by parents and schools is that children need to be encouraged to do more exercise and to be physically active. For instance, parents should restrict the time they spend playing computer games and encourage them to take regular exercise. Schools can also help the situation by ensuring that there is enough time for sport on the timetables. In addition, parents and schools should give healthy food and governments can play their part by banning junk food from school menus and limiting junk food advertising on TV. In conclusion, childhood obesity in developed countries will only improve if children become more physically active and start to eat more healthily.

해석

많은 선진국에서 비만 아동이 상당히 많이 증가해 오고 있다. 이 문제에는 여러 가지 원인이 있지만, 다양한 해결책들이 정부와 부모님에 시행될 수 있다. 다양한 원인들이 아동 비만 문제를 초래할 수 있다. 첫 번째는, 많은 아이들이 요즘 건강하지 못한 식단에 의존하는 것이다. 예를 들면, 그들은 햄버거, 감자튀김 또는 청량음료 같은 정크푸드를 좋아한다. 두 번째 이유는, 그들은 학교와 집에서 활동적이지 않다. 그들이 야외활동이나 운동 대신에 컴퓨터 게임이나 인터넷 채팅을 즐기면서, 운동 부족과 육체적 활동의 부족이 비만 문제를 야기한다. 결국엔, 비만 아동들은 당뇨나 심장질환 같은 질병 노출될 확률이 더 높아진다. 또한, 이 현상은 미래에 병원에 부담을 안기게 될 것이다. 비만 문제를 해결하기 위해서, 부모님, 학교 그리고 정부는 중요한 역할을 해야 한다. 부모님과 학교가 취할 수 있는 가장 효과적인 방법은 아이들이 운동을 더 많이 하고 더 활동적일 수 있도록 격려해야 한다. 예를 들면, 부모님들은 컴퓨터 게임하는 시간을 제한하고, 규칙적인 운동을 할 수 있게 권장해야 한다. 또한, 학교는 시간표에 충분한 체육수업을 배정하면서 이 상황을 개선할 수 있다. 게다가, 부모님과 학교는 아이들에게 건강한 음식을 제공하고, 정부는 학교에서 정크푸드를 금지하고 TV에서 정크푸드 광고를 규제하는 역할을 해야 한다. 결론은, 선진국의 아동 비만은 만약 아이들이 더 활동적이고 더 건강한 식사를 한다면, 분명 개선될 것이다.

POST-WRITING

Model Essay:

Although farming methods have been greatly improved, there has still been serious starvation in many parts of the world. There can be some possible causes of this situation and some measures to resolve it can be taken.

The majority of the severest food crises are caused by a combination of several factors. The most common causes of food insecurity in African and other Third World countries are drought and other extreme weather events. They have resulted in poor or failed harvests which in turn resulted food scarcity and high prices of the available food. Another cause can be rapid population growth. Poor African and Third World countries have the highest growth rate in the world which puts them at increased risk of food crises. For example, the population of Niger increased from 2.5 million to 15 million from 1950 to 2010. According to some estimations, Africa will produce enough food for only about a quarter population by 2025 if the current growth rate will continue.

There are some solutions to the problem of food shortage. Firstly, there is need to curb carbon emissions and pollution to reduce the climatic change. For example, governments could invest in alternative energy to fossil fuels such as solar and nuclear power. In addition, rich nations should help poor nations to develop and use advanced farming methods like factory farming in order to increase their crop yields. Secondly, more charity organizations such as UNICEF or The UN World Food programme should help the citizens of impoverished countries, such as access to food, clean water and an education. They could do this by not only distributing food but also building schools, vaccinating children and leading a number of other programmes which help the most vulnerable communities to build a brighter future.

In summary, it is imperative that countries forget about their personal greed and should come together to eliminate world hunger.

해석

농경법이 상당히 발전되었음에도 불구하고, 세계의 많은 곳곳에는 여전히 심각한 굶주림이 있다. 이러한 현상에 몇가지 가능한 원인들이 있을 것인데, 이를 해결할 수 있는 몇 가지 조치를 취할 수 있을 것이다.

심각한 식량 위기의 대부분은 여러 요인들이 합쳐서 발생한다. 아프리카와 제3세계의 식량 부족의 가장 일반적인 원인은 가뭄과 다른 극단적인 기후 현상들이다. 그것이 흉작을 짓게 하고, 결국 식량결핍과 가용한 식량의 가격상승을 불러온다. 다른 원인은 급격한 인구 증가이다. 가난한 아프리카와 제3세계 국가들이 세계에서 가장 높은 증가율을 보이는데, 이는 식량 재난의 위험성을 가중시킨다. 예를 들어, Niger의 인구는 1950년도와 2010년도 사이 2백5십만에서 15백만으로 증가했다. 여러 추정치에 의하면, 아프리카는 현재의 증가율이 계속된다면, 2025년 전까지 인구의 4분의 1만 먹을 수 있는 식량만 생산할 것이다.

이 식량 부족의 문제에 대해 몇 가지 해결방안들이 있다. 먼저, 탄수 배출량과 오염을 잡아서 기후 변동을 줄여야 하겠다. 예를 들어, 정부가 화석 연료의 대체 에너지인 태양이나 원자력에 투자할 수 있다. 추가로, 부유국들은 빈곤국가가 곡물 수확량을 늘릴 수 있게 공장형 농장 같은 최신 농경법을 개발하고 사용할 수 있도록 도와야 한다. 둘째로, UNICEF나 UN WORLD FOOD 프로그램 같은 더 많은 자선 단체들이 빈곤국가 사람들을 도와주어야 하는데, 식량의 접근성, 깨끗한 물과 교육과 같은 부분들이다. 그들은 이를 음식을 나눠주는 방법 외에 학교를 짓고, 아이들에게 백신 주사를 놓고, 가장 취약한 커뮤니티가 더 나은 미래를 만들 수 있게 돕는 많은 프로그램을 진행함으로 이룰 수 있다.

요약하면, 국가들이 각자의 욕심을 내려놓고 단결하여 세계 기아를 없애야만 하겠다.

REVIEW

Vocabulary
1. regular exercise
2. health education
3. indoor activities

Error Correction
1. There are several reasons **for** childhood obesity.
2. Children enjoy **eating** junk food and play computer games.
3. Governments should **ban** junk food.

CHAPTER 10. GLOBALIZATION

WRITING

Model Essay:
It is true that the world has become integrated economically, socially, politically and culturally. Although some people say that it can be economically beneficial, it is my belief that globalization can be detrimental in some respects. On the one hand, there are arguments that globalization has contributed to the world's economies in many beneficial ways. Firstly, the advances in transport and communication technology have allowed companies to easily do business across the world. Consequently, they have had more opportunities to make profits and moreover customers all over the world have enjoyed their quality products. Secondly, numerous companies from developed countries have already established their foreign branches to take advantage of the low cost of labor in poorer countries. This kind of business activity will help the development of less developed countries, providing more of an influx of cash as well as creating employment. On the other hand, I feel that the negative effects which globalization has cannot be ignored. One obvious negative aspect is that globalization can also lead to unemployment and exploitation. For instance, in order to build their production facilities, many corporations in developed countries have moved into Asian countries where labour is cheap. As a result, unemployment rates in many European nations are escalating. In addition to this, some of the companies exploit their employees in these developing nations, offering lower salaries and poor working conditions. This is the most negative side of globalization. In conclusion, I believe that globalization is inevitable, but individuals, companies and governments should use a more balanced approach by taking the appropriate steps to deal with the detrimental effects of globalization.

해석

세계가 경제적, 사회적, 정치적으로 그리고 문화적으로 점점 통합되어 가고 있다. 몇몇 사람들은 세계화가 경제적으로 혜택이 많다고 하지만, 나는 그것이 여러 측면에서 해가 될 것이라고 생각한다. 세계화가 세계 경제에 여러 가지 긍정적인 기여를 할 것이라는 주장이 있다. 첫 번째 이유는, 운송 수단과 통신 기술의 발전은 기업들이 쉽게 해외 진출을 할 수 있게 만들어줬다. 결과적으로, 그 기업들은 이윤 창출의 더 많은 기회를 갖게 됐고, 전 세계 많은 고객들은 질 좋은 상품을 구매할 수 있게 되었다. 두 번째 이유는, 선진국의 수많은 기업들이 이미 인건비 절감을 위해 후진국에 해외 지사를 설립했다. 이런 기업 활동은 더 많은 투자 유치와 고용 창출로 인해 후진국의 성장을 도울 수 있다. 하지만, 나는 세계화의 부정적인 측면들을 간과해선 안 된다고 생각한다. 한 가지 문제점은, 세계화가 실업과 착취를 초래한다는 것이다. 예를 들면, 생산 시설을 건설하기 위해, 선진국의 기업들이 인건비가 싸 아시아 국가들로 진출했다. 그 결과, 많은 유럽 국가들의 실업률은 치솟고 있다. 게다가, 몇몇 기업들은 개발도상국에서 저임금을 지불하거나 열악한 근무환경을 제공하면서, 그들의 직원들을 착취하고 있다. 이것이 세계화의 가장 큰 문제점이라 할 수 있다.

결론은, 세계화가 불가피하다고 생각하지만, 기업들과 정부가 세계화의 문제점들을 해결할 수 있는 좀 더 적절한 방식을 택하며 더 균형잡힌 접근을 해야 한다고 생각한다.

POST-WRITING

Model Essay:
Nowadays, it is possible to go to remote locations that were previously unthinkable, such as the Sahara Desert or the Antarctic. But what are the advantages and disadvantages of visiting such locations? In my opinion, these types of vacations are very much worth doing despite their difficulty.

The obvious disadvantage of travelling to places with

challenging physical conditions is that they are very dangerous. For example, if you become separated from your travelling party then you're liable to get lost miles from civilization. You could starve to death or get killed by a wild animal. In addition, it could be argued that this sort of expedition isn't fun. When people think of the word vacation, they typically imagine luxurious activities like sitting on a tropical beach whilst sipping a cocktail. They travel as a means of relaxation, whereas going to the arctic or desert would entail many obstacles.

On the other hand, other people think, and I agree, that adventurous travel can be educational and transformative. One reason is that it can teach you about how to survive in adverse conditions. For instance, I once visited Indonesia and hiked an active volcano, which is over a thousand feet high. It was physically intense and involved pitching tents and cooking meals on a campfire. It was a very enlightening experience. Furthermore, going to far-flung places can provide moments of transcendent beauty. When I hiked Mount KInjani, I was awestruck by how vivid the stars were at that great height. If you were to travel to the Antarctic, you would be able to see the famous 'Northern light' or 'Aurora' as they're sometimes called.

In conclusion, although travelling to locations with testing conditions has very real dangers, I believe it is a worthwhile pursuit so long as it is done responsibly with all of the correct precautions.

해석

요즈음, 사하라 사막이나 남극과 같이 이전에는 생각도 못했던 머나먼 지역들을 가는 것이 가능해졌다. 하지만 이러한 지역을 방문하는 것의 장점과 단점은 무엇일까? 내 생각에는, 이러한 형태의 휴가는 그것이 어렵다 할지라도 할만한 가치가 아주 충분하다고 본다.

물리적 환경이 좋지 않은 지역으로의 여행의 확실한 단점은 아주 위험하다는 것이다. 예를 들어, 만약 여러분이 동료 여행객과 떨어지게 되면, 분명으로부터 몇 마일이나 떨어지게 되는 것이다. 당신은 굶어 죽거나 야생동물에 물려 죽을 수 있다. 게다가, 이러한 탐험이 재미있다고는 할 수 없겠다. 보통 사람들이 휴가란 단어를 생각할 때, 그들은 열대해변에 앉아 칵테일을 음미하는 호화스런 활동을 상상한다. 그들은 휴식을 취하러 여행을 간다, 반면 북극이나 사막으로 가는 것은 많은 난관들을 동반한다.

반면, 다른 사람들은, 이는 나도 동의하는 면인데, 모험적인 여행이 교육적이고 변화유발적이라고 생각한다. 하나의 근거로 그것은 당신이 적대적인 환경에서 어떻게 살아남는 지를 가르쳐 줄 수 있다. 예를 들어, 나는 예전에 인도네시아에 방문하여 1000피트 이상인 활화산에 오른 적이 있었다. 그것은 육체적으로 고되었고, 텐트를 펴고 캠프파이어에 요리를 해야 했다. 그것은 많은 것을 깨달을 수 있는 경험이었다. 게다가, 오지에 가는 것은 초월적인 아름다움을 누릴 수 있는 순간을 제공한다. 내가 킨자니 산에 등반했을 때, 그 높은 곳에서 보는 별들이 너무나 생생해 경이로움을 느꼈다. 당신이 남극을 갈 수 있다면, 그 유명한 '북극광' 혹은 '오로라'라고 불리는 것을 볼 수도 있을 것이다.

결론적으로, 까다로운 환경의 장소들을 여행하는 것이 굉장히 위험하다고 할지라도, 나는 대비를 철저히 하고, 책임감 있게 진행된다면 가치 있는 추구라고 믿는다.

REVIEW

Vocabulary
1. Multinational companies
2. air pollution
3. employment

Error Correction
1. The negative effects which globalization **has** cannot be ignored.
2. Some global companies exploit their **employees** in developing nations.
3. The world has become **integrated** economically.

CHAPTER 11. TV, INTERNET, AND PHONES

WRITING

Model Essay:

It is true that it is becoming increasingly common for people to go online to buy what they need rather than going to a shop. It is my belief that the positive effects of this trend can offset its disadvantages. On the one hand, there are two main disadvantages to buying things on the Internet. One of the drawbacks is that people can encounter some problems such as internet fraud. For example, unless the website is secure, hackers may be able to copy your credit card details and steal your money. A further disadvantage is that you cannot examine what you are buying online. For instance, someone who wants to buy clothes should visit shops because they need to see and touch them before buying them, which is not possible online. On the other hand, I believe that shopping for certain items on the Internet has several points in it's favour. The main one is that it can be convenient. People who want to compare products and prices can look at all this information on a website without having to go from shop to shop. Also, they can make their purchases at any time of day or night and from any part of the world. The other advantage is that because internet companies do not need a shop, the products which they sell are often cheaper. In conclusion, I feel that the advantages of using the Internet for buying things such as books, computers and air tickets are greater than the disadvantages.

해석

사람들은 점점 그들이 필요한 물건을 매장보다는 온라인에서 구매하는 게 흔해지고 있다. 나는 이런 현상의 긍정적인 결과들이 부정적인 점들보다 많다고 생각한다. 온라인에서 제품을 구매하는 것은 두 가지 단점들이 있다. 첫 번째는, 온라인쇼핑은 인터넷 사기 같은 문제를 초래할 수 있다는 것이다. 예를 들면, 웹사이트가 안전하지 않는 한, 해커들은 당신의 신용카드 정보를 복사해서 당신의 돈을 훔쳐 갈 수 있다. 또 다른 문제는, 당신은 온라인에서 구매하는 물건을 실질적으로 살펴 볼 수가 없다. 예를 들면, 의류를 구매하고 싶은 고객은 매장을 방문해야 한다. 왜냐면, 그들은 구매 전에 옷을 보거나 만져볼 수 있어야 하는데, 이것은 온라인쇼핑에서는 불가능하다.

하지만, 온라인쇼핑이 여러 가지 긍정적인 측면들이 있다고 생각한다. 첫 번째는, 온라인 쇼핑은 편리하다. 제품과 가격을 비교하고 싶은 구매자들은 매장을 돌아다닐 필요없이 한 웹사이트에서 모든 정보를 살펴볼 수 있다. 또한, 그들은 시간과 장소에 상관없이 구매를 할 수 있다. 또 다른 장점은, 인터넷 기업들은 매장이 필요없기 때문에 제품 가격이 일반적으로 저렴하다. 결론은, 책, 컴퓨터 또는 항공권 같은 걸 구매할 때, 인터넷 쇼핑의 장점이 단점보다 더 많다고 생각한다.

POST-WRITING

Model Essay:
The invention of mobile phones has completely transformed the way we communicate both personally and our professionally. However, I am of the opinion that there are some clear positive aspects of using the device, while the impact has not all been positive.
On the one hand, there can be various drawbacks of mobile phones. One negative point is that many people are complaining about the usage of the device in public places as restaurants, cinemas or public transport. For example, in a movie theatre, cell phones are a disturbance to others because the bright screen light of cellphones is noticeable inside a dark cinema. In addition, we often have to listen to noise of infuriating ring tones and loud one-sided conversations in subway or buses. Another disadvantage is that these expensive gadgets like iPhone and Galaxy, are easy targets for criminal offenders. Subsequently, a wicked temptation may propel and may result in a theft.
On the other hand, there are several obvious benefits from this invention. The first advantage can be that they can be used to call for help in the most inaccessible places, for example, when our car breaks down in a remote area. Another benefit for many people and businesses is that work can continue outside the office., as they can utilize it even on public transport or in café for an unfinished task. Especially, this is extremely beneficial for people who have long trips to work. Furthermore, they can be available for potential customers at all times. Finally, mobile phones have various functions such as the image and video capturing and it can be sent to others via email or messaging with a few clicks, which is simple and convenient to use.
To sum up, I feel that although there are some drawbacks to mobile phones, their efficiency and portability has greatly improved our ability to communicate in both our professional and personal lives. In my opinion, the benefits of having mobile phones certainly offset the drawbacks

해석

휴대폰의 발명은 우리의 개인적 그리고 직업적인 의사소통 방식을 완전히 바꾸어 왔다. 그러나, 나는 휴대폰 사용이 항상 긍정적이진 않지만, 분명한 장점을 가지고 있다고 생각한다.
한편으로, 휴대폰 사용은 다양한 단점이 있을 수 있다. 첫 번째는, 많은 사람들이, 식당, 영화관 또는 대중교통과 같은 공공장소에서의 휴대폰 사용에 대한 불평을 한다. 예를 들면, 극장에서, 어두운 극장안에서 휴대폰의 밝은 스크린 불빛으로 인해서 다른 관람객들에게 불편함을 야기할 수 있다는 것이다. 게다가, 우리는 자주 지하철이나 버스에서, 시끄러운 벨소리와 통화소음을 듣고는 한다. 또 다른 문제점은, 아이폰이나 갤럭시 같은 고가의 장비들은 강도의 쉬운 타겟이 된다는 것이다. 결국, 못된 유혹이 생기거나 범죄가 야기된다.
다른 한편으로, 휴대폰은 분명한 장점들을 가지고 있다. 첫 번째 장점은, 휴대폰은 외진곳에서 도움이 필요할 때 사용될 수 있는데, 예를 들어, 인적이 드문 곳에서 차가 고장난 경우에 유용할 수 있다. 다른 장점은, 많은 사람들과 직장인들은 사무실 밖에서도 일을 지속할 수 있다. 그들이 휴대폰을 대중교통이나 카페에서도 사용하면서 일을 마무리할 수 있기 때문이다. 특히나, 이런 점은 장거리 이동을 하는 사람들에게 아주 유용할 수 있다. 게다가, 그들은 잠재고객들을 항상 응대할 수 있다. 마지막으로, 휴대폰은 사진이나 영상을 찍을 수 있는 다양한 기능을 가지고 있고, 이메일이나 문자로 그것들을 다른 사람들에게 쉽게 보낼 수도 있다. 이것은 사용이 단순하면서도 쉽다.
결론은, 나는 휴대폰의 여러 단점들에도 불구하고, 그것의 효율성과 휴대성이 우리의 직업적 개인적 의사소통에 큰 향상을 가져왔다고 생각한다. 그래서 나는 휴대폰 사용이 단점보다 장점이 많다고 생각한다.

REVIEW

Vocabulary
1. Unless
2. than
3. rather than

Error Correction
1. There are more benefits of internet shopping **than** its drawbacks.
2. Shopping things on the internet **is** convenient.
3. You cannot examine what you **buy** online.